Goldstadt-Reiseführer
Provence und Camargue
Helmut Aschbacher

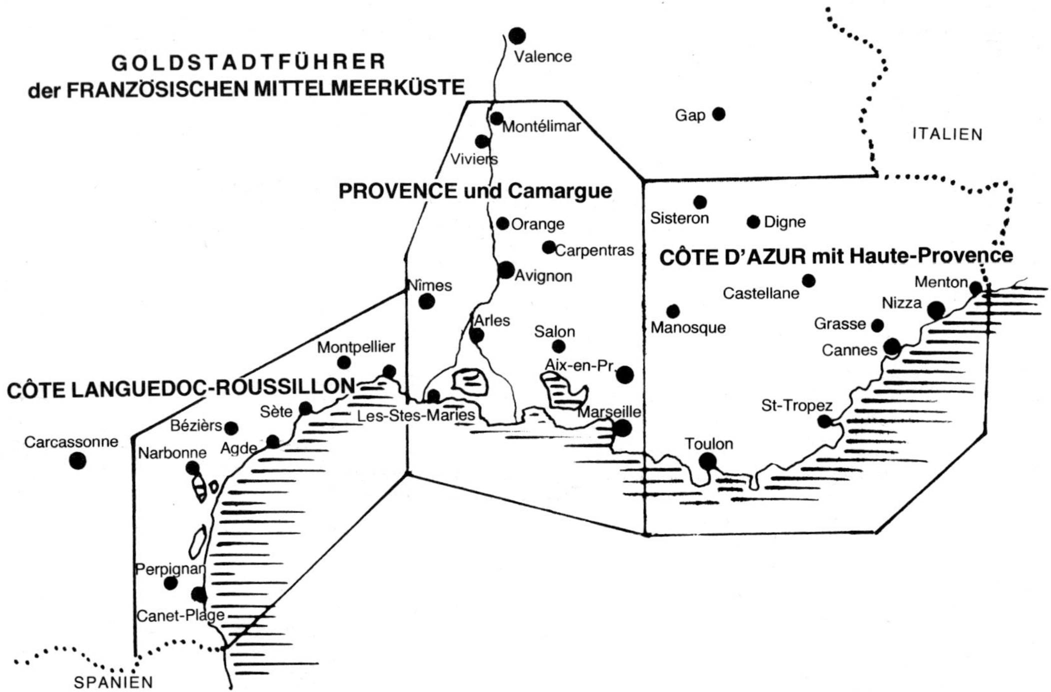
GOLDSTADTFÜHRER
der FRANZÖSISCHEN MITTELMEERKÜSTE
Valence
Montélimar
Viviers
Gap
ITALIEN
PROVENCE und Camargue
Orange
Carpentras
Avignon
Nîmes
Arles
Salon
Aix-en-Pr.
Marseille
Les-Stes-Maries
Montpellier
CÔTE LANGUEDOC-ROUSSILLON
Sète
Béziers
Agde
Carcassonne
Narbonne
Perpignan
Canet-Plage
SPANIEN
Sisteron
Digne
CÔTE D'AZUR mit Haute-Provence
Castellane
Menton
Nizza
Manosque
Grasse
Cannes
St-Tropez
Toulon

Goldstadt-Reiseführer
Band 2032

Provence und Camargue

Reise- und Kunstführer

Helmut Aschbacher

13 Farbfotos
51 s/w-Fotos
1 Anreiseplan
1 Übersichtsplan (S. 40)
8 Gebietskärtchen
4 Stadtverkehrspläne (Aix, Arles, Avignon und Marseille)
1 vierfarb. Lageplan (Anhang)
Kurz-Sprachführer (S. 255/260)

GOLDSTADTVERLAG PFORZHEIM

Titelbild:
Die historische Kathedrale St-Trophime in Arles, ehemals geistiger Mittelpunkt des mittelalterlichen Königreiches Arelat.

Bilder und Zeichnungen: Helmut Aschbacher und Wolfgang Mayer.
Der farbige Kartenausschnitt im Anhang wurde mit frdl. Genehmigung des Reise- und Verkehrsverlages Stuttgart der RV 89, 1:800 000, entnommen.

ISBN 3-87269-032-9

6. Auflage

Herstellung: Karl A. Schäfer, Buch- und Offsetdruckerei, Pforzheim
Vertrieb: GeoCenter Verlagsvertrieb GmbH, München

06880550

Verträumte Dörfer und versteckte Sehenswürdigkeiten

In Lyon, wo sogar die Rhone einen scharfen Knick in Richtung zu den südlichen Gefilden macht, treffen sich jeden Sommer die Autokolonnen der sonnenhungrigen Pariser und die aus östlichen Regionen anreisenden Mitteleuropäer, um gemeinsam in Richtung Mittelmeer weiterzubrausen, und sich dort einen Liegeplatz an diesen warmen Stränden zu ergattern.

Darunter sind aber auch manche, die sich lieber die Zeit nehmen, Land und Leute des südlichen Frankreich kennenzulernen, welches beiderseits und östlich der Unteren Rhone insbesondere aus der Landschaft PROVENCE besteht.

Da geht es zunächst das Rhonetal abwärts. Man passiert die alte Römerstadt VIENNE (S. 17), und kann, wenn man die abwechslungsreiche westliche Uferstraße wählt, bei Serrières den sehenswerten Wildpark Peaugres (Freigehege) besuchen. Weiter rhoneabwärts erreicht man am westlichen Ufer ROCHEMAURE mit seinem phantastischen Felsenschloß (S. 206/7).

Hier ist man bereits im Gebiet der historischen Provence, deren nördliches Eingangstor MONTÉLIMAR gleich jenseits der Rhone liegt und über eine Brücke zu erreichen ist.

Die Topographie der Provence ist ganz besonders vielgestaltig und reicht von dem fast 2000 m hohen Kalksteinmassiv Ventoux über die Lavendelfelder der Vaucluse-Hochebene, über Weinberge, Gemüse- und Obstanlagen, bis hin zu den weiten Schwemmlandebenen des Rhone-Deltas mit den Brackwasserseen und Steppen der Camargue.

Das Erscheinungsbild dieser Landschaften (1+2) zeigt eine verschwenderische Aufgliederung durch natürlich entstandene Hekken, Gehölze und einzelstehende Baumgruppen, in die sich Gehöfte einschmiegen, oder die auch nur ohne Nutzzweck und „planlos“ das Auge erfreuen, und wohl auch das Kleinklima günstig beeinflussen. Genauso unreglementiert sieht es in den Bauerngärten aus (3), wo unserer Mutter Natur, von der wir ja alle leben, die ihr zustehende Freiheit und Gestaltungsmöglichkeit gelassen wird.

Wer die Provence dort entdecken will, wo sie fast ein einziger großer Naturpark ist, der sollte das Departement Vaucluse besuchen, insbesondere das Gebiet um die Bergstöcke Ventoux und Lubéron, die durch die zerfurchte Hochebene Vaucluse und die tief eingeschnittene Nesque-Schlucht voneinander getrennt sind (S. 51/79). Am besten „fährt" man dabei, wenn man, mindestens in Teilabschnitten, die Wanderstiefel anzieht, zudem die wichtigsten Wanderwege (= Grandes Randonnées bzw. GR) markiert und mit entsprechenden Nummern gekennzeichnet sind, und sich für Halb- und Ganztagswanderungen eignen. Wer sich dafür interessiert, der kann sich bei den Syndicats d'Initiative dieses Departements Vaucluse das Faltblatt „Vaucluse-Pédestre" geben lassen, welches Tips für Wanderstrecken der unterschiedlichen Leistungsmöglichkeiten gibt. Auch im nachstehenden Reiseführertext (S. 59, 76, 167 usw.) ist auf diese Möglichkeiten hingewiesen; und in der Michelin-Karte 81 sind sie z.Tl. eingezeichnet.

In diesem genannten Gebiet ist es z.B. der Wanderweg GR.92, der in nord-südlicher Richtung quer durch die Vaucluse-Hochebene von Sault nach Apt und auf die Höhe des Grand Lubéron usw. führt. Dort, an den Rändern der MONTAGNE DU LUBÉRON, gibt es zahlreiche alte und uralte, z.Tl. verlassene und zerfallene Dörfer sowie Schloß- und Klosterruinen. Am Nordrand dieses Bergzugs z.B. das Bergdorf BONNIEUX (4) mit seiner hochgelegenen (alten) Pfarrkirche aus dem 12. Jahrhundert, und, dicht dabei, einer Aussichtsterrasse, die einen umfassenden Blick, ggf. bis zur Silhouette des 35 km entfernten Massiv de Ventoux bietet.

Am Lubéron-Hang entlang trifft man auf das Bergdorf OPPÈDE-LE-VIEUX, das lange Zeit unbewohnt und zerfallen war, in neuerer Zeit aber von einem Künstlervölkchen (Aussteigern?) wieder etwas belebt und bewohnbar gemacht wird. Unsere Bilder (5+6) zeigen das Dorf und das noch verhältnismäßig gut erhaltene Château aus dem 13. Jahrhundert.

Unweit des Dorfes Gordes, am südwestlichen Rand des Plateau de Vaucluse, bildet die FONTAINE DE VAUCLUSE ein touristisches Muß. Dieser Namensteil „Fontaine" (= Quelle) ist eine starke Untertreibung, denn hier handelt es sich nicht um eine landläufige Quelle, sondern um die Ausmündung eines erwachsenen unterirdischen Flusses, der im Winter und Frühjahr bis zu 150 cbm pro Sekunde schüttet.

Von hier aus ist es (westwärts) nicht weit bis nach AVIGNON an der Rhone, der Hauptstadt des Departement Vaucluse. Auf deren höchstem Punkt, dem Rocher des Doms, steht der gewaltige PAPSTPALAST, ein Relikt aus der Zeit der „Babylonischen Gefangenschaft der Kirche", als im 14. Jahrhundert Päpste und Gegenpäpste in Avignon in buntem Wechsel residierten oder sich bekriegten. Unser Bild (7) zeigt Teile des Palastes und den mit einer mächtigen Marienstatue bekrönten Turm der Kathedrale Notre-Dame-des-Doms.

Von dem westlich angrenzenden Aussichtspunkt Rocher des Doms hat man, wie es unser Bild 8 zeigt, einen schönen Ausblick hinab auf die zweite Hauptattraktion der Stadt, auf den im Volkslied besungenen PONT D'AVIGNON, von dessen ursprünglich 22 Pfeilern noch vier übriggeblieben sind, wie auch die obenauf stehende Nikolauskapelle. Getanzt und musiziert, wie es nach dem Volkslied sein müßte, wird darauf (oder: darunter) längst nicht mehr, dagegen öfter auf dem Platz vor dem Palais, oder in der Fußgängerzone.

Statt des berühmten Pont d'Avignon führt nun eine neue breite Straßenbrücke in das westliche Rhonegebiet mit der Camargue. Auf der Reise dorthin wird man bestimmt den sehenswerten PONT DU GARD besuchen, einen in der provenzalen Römerzeit aus drei Arkadenbrücken erbauten Aquädukt von beträchtlichen Ausmaßen, wie dies ja unser Bild (9) anschaulich zeigt. Er hatte damals, bis ins 8. Jahrhundert hinein, die Aufgabe, als Teil einer fast 50 km langen Wasserleitung die Stadt Nîmes mit dem den badefreudigen Römern so wichtigen Wasser zu versorgen.

Dann erreicht man der Rhone entlang das von deren beiden Mündungsarmen geschaffene Rhone-Delta, und mit diesem die eigenartige und weitgehend noch ursprüngliche CAMARGUE, deren südlicher Teil aus flachen Brackwasserseen, Sümpfen, Salzsteppe, Dünen und Treibsandstränden besteht. Dies ist der Bereich der weißen, stämmigen Camarguepferde und der schwarzen Stiere mit den lyraförmigen Hörnern, die vor allem dazu bestimmt sind, bei den (meist unblutigen) Stierkämpfen in den südfranzösischen Arenen als mutige Gegner zu agieren. Diese „manades" (Herden) werden nur lose beaufsichtigt; dafür sind die berittenen Gardians, die selbstbewußten Cowboys der Camargue, zuständig. Große Teile dieser südlichen Camargue sind Naturschutzgebiet und ein Eldorado der Botaniker und Zoologen.

Und ganz im Süden am Meer der Hauptort LES SAINTES-MARIES-DE-LA-MER. Bis in unsere Sechzigerjahre war dies nur ein ländlicher Marktort, dessen fast ausschließlicher Tourismus im Mai jeden Jahres in der Wallfahrt der Zigeuner bestand, die dann mit ihren Wohnwagen den weiten und sonst leeren Strand bevölkerten. Dann kam „Saintes" auf Grund von Publikationen plötzlich in Mode, und nun platzt das Dorf während der Hauptsaison mit täglich Zehntausenden von Gästen und Besuchern fast aus allen Nähten. Trotzdem soll niemand vom Besuch abgehalten sein, auch wenn man in der Hauptreisezeit manchmal Schlange stehen muß, nur um seine Baguette zu bekommen. Unsere Bilder (10+11) zeigen Straßenszenen und die festungsartige Wehrkirche, in der die verehrten Reliquien bewahrt werden.

Wenig ostwärts, am Hauptarm der Unteren Rhone, liegt die alte Römerstadt ARLES (Amphitheater, Antikes Theater, Thermen, Alyscamps) mit zahlreichen mittelalterlichen Baudenkmälern und Museen. Unser Bild (12) zeigt den Kreuzgang der Kathedrale, deren meisterhaftes Portal auch auf unserem Umschlagbild erscheint.

Abschließend noch ein Besuch in der Millionenstadt MARSEILLE am südlichen Rand der Provence. Unser Bild (13) zeigt einen Blick auf den bereits von den alten Griechen benützten malerischen ALTEN HAFEN. Auf der Höhe im Hintergrund die Wallfahrtskirche Notre-Dame-de-la-Garde.

Diese lebhafte Weltstadt mit ihren vielen antiken und mittelalterlichen Denkmalen, und mit ihren Museen und Unterhaltungs- und Erholungsmöglichkeiten, bildet eine gute Abrundung des Eindrucks von der Vielgestaltigkeit dieses gesegneten Landstrichs.

Bon Voyage!

1

2

3

4

5

6

7

8

9

11

12

INHALTSVERZEICHNIS

A. ZUR EINFÜHRUNG

B. DIE LANDSCHAFTEN DER PROVENCE

D. STÄDTE UND SEHENSWÜRDIGKEITEN

E. TOURISTISCHE PRAXIS

A
ZUR
EINFÜHRUNG

1.
Provence - was ist das?

„Eine Gegend in Südfrankreich", genauer der südöstliche Teil des französischen Mittelmeergebiets. Das weiß fast jeder; aber dann beginnen bereits die Schwierigkeiten. Denn „Provence" ist (seit der Römerherrschaft und bis ins Mittelalter) praktisch nur ein kultureller Begriff, während die zugehörige Landschaft so uneinheitlich wie nur möglich ist und außer der Mittelmeerküste keine natürlichen Begrenzungen aufweist.

Dazu kommt, daß die schon immer zur Provence gehörige Côte d'Azur in neuerer Zeit an Bedeutung und Bekanntheit gewonnen hat und zunehmend ein Eigenleben führt. Bei Weglassung dieser Côte d'Azur (mit zugehörigem Hinterland „Haute-Provence") muß man daher von einer „ Provence im engeren touristischen Sinne" (=Bas-Provence) ausgehen. Dies wäre in etwa wie folgt abzugrenzen (je einschließlich): Im Süden die Mittelmeerküste von Marseille über das Rhone-Delta (Camargue) bis Aigues-Mortes. Im Westen über Nîmes dem Cevennenrand entlang bis Montélimar im Norden. Von dort südostwärts über Nyons, den Mont Ventoux, Apt und Aix-en-Provence.

Die Provence bildet heute kein zusammengehöriges Verwaltungsgebiet mehr, sondern umschließt mehrere Départements. Die obenerwähnte „Provence im engeren Sinne" (= unser Reiseführergebiet) besteht im wesentlichen aus den Départements Vaucluse (Avignon und östlich davon) und Bouches-du-Rhône (Rhone-Delta bis Marseille), sowie Teilen des Département Gard (um Nîmes), während die östlich davon die südlichen Alpen umfassenden Départements Var (um Toulon und Saint-Raphaël),

Alpes Maritimes (um Cannes und Nizza) und Alpes de Haute Provence (um Gap und Digne) in der Regel der Côte d'Azur zugerechnet werden (vgl. GOLDSTADT-Führer CÔTE d'AZUR).

Der Provençois (Provenzale) ist im Vergleich zum Nordfranzosen eher ein südländischer Typ, da die Bevölkerung in der Vergangenheit stark von fremdem (z.B. italienischem) Volkstum durchsetzt worden war. Er ist lebhaft, stolz, gesellig und aufgeschlossen, und voller Lebensfreude. Seine Beharrlichkeit macht ihn oft nachtragend und für Ressentiments anfällig. Die Heimatliebe der Provencalen setzte sie jahrhundertelang in Gegensatz zum Zentralismus der jeweiligen französischen Regierungen, der sich in hartnäckigem Widerstand und in Aufständen kundtat. Städte und Adel der Provence ergriffen bei Streitigkeiten bevorzugt die Partei der Feinde des gerade herrschenden Regimes, z.B. in den Religionskriegen und bei der Résistance während des letzten Krieges.

Doch die Anziehungskraft der kulturellen und zivilisatorischen Metropole Paris verfehlte auf die Dauer ihre Wirkung auf Adel, geistige Elite und Neureiche nicht, und die Provence wurde nachgerade zur wirklichen vergessenen „Provinz" mit dem Vorteil, daß dieses uralte Kulturland römischer Prägung seine Unversehrtheit weitgehend bewahren konnte.

Dadurch ist die Provence ein Touristenland, wie man es in dieser Mannigfaltigkeit und Unversehrtheit selten findet. Und noch etwas: Unser Reisegebiet ist verhältnismäßig klein und die Entfernungen im Lande sind gering, weil sich die Sehenswürdigkeiten dicht aneinanderreihen. Das ermöglicht ein geruhsames reisen, ohne daß man dadurch etwas versäumt.

Ein Charakteristikum der Provence ist die verschwenderische Aufgliederung der Landschaft mittels kleinen Gehölzen, und besonders durch lange Reihen von Zypressen, die insbesondere als Windschutz dienen und angeblich bis 2000 Jahre alt werden können. Unser Bild: Im TRICASTIN bei Allen-Montélimar.

2.
Die Topographie der Provence

Die geographische Struktur der Provence ist, wie bereits erwähnt, sehr vielgestaltig. Da sind zunächst die **Ebenen** über dem östlichen Ufer der Rhone, die seit der Römerzeit bewässert werden und sehr fruchtbar sind. So insbesondere das Tricastin (südlich Montélimar), das Comtat Venaissin (das ehedem zum päpstlichen Avignon gehörte) und La Petite Crau, südöstlich von Avignon. Daran anschließend, jenseits des kleinen Bergzuges Alpilles, liegt die ausgedehnte Plaine de la Crau, eine ursprünglich trockene Stein- und Geröllwüste (ehemaliges Flußdelta des Gebirgsflusses Durance), die aber zunehmend bewässert und kultiviert wird, sowie von den Rändern her zur Ansiedlung von Industrie heransteht. Westlich davon, zwischen den beiden Rhone-Armen, liegt die berühmte urwüchsige Sumpf- und Steppenlandschaft Plaine de la Camargue, die praktisch mit dem Rhone-Delta identisch ist.

Die Ebenen der Provence sind von **Kalkgebirgen** umgeben, die, unter dem Rhone-Delta hindurch, in geologischem Zusammenhang mit den Pyrenäen stehen und dementsprechend in der Hauptsache in ost-westlicher Richtung verlaufen.

Im Norden ist es zunächst das Massiv Mont Ventoux, das 1909 m Höhe erreicht und westwärts in die steil aufgerichteten Dentelles de Montmirail ausläuft. Südlich davon, z.Tl. durch das Venaissin getrennt, erhebt sich in Höhen von 800 bis 1000 m die von Steilschluchten und Abgründen zerfurchte Hochebene Plateau de Vaucluse. Noch weiter südlich die Bergkette Montagne du Lubéron zwischen den Flußtälern des Calavon (mit dem Städtchen Apt) und der Durance, letztere der längste Fluß im Bereich der Provence.

Im Westen begrenzen die mäßig hohen, aber z.Tl. steilrandigen Kalkberge der Garrigues und der Cevennen unser Reisegebiet. Auch aus den erwähnten Ebenen ragen einige mäßig hohe Bergketten auf, so die Montagnette bei Avignon und die Alpilles bei Arles, sowie die Chaînes de l'Estaque und de Vitrolles rund um den Binnensee Etang de Berre (bei Marseille).

3.
Klima

Das Klima der Provence ist entsprechend dem unterschiedlichen Landschaftsrelief durchaus nicht einheitlich. In den tieferen küstennahen Gebieten herrscht aber auf jeden Fall ein mildes, subtropisches Klima vor. Die Sommer sind heiß, aber wegen der geringen Luftfeuchtigkeit nicht drückend. Die Winter sind im allgemeinen mild, aber nicht frei von Kälteeinbrüchen.

Der Regen fällt vor allem im Herbst und Frühjahr. Zwar nicht sehr oft, aber jeweils heftig und sintflutartig. Ja es kann im Extremfall vorkommen, daß innerhalb einer einzigen Stunde ein Fünftel der gesamten Jahresmenge fällt.

Der Frühling beginnt im März. Die zu dieser Zeit noch trokkenen Flußbette füllen sich in Auswirkung der Schneeschmelze im Gebirge und der nun einsetzenden Regenfälle rasch und lassen die Vegetation erwachen.

Von Juni an ist der Regen selten, und mit dem ständig blauen Himmel beginnt die Sommerzeit, deren Hitze meist von einer leichten Seebrise gemildert ist. Dann gibt es aber noch den **Mistral,** einen kalten und heftigen Fallwind, der aus Hochdruckzonen des Zentralmassivs (Cevennen usw.) herabstürzt und über die von ihm aufgepeitschten Fluten der Rhone hinweg in südöstlicher Richtung in die Provence einfällt. Das Thermometer kann dann innerhalb kurzer Zeit um 10° zurückgehen, und binnen kurzem wehen Staubfahnen,wo bisher Wasserpfützen waren (die Bauern sagen: „Er frißt Dreck"). Doch seine Kraft reicht nur wenige Tage und anschließend ist der leergefegte Himmel blauer als zuvor.

4.
Die Anreise

Der kürzeste Weg in die Provence führt natürlich durch die Luft, nachdem von einigen Flughäfen in Deutschland, Österreich und der Schweiz direkte Flugverbindungen mit Marseille, Toulon, Nizza (Nice) und Nîmes bestehen, betrieben beispielsweise durch die Lufthansa und die Air France.

Die Anreisemöglichkeiten mit der **Eisenbahn** werden oft übersehen, obwohl diese gerade in der Hauptreisezeit von Vorteil sein können. Von besonderem Interesse dürften die **Autoreisezüge** sein, die von den meisten größeren Städten aus über Karlsruhe und Straßburg in die Provence (oder darüber hinaus) verkehren. Auskunft bei allen Bahnhöfen.

Auf eigener Achse: „Sammelkanal" für die Anreisenden aus dem Norden und Südwesten Deutschlands ist in der Regel die Nord-Süd-Autobahn E4 mit dem Endpunkt Basel; für die Zureisenden aus den Räumen um München wäre dies die E61 mit dem Endpunkt Lindau.

Im ersten Fall bieten sich folgende 4 Hauptstrecken an:

a) Müllheim (Steinenstadt) - Mulhouse - Besançon - Lyon - Avignon. Nachdem das „Nadelöhr" Mulhouse auf der neuen Autoroute umfahren werden kann, empfiehlt sich diese Strecke ganz besonders.

b) Basel - Bern - Genf - Grenoble - Valence - Avignon.

c) Wie bei b), jedoch von Genf über Lyon nach Valence usw.

d) Die Alpenroute: Wie bei b), jedoch von Genf auf der E 4 nach Grenoble. Weiter auf der „Route des Alpes d'hiver" zum Hochpaß Croix-Haute (1165 m), der die Grenze des Mittelmeerklimas bildet. Weiter auf der „Route Annibal" über Sisteron und durch das Durance-Tal nach Aix-en-Provence.

   Im Falle der Anreise aus dem Raum München (auch aus Österreich) könnten die weitgehend ausgebauten (nun kostenpflichtigen) Autobahnen der Schweiz benützt werden. Die weiteren Stationen wären dann:

e) Lindau - Bregenz - Zürich - Bern usw. wie bei b),c) und d).

Ungeachtet dessen, daß das Reiseziel Provence ja festliegt, könnten es die Umstände jedoch zulassen, daß man die Anreise nicht in einem Zuge durchführen will, sondern daß man ganz kurz auch einige **Sehenswürdigkeiten am Rande der Rollbahn** „mitnehmen" kann, soweit sie ohne wesentliche Umwege erreichbar sind. An dieser Stelle daher einige diesbezügliche Stichworte in nord-südlicher Reihenfolge:

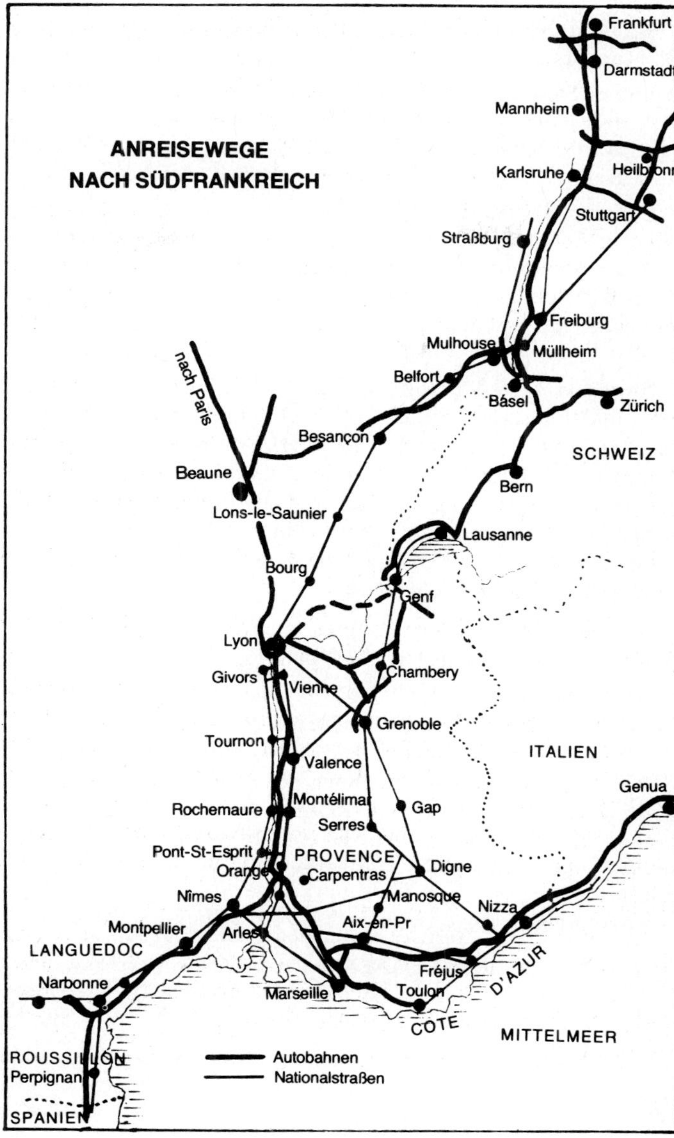
ANREISEWEGE
NACH SÜDFRANKREICH
Frankfurt
Darmstadt
Mannheim
Karlsruhe
Heilbronn
Stuttgart
Straßburg
Freiburg
Mulhouse
Müllheim
Belfort
Basel
Zürich
nach Paris
Besançon
SCHWEIZ
Beaune
Bern
Lons-le-Saunier
Lausanne
Bourg
Genf
Lyon
Chambery
Givors
Vienne
Grenoble
Tournon
Valence
ITALIEN
Genua
Rochemaure
Montélimar
Gap
Serres
Pont-St-Esprit
PROVENCE
Digne
Orange
Carpentras
Nîmes
Manosque
Nizza
Montpellier
Aix-en-Pr
Arles
LANGUEDOC
Fréjus
Narbonne
Marseille
Toulon
CÔTE D'AZUR
MITTELMEER
ROUSSILLON
Perpignan
Autobahnen
Nationalstraßen
SPANIEN

Basel (250 000 Einw.), zu 90% deutschsprechend, ehemalige Freie Reichsstadt, seit 1511 bei der Eidgenossenschaft. Das Zentrum der Stadt liegt an der Außenseite des Rheinknies. Münster von 1019, aber im 14. Jahrhundert gotisch überholt. Mehrere sehenswerte Museen, besonders das Kunstmuseum mit Weltgeltung. Beim Grenzübergang der reichhaltige Zoo.

Belfort (60 000 Einw.), ehemalige Festungsstadt und Sperrriegel an der Burgundischen Pforte. Im Kriege 1870/71 wurde sie von den Deutschen lange Zeit belagert. Zur Erinnerung hieran schuf der Colmarer Bildhauer Bartholdi an der Felsenwand der Zitadelle das berühmte 22 m lange Monument „Löwe von Belfort".

Besançon (120 000 Einw.), von Wällen umgebene Universitäts- und Festungsstadt, Zentrum der Uhrenindustrie des Jura. Liegt in ihrem Kern in einer Schleife des Doubs, welche von einem 120 m hohen Felsen mit Zitadelle abgeschlossen wird. Ein Tor (Porte Noire) aus römischer Zeit, romanisch-gotische Kathedrale, Kunst- und Uhrenmuseum, Thermalbad.

Die Straße N83 (Richtung Lons-le-Saunier) bewegt sich am Steilrand des **Französischen Jura.**

Lons-le-Saunier (20 000 Einw.). Solebad. Romanische Kirche Saint-Désiré (11. Jahrh.) mit Krypta.

Bourg-en-Bresse (40 000 Einw.), Industriestadt am Westrand des Jura, ehemalige Provinzhauptstadt im damaligen Herzogtum Savoyen. Sehr sehenswert ist die unweit seitlich der Durchgangsstraße gelegene **Kirche von Brou,** ein Schatzkästlein der Spätgotik (Flamboyant), als Grablege 1513/32 erbaut von Margarete von Österreich, Witwe Philiberts von Savoyen, mit zahlreichen Statuen und Grabmälern. Heimatmuseum im danebenliegenden Kloster.

Vogelparadies (Naturschutzgebiet) bei Villars-les-Dombes.

BOURG-EN-BRESSE am Rand des französisch-schweizerischen Jura. Auf der Anreise in die Provence kann man seitlich der Durchgangsstraße die KIRCHE VON BROU besuchen, ein Schatzkästlein der Spätgotik und Grablege des Hauses Savoyen, mit sehenswerten Grabmälern.

Eglise de Brou

Lyon am Zusammenfluß von Saone und Rhone, mit über 1 Million Einwohner die drittgrößte Stadt Frankreichs, Wirtschafts- und Kulturzentrum, Handelsmesse (1./15. März), Universität, Seidenweberei, weltberühmtes historisches Textilmuseum. Städt. Kunstmuseum, Marionettenmuseum. Zahnradbahn zum Fourvière-Hügel mit den Römischen Theatern und der Wallfahrtskirche Notre-Dame de Fourvière (19. Jahrh.). Eine Umgehungsstraße führt ostwärts um die Stadt (man vermeide trotzdem den täglich viermaligen Stoßverkehr !).

Das **Rhonetal** abwärts führen 3 Straßen: Je eine Landstraße rechts und links des Flusses, links außerdem die (gebührenpflichtige) Autobahn bis Marseille und noch ein Stück weiter. Die Landstraße N86 auf der westlichen Uferseite ist weniger belebt. Man erreicht sie über die Rhonebrücke bei Givors (nur bis 2 m Wagenhöhe) oder die Flußbrücke bei Vienne.

Vienne (35 000 Einw.), Industrie- und Handelsstadt am linken Rhoneufer, gallische Gründung, römische Blütezeit. Römisches Theater, „Temple d'Auguste et de Livie", Kathedrale Saint-Maurice (12./15. Jahrh.) und Kirche Saint-Pierre (5./9./10. Jahrh.) mit Lapidarium (Steindenkmale).

Serrières (2000 Einw.), liegt 29km flußabwärts von Vienne, dicht über dem westlichen Rhoneufer und bildet mit seiner Brücke einen wichtigen Kreuzungspunkt der westlichen Rhonetalstraße mit der N519 (Grenoble - Saint-Etienne). Ein Aufenthalt lohnt sich

---

*SAINT-BLAISE über dem Westufer des Etang de Berre**,*
mit den Resten der ehemaligen Griechenstadt MASTRAMELE,
die vermutlich im Jahr 49 v.Chr. unter Cäsar zerstört worden ist.
Unser Bild: Der ehemalige Zugang zur Stadt mit den
exakt behauenen Quadern der GRIECHENMAUER.
In der Mitte darüber ein Rest der vor-griechischen Stadtmauer
aus dem 6. Jahrhundert v.Chr., dahinter darüber die jüngere
Stadtmauer des frühmittelalterlichen Ugium (5. und 6. Jahrh.n.Chr.),
dazu hinten rechts ein Teil der Reste
der frühchristlichen Basilika St-Vincentius aus der selben Zeit.

wegen dem neuen sehenswerten **Safaripark Peaugres,** der 9 km südwestlich oberhalb von Serrières an der genannten N519 (Richtung Annonay) liegt. Es handelt sich um einen exotischen Wildpark, dessen Freigehege (Löwen, Bären, Affen, Bisons u.v.a.) auf einer 6 km langen Rundtour mit dem eigenen Wagen durchfahren werden können. Ganzjährig geöffnet.

Valence (80 000 Einw.), Industriestadt am linken Rhoneufer. Romanische Kathedrale aus dem 11./12. Jahrhundert, und Museum.

Stichworte zu der Alpenroute d):

Annecy (50 000 Einw.), ein Luftkurort in 450 m Höhe am ca. 12 km langen gleichnamigen See. Gotische Kathedrale, Schloß-Museum, Jardin des Plantes und Champ de Mars mit Aussichtspunkt zum See. Drahtseilbahn zum Mont-Baron (1288 m, Rest.).

Aix-les-Bains (20 000 Einw.), ein Luftkurort mit Schwefelquellen, gelegen am 18 km langen Lac du Bourget. Seilschwebebahn zum Mont-Revard, Abbaye de Hautecombe, Grablege der Fürsten von Savoyen.

Chambéry (50 000 Einw.), ehem. Hauptstadt des Herzogtums Savoyen, heute Präfektur des Départements Savoie, liegt in der Talrinne zwischen Isère und Lac Bourget bzw. Rhône. Interessantes Savoyen-Museum im ehemaligen Erzbischofspalast. Schöne und abwechslungsreiche Umgebung.

Grenoble (180 000 Einw.), ehem. Hauptstadt der Dauphiné, Präfektur des Départements Isère, gelegen am Fuß der Grande Chartreuse. **Kunstmuseum Musée Bibliothèque,** eines der bedeutendsten Frankreichs, mehrere Parks, Luftseilbahn zur Bastille.

Sisteron (6 000 Einw.), ehem. Bistum und nördlichste provenzalische Stadt liegt in einer schmalen Schlucht, die von der Durance durchflossen wird. Kathedrale im provenzalisch-romanischen Stil (12. Jahrh.). Bei den Kriegsereignissen im August 1944 wurde besonders die hoch über der Stadt liegende Zitadelle schwer beschädigt. Ein den Verkehr erleichternder Straßentunnel führt durch den Zitadellenberg.

5.
Blick in die Geschichte

Wer weiß was war,
der weiß was ist.

Da Südfrankreich in der letzten Eiszeit eisfrei geblieben war, gab es hier schon eine sehr frühe Besiedelung, wie Fundstücke beweisen. Die erste namentlich bekannte Volksgruppe in der Provence waren am Ende der Bronzezeit die Ligurer, die im 1. Jahrtausend v.Chr. von den Galliern (=Kelten) überwandert und aufgesogen worden waren.

Um 600 v.Chr. und schon vorher gründeten seefahrende Griechen auch an den südfranzösischen Küsten Handelsniederlassungen, darunter Massalia (Marseille), Olbia (Hyères), Athenopolis (St.Tropez), Antipolis (Antibes), Glanon u.a. Sie führten den Oliven-, Feigen-, Kirschen- und Nußbaum ein, sowie den Weinstock und das erste Geld. Doch die Gallier drängten die Griechen zurück, welche die benachbarten Römer zu Hilfe riefen. Diese kamen gern und besiegten 122/123 v.Chr. unter dem Consul Sextius die Gallier, wobei auch deren Hauptstadt Entremont (→Aix-en-Provence*) zerstört wurde. Sie begannen mit der Romanisierung des Landes, das ein Teil der römischen „Provincia Gallia Narbonnensis" wurde. Hauptstadt war das nach dem Sieger benannte Aquae Sextiae (Aix). Hier war es auch, daß die Römer 20 Jahre später unter ihrem Feldherrn Marius die aus dem Norden eingedrungenen germanischen Teutonen vernichtend schlugen.

Die folgenden Jahre der „Pax Romana" (Römischer Landfriede) brachten auch der Provence eine niegekannte wirtschaftliche und kulturelle Blüte, für die noch heute die Städte Nîmes, Arles, Orange, Aix-en-Provence, Vaison-la-Romaine u.a. zeugen. Mit Rom war die Provence durch die entlang des Tyrrhenischen Meeres verlaufende Via Aurelia verbunden.

Die Völkerwanderung im 5. und 6. Jahrhundert brachte den Rückzug der Römer und das Vordringen und die zeitweilige Herrschaft von Vandalen, West- und Ostgoten und Burgundern.

In den französischen Geschichts- und Schullesebüchern werden diese Ereignisse kollektiv als „Invasion barbarischer Völkerschaften" klassifiziert. Dies entspricht dem Sprachgebrauch und der Geschichtsschreibung der Römer, die alle Nicht-Römer als „Barbari" (= Bärtige) bezeichneten, im Gegensatz zu den Römern selbst, die, soweit sie etwas auf sich hielten, bartlos gingen (vgl. Apt, Kathedrale).

Bei den durch die Völkerwanderung zwangsläufigen Kämpfen wurden die Städte und Dörfer großenteils zerstört bzw. verbrannt, was angesichts der damaligen Holz- und Lehmbauweise keine allzugroße Mühe oder ausgesprochen zerstörerische Absichten erforderte. Man kann dies an den römischen, der Öffentlichkeit dienenden Steinbauwerken ersehen, die die Invasionen regelmäßig überdauerten und erst im späteren Mittelalter den Festungs-, Kirchen- und Klosterbauherren, die die Römerbauten als Steinbruch benützten, zum Opfer fielen.

Dann begann 536 die Herrschaft der Franken. Im 8. Jahrhundert von See her der Einfall der moslemischen Mauren, die das Land in Besitz nahmen,aber den Provenzalen auch die Kenntnis der Medizin, und der Verwendung des Harzes und der Korkeichenrinde vermittelten. Der Karolinger Karl Martell, Sieger von Tours und Poitiers, konnte sie in den Jahren 736 bis 739 zurückdrängen, doch hielten sich seeräuberische Sarazenen noch bis zum Ende des 10. Jahrhunderts in den nach ihnen benannten Bergen Massif des Maures (La Garde-Freinet).

Im Vertrag von Verdun (843, Dreiteilung des Frankenreiches) kam die Provence an Lothar (Lotharingen), ein Jahrhundert später war sie als Glied des Königreiches Arelat (Arles bzw. Burgund) Bestandteil des Heiligen Römischen Reiches Deutscher Nation, und noch im Jahr 1365 ließ sich der deutsche Kaiser Karl IV. in Arles zum König von Burgund (und damit der Provence) krönen. Er überließ jedoch schon 12 Jahre später das Reichsvikariat (Statthalterschaft bzw. Grafschaft) dem bereits effektiv herrschenden französischen Königsgeschlecht Anjou auch offiziell. Die statthaltenden Grafen der Provence hatten weitgehende Unabhängigkeit. Besonders einer dieser Grafen, René d'Anjou (15.Jahrh.) ging als

---

In CLANSAYES (Tricastin) ist die Vergangenheit stets gegenwärtig: Im Vordergrund die SALLE ROYALE AUX TROIS NICHES, Teil eines ehemaligen ligurischen bzw. vorligurischen Sanktuariums. Im Hintergrund der seltsam geformte DONJON, Rest einer Tempelritterburg aus dem 12. bis 15. Jahrhundert.

le bon roi René ganz besonders in die Herzen der Provenzalen ein, da während seiner umsichtigen, weisen und leutseligen Herrschaft nach dem Niedergang durch den Hundertjährigen Krieg das Land wieder aufblühte. Unter seinem Nachfolger kam die Provence 1481 durch testamentarische Bestimmung und durch nachtägliche Legalisierung durch das provenzalische Ständeparlament an Frankreich, zunächst mit Sonderrechten als „Gleicher neben einem Gleichen".

Aber nocheinmal trat das deutsche Kaiserreich in der Provence in Erscheinung, als Kaiser Karl V. den französischen König Franz I. aus Mailand vertrieben hatte und ihm 1536, entlang der Côte d'Azur, in die Provence nachfolgte, wo er verschiedene Städte einnahm (trotzdem der französische König zur Aushungerung der Eindringlinge das System der „Verbrannten Erde" anwandte) und sich in Aix zum König des Arelat (Arles) krönen ließ, was jedoch keine politische Konsequenzen nach sich zog.

Die beiden französischen **Religionskriege** brachten speziell auch für die Provence schwere Rückschläge:

Im 12. Jahrhundert traten die **Albigenser** in Erscheinung (benannt nach der Stadt Albi im Languedoc), eine religiöse Reformbewegung. Ihre Doktrin war insbesondere der das Universum beherrschende Gegensatz zwischen Gut und Böse, wobei ihnen unsere Welt als Werk des Bösen galt. Sie führten ein asketisches, sittenreines und zurückgezogenes Leben. Da sie auch verschiedene kirchliche Dogmen leugneten (Trinität, Abendmahl, Tod und Auferstehung Christi usw.) kamen sie bald mit der kirchlichen Obrigkeit in Konflikt und Papst Innozenz II. verdammte sie als „toulousische Ketzer". Dennoch hatte sich ihre Lehre zu Anfang des 13. Jahrhunderts bereits über ganz Südfrankreich ausgebreitet, speziell auch in den großen Städten (vgl. Avignon* Les Baux u.a.) und den adligen Familien, darunter besonders den über ein großes Gebiet herrschenden Grafen von Toulouse.- Wegen der ständigen Verfolgungen fand der Gottesdienst oft in verborgenen Höhlen und Wäldern, statt, daher auch „hommes obscours" (Dunkelmänner) genannt.

Nun verkündete Papst Innozenz III. den Kreuzzug gegen die Albigenser (mit Ablaß aller Sünden für die Teilnehmer), der während 20 Jahren (1209/29)zu dem furchtbaren Albigenserkrieg führte, der Hunderttausenden auf beiden Seiten das Leben kostete und die schönsten Gebiete des Languedoc und der Provence verwüstete, wobei die Albigenser praktisch ausgerottet wurden, die letzten durch die Inquisition. Die Grafschaft Toulouse wurde effektiv auf die Sieger aufgeteilt, wodurch der französische König Ludwig IX. (der Heilige) erstmals die Rhône als Ostgrenze gewann und in der Camargue erstmals einen Mittelmeerhafen gründen konnte (→Aigues Mortes*). Und der Papst bekam die Grafschaft Venaissin als Kriegsbeute (→Avignon).

Im Jahr 1562 begann nach einem blutigen Zwischenfall der erste **Hugenottenkrieg,** dem mit Unterbrechungen 7 weitere folgten, bis es 1598 zum Edikt von Nantes mit der garantierten Glaubensfreiheit für die Protestanten kam. Doch diese Protestanten kamen wieder in Konflikt und Aufruhr gegen den Königshof, der den Krieg erneut begann, bei welchem alle protestantischen Städte, darunter Nîmes, erobert wurden. Inzwischen war König Ludwig XIV. mit seinem Anspruch auf Alleinherrschaft (auch über die Seelen) zur Regierung gekommen. Das Toleranzedikt von Nantes wurde 1685 wieder aufgehoben und die Verfolgung der Protestanten (viele flohen ins Ausland, auch nach Deutschland) begann von neuem. Aus der Gegend von Nîmes, wo die Hugenotten noch immer zahlreich waren, setzten sich Tausende in die nahen schluchtendurchfurchten Cevennen ab, wo sie in dem von 1702 bis 1705 währenden „Cevennenkrieg" aufgestöbert und aufgerieben wurden. Das definitive Ende dieser jahrhundertelangen Bürgerkriege, die Frankreich über 1 Million seiner besten Bürger gekostet hatten,brachte offiziell erst 1804 der Code Napoleon mit seiner Gleichberechtigung für alle Franzosen.

Avignon war im 14. Jahrhundert Refugium von Päpsten und Gegenpäpsten.

Die französische Revolution fand auch in Südfrankreich statt. Dann konnte der Artilleriehauptmann Napoleon Bonaparte die Engländer aus Toulon vertreiben. Der Wiener Kongreß, der 1818/19 nach der napoleonischen Ära die Neuordnung Europas zum Ziel hatte, stellte auch das von Napoleon annektierte Fürstentum Monaco wieder her. 1860 trat Cavour, der Einiger Italiens, Nizza und die Seealpen an Frankreich ab, als Lohn für Waffenhilfe im Kampf gegen Österreich, das Teile Norditaliens besetzt hatte.

Im 2. Weltkrieg stand auch Südfrankreich und die Provence im Brennpunkt der Ereignisse, denn seit 1942 (Landung der Alliierten in Afrika) war auch die Mittelmeerküste von deutschen Truppen besetzt. Im August 1944 landeten französische und amerikanische Truppen an verschiedenen Punkten der Côte d'Azur und nahmen in rascher Folge Toulon, Nizza und Marseille ein. Die Rückzugs- bzw. Verfolgungskämpfe verursachten mancherlei Schäden, die inzwischen jedoch behoben sind. Geblieben sind die unübersehbaren Kriegerdenkmale auch im kleinsten Dorf, nachträglich ergänzt ,mit Marmorgedenktafeln („Pas oublier!") für die Opfer aus der Résistance.

6.
Oliven, Zypressen und Lavendel

Das Pflanzenkleid der Provence ist durch immergrüne Bäume charakterisiert. Der Olivenbaum, der unverwechselbar seine knorrigen Äste schon kurz über dem Boden ausbreitet, wurde vor 2500 Jahren von den Griechen eingebürgert. Man trifft ihn vor allem um Aix und Salon, wo schon sehr früh Ölmühlen betrieben wurden, von den Römern bei Arles eine regelrechte „Ölfabrik" (meunerie). Das Vorkommen des Olivenbaums (bis in 600 m Höhe) kennzeichnet die Grenze des Mittelmeerklimas. In seiner Gesellschaft findet sich oft der (nicht immergrüne) frühblühende Mandelbaum und der (gleichfalls sommergrüne) Feigenbaum - seine fünflappigen Blätter mußten ja wohl so groß ausfallen, damit sie seinerzeit den Bikini-Ersatz bilden konnten! Im lichten Schatten der Olivenbäume werden oft Blumen (Veilchen) und Frühgemüse gepflanzt.

In der freien Landschaft sind die schlanken Zypressen nicht zu übersehen. Sie stehen einzeln, (z.B. in Friedhöfen und Gärten) oder in langen Reihen als Windschutz, besonders zahlreich in der Petite Crau. Der Maulbeerbaum ist im Rückzug, der Obstbaum (Buschform) im Vormarsch.

In den Städten und Dörfern sorgen Alleen von Platanen und aus Australien stammende Eukalyptusbäume für die Beschattung der Straßen, Plätze und Gartenparks.

An Eichen ist besonders die immergrüne Kermeseiche und die Steineiche, sowie die Korkeiche vertreten; erstere sind kalkliebend, die letztere kalkfeindlich, weshalb man diese nur in den östlichen kristallinen Bergregionen, etwa den Maures, antrifft. Dort auch die kalkflüchtige Strandkiefer mit dem tiefgerissenen Stamm. Im Gegensatz dazu die Aleppokiefer mit glattem Stamm

---

Weinbau spielt in der Wirtschaft der Provence eine große Rolle. Auch wer noch nie in der Provence war, kennt den Typ dieser flachgedeckten behäbigen Weinbauernhöfe aus den Gemälden von Paul Cézanne.

und kalkliebend, und die Schirmkiefer mit in Platten abspringender Rinde. Beide typische Mittelmeerpinien.

Die sommergrüne Flaumeiche (Quercus pubescens), so genannt wegen der mit flaumigen Haaren besetzten Unterseite ihrer Blätter, trifft man auf kalksteinigen Hochflächen und Abhängen der Provence. Dort wird sie allgemein „chêne truffier" genannt, weil in ihrem Wurzelbereich die Trüffel wächst, die man allenthalben auf den Märkten antreffen kann.

Ganz im Süden trifft man Exoten: Orangen- und Zitronenbaum (deren Früchte aber nicht immer ausreifen), sowie Palmen, hauptsächlich die Dattelpalme und die Kanarische Palme, letztere mit untersetztem dickem schuppigem Stamm bzw. Strunk. Gerade die letztere ist gegen gelegentlich rauhes Klima besonders unempfindlich und wird an den Uferpromenaden der Küstenstädte gerne zur Unterstreichung des südlichen Flairs angepflanzt, da ihre Wedel auch eine besonders schöne kugelige Form bilden.

In den höheren Bergwäldern finden sich Tanne und Lärche, in mittleren Höhen auch mächtige Kastanienbäume.

Die trockenen Bergregionen der Provence werden meist von dem für den Mittelmeerraum so typischen Maquis beherrscht, einem immergrünen mannshohen dichten Eichengebüsch, in welchem Ginster, Myrthe, Thymian, Rosmarin und Lavendel ihren unbeschreiblichen Duft verbreiten. Hier (wie auch an den Rändern von Straßen und Wegen) die Trockenpflanzen Agave, Aloe und Feigenkaktus. Lavendel wird außerdem feldmäßig angebaut, zur Herstellung von Essenzen (3 kg Lavendelblüten erbringen 40 g Essenz).

Interessant ist, daß der Vegetationszyklus hier anders als im Norden verläuft: Die erste Blüte erfolgt im frühen Frühjahr, dann folgt die sommerliche trockene Ruhezeit, und der erste Regen im Herbst bringt die zweite Blütezeit, die weit in den Winter hinein währt.

Eine Sonderstellung nimmt die Camargue ein, die einen stark salzhaltigen und sumpfigen Boden hat. Hier überwiegen die Schilfgebiete. In neuerer Zeit haben sich ausgedehnte Reisfelder dazugesellt, auch wird der „Vin de sable" (Sandwein) angebaut.

7.
Das Wirtschaftsleben

Auf Grund ihrer von der Rhone angeländeten fruchtbaren Böden und dem günstigen Wachstumsklima war die Provence schon immer ein reiches, wandlungsfähiges und intensiv bewirtschaftetes Agrarland. Dies gilt verstärkt für unsere Zeit mit ihren verbesserten Kommunikations- und Transportmöglichkeiten, wodurch die Erzeugung auch von leichtverderblichen Produkten in größeren Mengen möglich wurde. Dies gilt besonders für Gemüse und Obst (Tomaten, Kartoffeln, Kohl, Spargel, Salate, Melonen, Erdbeeren, Pfirsiche, Aprikosen, Kirschen, Birnen, Trüffel usw.), das schon im frühen Frühjahr in ganz Frankreich und in Teilen Deutschlands schon am Tage nach der Ernte auf den Markt kommt. Zentrum dieser Intensivlandwirtschaft ist La Petite Crau und das Comtat Venaissin.

Größere Getreideanbauflächen gibt es zwischen Arles und Tarascon, wozu sich seit kurzem auch Mais gesellt hat. Südlich von Arles, sowie in der Camargue finden sich ausgedehnte Reisfelder.

Allenthalben wird Wein angebaut. Die besten Sorten „Côtes du Rhône" und „Châteauneuf-du-Pape" wachsen an den Hängen der Rhone.

Es gibt noch viele Schafherden,die den Winter in der Plaine de la Crau oder in der Camargue verbringen und den Sommer auf den Bergweiden. In der Camargue werden in freier Wildbahn auch Rinder- und Pferdeherden gehalten, bewacht von den „Gardians", den „ Cowboys" der Camargue.

Der industrielle Schwerpunkt derProvence liegt im Bereich und Umkreis von Marseille, wozu auch die nahen Ufer des Etang de Berre gehören. An diesen, verkehrsgünstig zur offenen See gelegen, gibt es auch bedeutende Petroleumraffinerien, die einen großen Teil des Energiebedarfs Frankreichs decken. Eine weitere wichtige Energiequelle ist die „Houille blanche" (=Weiße Kohle), d.h. die Wasserkraft, die besonders aus der immer wasserführenden Rhone, aber auch aus aufgestauten Bergflüssen gewonnen wird.

Zur traditionellen Industrie gehören die Betriebe zur Verarbeitung der landwirtschaftlichen Produkte, insbesondere Ölmühlen (Öl und Seife aus Oliven und Erdnüssen), Getreidemühlen, Zuckerfabriken, Brauereien, Teigwarenfabriken, Konfitüre- und Marmeladefabriken, Reisaufbereitungsfabriken usw. Schwerindustrie (Stahl und Eisen, Maschinen, Werften) und chemische Industrie auf der Basis von Petroleum und Phosphaten, ist in Marseille ansässig, Stahl und Eisen auch in Port de Fos zwischen Etang de Berre und der (Grand) Rhonemündung.

Kalksteinbrüche am westlichen Ufer der Rhone dienen einer ausgedehnten Kalk- und Zementfabrikation. In der Region von Apt und Roussillon (Vaucluse) wird Ocker abgebaut und zu Farbstoff verarbeitet. Das für die Aluminiumherstellung wichtige Bauxit, benannt nach dem Dorf Les Baux-de-Provence, wird heute vor allem in dem östlich davon gelegenen Département Var ausgebeutet. Die chemische Industrie produziert, außer in dem bereits genannten Marseille, in Salin de Giraud am südlichen Rand der Camargue.

Kernenergiezentren befinden sich bei Marcoule und bei Pierrelatte, beide am Ufer der Rhone. Die Salzgewinnung aus Meerwasser wird vor allem am Südrand der Camargue ausgeübt.

8.
Baukunst in der Provence

Die Bauwerke der Menschen der **Steinzeit** und der **Bronzezeit** waren die „bories", die man besonders am Rande des Lubéron antrifft, weil es dort wenig natürliche Höhlen gab. Es handelt sich dabei um bienenkorbähnliche fensterlose Gehäuse mit einem einzigen Raum, mörtellos aufgeschichtet aus kaum behauenen Steinplatten, und (in Unkenntnis des seitlich gestützten Gewölbebogens) mit sogenanntem „falschen Gewölbe", d.h. die Raumdecke besteht aus schicht- bzw. ringweise nach innen vorkragenden Platten bis zum Abschluß durch einen mittleren Deckstein. Aus dieser Zeit sind u.a. Stelen mit einem stilisierten mundlosen (stummen) Gesicht überkommen (u.a. im Musée Calvet, Avignon), die evtl. den fortlebenden, wenn auch stummen, Toten versinnbildlichten (nach anderer Meinung stellten sie Grabwächter dar).

Die Bauwerke der **Gallo-Ligurer** (1. Jahrtausend v.Chr.) hatten bereits beträchtliche Ausmaße und waren erstmals Gemeinschaftsleistungen. Aber auch sie waren reine Zweckbauten, und die verhältnismäßig kunstlos aufgeführten Mauern aus kleinformatigem Steinmaterial stehen in deutlichem Gegensatz zu den entsprechenden Konstruktionen der nachfolgenden griechischen und römischen Epochen. Beispiele sind das leicht erreichbare Oppidum d'Entremont, das Oppidum Constantine u.a. Die Skulpturen dieser Zeit waren ausschließlich kultbezogen und z.Tl. auf den von den Galliern praktizierten Schädelkult abgestellt. In den Museen findet man viele entsprechende Relikte z.B. Musée Borély in Marseille, wo ein ganzer Saal mit Funden aus dem gallischen Sanktuarium Roquepertuse (beim Äquadukt Roquefavour) angefüllt ist, oder im Musée Lapidaire von Avignon die „Tarasque de Noves", ein menschenfressendes Monster.

Die im 6. Jahrhundert v.Chr. einsetzende **griechische Baukunst** (die in gewisser Beziehung die Lehrmeisterin der Römer war), manifestierte sich in wohlgestaltigen und handwerklich hervorragenden Bauten, wie man sie noch heute in Saint-Blaise, Glanum und Marseille antrifft.

Die anschließende, fünf Jahrhunderte währende **römische Epoche,** schuf den neuen Menschen der Provence und prägte seine Kultur und Zivilisation entscheidend. Bei den römischen Bauwerken herrscht das Monumentale und Rationale, welch letzteres in einer exakten Planung nach einheitlichem Schema zum Ausdruck kam. Z.B. in der Anlage von Städten: Da gab es stets die rechtwinklig sich kreuzenden Straßenachsen Decumanus und Cardo, an deren Schnittpunkt das Forum (Versammlungs- und Verwaltungszentrum) und der Haupttempel lagen, die übrigen Straßen sich gleichfalls rechtwinklig einordnend. In keiner Stadt durfte das Theater, das Amphitheater, Thermen und möglichst auch ein Circus (Langrennbahn) fehlen, wozu evtl. noch ein sog. Triumphbogen kam, der regelmäßig ein Denkmal der Stadtgründung war. Ebenso mußte die Wasserversorgung gesichert sein, die immer komplizierte Kunstbauten erforderlich machte. Bei den Säulen wurden die aufwendigen korinthischen bevorzugt.

Römische Bauwerke sind trotz kriegerischer Zerstörungen und steinbruchmäßigem Abbau gerade in der Provence heute noch stark vertreten, vielleicht mehr als in Rom selbst, wo spätere Kulturen das Vorgehende immer wieder überdeckt haben. Stätten dieser römischen Baudenkmale sind vor allem Arles, Nîmes, Orange und Vaison-la-Romaine, nicht zu vergessen der Pont du Gard, etliche noch heute benutzbare Straßenbrücken, und, technisch besonders aufschlußreich, die Meuneries de Barbegal. Die vorchristliche Art der Bestattung vornehmer Bürger in z.Tl. aufwendig skulpierten Steinsarkophagen wurde auch von den christlich gewordenen Provence-Römern übernommen, nachdem im Jahr 313 durch das Edikt von Mailand Glaubensfreiheit hergestellt worden war (vgl. Alyscamps in Avignon und die dortigen Museen).

Nach den Wirren und Zerstörungen der Völkerwanderung brachte die Herrschaft der **Merowinger** und dann der **Karolinger** (Franken, 5. bis 10. Jahrhundert) trotz der ständigen Sarazenengefahr einige Ruhe ins Land, und die ersten (vorromanischen) Kirchen wurden errichtet, oft an der Stelle vorchristlicher Tempel oder Heiligtümer, die dem Volk seit Jahrhunderten teuer gewesen waren. Es waren meist Bauten in der aus Byzanz übernommenen Form eines griechischen (gleichschenkligen) Kreuzes (Zentralbau) nach dem Vorbild der **Pfalzkapelle Karls des Großen zu Aachen** (798), welcher griechisch-byzantinische Baumeister in seinen Diensten hatte. Diese Bauten haben nur in Resten (insbesondere in Krypten und Fundamenten) die Jahrhunderte über-

---

Die romanische CHAPELLE DU VAL-DES-NYMPHES (Tricastin), die an der Stelle eines vorchristlichen Quellenheiligtums steht, gehörte ehedem zu einem hier vorhandengewesenen Dorf. Die quergeteilte Gewölbeapsis entspricht römischer Tradition, wie manches andere in der Provence.

dauert, da sie später fast restlos durch romanische Bauwerke ersetzt wurden. Stichworte seien: Venasque (Taufkapelle und Grabstein), Aix (Taufkapelle), Saint-Pentaléon, Chapelle de Carluc, Apt (Krypta), Notre-Dame d'Ortiguière, St-Victor (Krypta) in Marseille, Tympanon an der Kirche St-Michel in Salon und an der Chapelle St-Gabriel bei Tarascon, und die skulpierten frühchristlichen Sarkophage, besonders schön und zahlreich in Arles.

Um die Jahrtausendwende waren die Normannen- und Sarazeneneinfälle zurückgeschlagen, die Sicherheit und Stetigkeit des Handelsverkehrs auf dem Mittelmeer und den Flüssen war zurückgewonnen, und Gewerbe und Finanzwesen entwickelten sich.

In dieser Zeit eines seit langem nicht mehr gekannten relativen Wohlstandes, aber auch einer Zeit religiöser Begeisterung, die sich u.a. in allgemein gewordener Marienverehrung, Mariendichtung, in den Kreuzzügen und in transeuropäischen Wallfahrten (Rom, Santiago de Compostela) äußerte (in der Provence herrschten um diese Zeit die Comtes de Toulouse und de Barcelona), entstanden in der Provence allenthalben Klöster, Städte und befestigte Dörfer, und bis hinaus ins letzte Dorf neue Kirchen, bei deren Bau man sich zweckvollerweise mehr oder weniger an die im Lande so reichlich vorhandenen römischen Vorbilder hielt. Dieser **Romanische Baustil** provenzaler Prägung (11. bis Mitte des 13. Jahrhunderts) drückt sich wie bei den antiken Vorbildern in erdgebundener Schwere aus und hat als Leitbild den **Rundbogen, der in der Provence gebrochen konstruiert ist,** d.h. leicht zugespitzt. Die Kirchen sind ausschließlich „orientiert", d.h. Chor und Altar sind nach dem Orient (Osten) ausgerichtet, das Hauptportal liegt im Westen, und der übliche Zugang geschieht durch ein Südportal (wegen dem von Norden kommenden Mistral). Die Schwere der massiven Deckengewölbe erfordert entsprechende Mauern, die nur kleine schlitzartige Fenster zulassen und daher regelmäßig zu verhältnismäßig dunklen Innenräumen führen. Die kleineren Kirchen bestehen meist nur aus einem einzigen Langschiff (Hallenkirche) ohne oder mit nur knapp ausgeprägtem Querschiff. Soweit Seitenschiffe vorhanden sind (Basilika), setzen sich diese ostwärts und seitlich der Chorapsis in kleineren Nebenapsiden fort. Die heutzutage anzutreffende Strenge und Schmucklosigkeit der Innenräume war früher vielfach durch farbige Bemalung gemildert (vgl. St-Michel de Frigolet in der Montagnette*). Daneben wurden im Innenraum wie auch an den Portalen oft originale römische Bauelemente, vor allem Säulen, verwendet, in anderen Fällen erscheinen an Friesen und Sockeln ältere, dem gallischen Dämonenglauben entspringende vorchristliche Symbolfiguren, wie etwa menschenverschlingende Monstren usw. Romanische Kirchen trifft man (wenn auch oft nachträglich verändert) in der Provence auf Schritt und Tritt. Die bedeutendsten Zeugnisse dieser Epoche sind die am „Jakobsweg" (Pilgerstraße nach San Tiago de Compostela in Nordwestspanien) gelegenen Klosterkirchen Saint-Trophime in Arles und in Saint-Gilles, während z.B. Saint-Michel in Salon* den Stilwechsel vom Romanischen zum Gotischen erkennen läßt.

In einer Zeit religiöser Verinnerlichung (Mystik) und religiöser Erneuerungsbewegungen (Franz von Assisi), aber auch einer Zeit des Minnesangs und der neuerwachten Freude an der Harmonie und Schönheit, entwickelte sich seit dem Anfang des 13. Jahrhunderts der **Gotische Stil.** Er unterscheidet sich von dem vorgehenden romanischen durch die schlanke Höhe seiner Bauelemente(Säulen und Pfeilerbündel), was bei den Kirchen eine lichterfüllte Raumhöhe möglich machte. Die Stabilität wurde anstelle der bisherigen schweren Mauern durch innen unsichtbare äußere Strebepfeiler gewährleistet. Charakteristisch sind Spitzbogen und entsprechende Kreuzgewölbe.

Das gotische Zeitalter fiel aber in der Provence in die Zeit der verheerenden Seuchen, und nach den furchtbaren, als Kreuzzüge ausgegebenen Albigenserkriegen (Ausrottungskriegen) in eine Zeit der Resignation und der politischen und existenziellen Unsicherheit, da viele der provenzalischen Städte und Landschaften auf der Seite der Protestanten gestanden waren. Diese Stilrichtung fand daher in der Provence nur langsam und sporadisch Eingang, wurde dann jedoch seit der Mitte des 14. Jahrhunderts von den Päpsten in Avignon stark gefördert, die eine Bauschule „gothique des Papes" errichteten und ihren Palast in diesem hellen Stil erbauen bzw. erweitern ließen. Darüber hinaus sind vor allem die Kirchen Saint-Paul in Avignon, Saint-Jean-de-Malte in Aix, Saint-Laurent in Salon, Saint-Nicolas in Pertuis (flamboyant bzw. spätgotisch) und die Alte Kathedrale in Carpentras Beispiele dieses Stils.

Der **Renaissance-Stil** (seit dem 16. Jahrhundert), der aus Italien über die Provence seinen Weg nach Frankreich fand, hat in der Provence selbst nur wenig Spuren hinterlassen, nicht zuletzt auch deshalb,weil nach dem Anschluß an Frankreich sich das gesellschaftliche Leben nach Paris verlagert hatte. Vor allem waren es die Burgen rund um den Lubéron*, die in diesem Stil zu Wohnschlössern umgebaut wurden.Auch das im Jahr 1483 (wegen Widerstandes gegen den „Anschluß") unter Ludwig XI. zerstörte Les Baux* wurde anschließend in seinem unteren Teil im Renaissancestil wiederaufgebaut. Dieser Stil, der die „Wiedergeburt" (der Antike) bezweckte, brachte klassische und maßvolle Formen und kennzeichnete sich, in deutlichem Gegensatz zur Gotik, in betonter horizontaler Schichtung der Frontflächen mit langgezogenen Fensterbändern, Gurt- und Kranzgesimsen.

Der in Süddeutschland nach dem Dreißigjährigen Krieg (Mitte des 17. Jahrhunderts) aufgekommene **Barockstil** (Zwiebelstil) erfuhr in Frankreich Abänderungen zu Sonderformen, die als **Französische Klassik** bezeichnet werden und die mit dem Namen Ludwigs XIV. in unmittelbarer Verbindung zu sehen sind, der ein römisch-imperiales Paris schaffen wollte und aus den römischen Vorbildern Arkaden, Säulenhallen und Kuppeln in den neuen Baustil (der auch „Stil Louis-Quatorze" genannt wurde) übernehmen ließ, was nahtlos in den seit 1770 allgemein in Europa zum Durchbruch gekommenen Stil des **Neo-Klassizismus** hineinführte.

VIVIERS an der Rhone. Das „Maison des Chevaliers" hat eine besonders schön skulpierte RENAISSANCE-FASSADE.

In der„abgelegenen" Provence äußerte sich diese „barocke Klassik" in bewegten Formen und mit schmiedeeisernen geschwungenen Balkonen, die von Atlanten und Karyatiden (=weibliche Atlanten) getragen sind. Beispiele findet man an Stadtpalästen (Hôtels) in Avignon und Aix (Cours Mirabeau, Pavillon de Vendôme). Daneben waren Hochaltäre dankbare Objekte der Barock-Bildschnitzer.

Diese Kunstepoche brachte auch eine Blütezeit der Keramik, mit Produktionsstätten in Moustiers (Haute-Provence) und Marseille. Man begegnet diesen Erzeugnissen allenthalben in den Volkskundemuseen.

Im zweiten Kaiserreich unter Napoleon III. kam der **Eklektizismus** (Wiederholung ohne Eigenschöpfung) zur Anwendung, wobei oft monumentale Bauten entstanden, welchen man die „Nachschöpfung" nicht auf den ersten Blick ansieht. In der Provence sind dies u.a. die Neue Kathedrale, die Basilika Notre-Dame de la Garde (neuromanisch-neubyzantinisch) und das Palais Longchamp, alle in Marseille, aber auch der dem Pont du Gard nachempfundene Aquädukt Roquefavour.

Abschließend soll auch der Maler gedacht sein, die im 19. Jahrhundert, lange vor den Touristen, die Provence entdeckt hatten, welche sie mit ihrem vibrierenden Farbenspiel zum Impressionismus führte. Diese Maler sind u.a. im Musée des Beaux-Arts in Marseille vollzählig vertreten(→Marseille*, lit. C.).

9.
Oppidum und Château

Die klimatisch angenehme und nach 3 Himmelsrichtungen offene Provence war zu allen Zeiten der Begehrlichkeit und dem Machtstreben fremder Völker und Machthaber ausgesetzt. Die einheimische Bevölkerung war daher schon immer darauf bedacht, sich zu verteidigen oder sich bei Gefahr zumindest in Sicherheit zu bringen.

Das begann, lange vor der Römerherrschaft, bei der ligurischen Urbevölkerung und den sich im 4. Jahrhundert v.Chr. zu ihnen gesellenden Galliern (Kelten), die sich zur Stärkung ihrer Verteidigungskraft zu großen Stadtgemeinschaften zusammenschlossen. Ihre Städte (später von den Römern „Oppidum" genannt) legten sie auf möglichst unzugänglichen Bergkuppen oder schroff abfallenden Hochebenen an und umgaben sie mit wallartigen Mauern und Türmen (vgl. u.a. Salon* - Umgebung). Das besterhaltene derselben (und das heute am leichtesten zugängliche) ist das Oppidum d'Entremont (→Aix* - Umgebung), es sind aber Dutzende weiterer bekannt bzw. nachweisbar.

Daneben gab es das in unwegsamen Schluchten oder auf einsamen Höhen gelegene „Castellas", das der Sitz des bevorrechtigten Adels war, haupsächlich aber in Zeiten der Gefahr als Versteck und Fluchtburg für Mensch und Tier diente. Die Grotten von Calès (bei Lemanon) sind ein anschauliches Beispiel dafür. Soweit an der exponierten Stelle eines solchen Castellas später im Mittelalter eine Burg entstanden ist, behielt diese oft den Gattungsnamen „Castellas" bei (vgl. „Castellas de Roquemartine" usw.).

Die für den religiösen Kult unerläßlichen Sanktuarien waren entweder (wie in Entremont) mit dem Oppidum verbunden, oder sie standen abgesetzt auf einer einsamen Höhe (vgl. „Château Virant" beim Oppidum Constantine). Bei der Eroberung Galliens durch die Römer wurden diese Oppidi und Sanktuarien offensichtlich planmäßig und gründlich zerstört, um sie auch für die Zukunft als Widerstandsnester auszuschalten.

Mit der römischen Eroberung Galliens ging die Errichtung von meist quadratischen Legionslagern (castrum) einher, aus welchem bald darauf die entsprechenden Städte entstanden. Eine Stadtmauer war unerläßlich, um den kulturellen und zivilisatorischen Besitzstand zu wahren und um in den Kriegszeiten ein Bollwerk zu haben.

Unter den Lawinen der Völkerwanderung und den Einfällen der Sarazenen brachen jedoch die römischen Stadtmauern zusammen, auf deren Resten praktisch erst wieder etwa seit dem 12. bis 14. Jahrhundert neue Wallmauern mit Türmen und Toren errichtet wurden, als Ausdruck der inzwischen gewonnenen kommunalen Autonomie und zum Schutz vor im Lande umherziehenden Banden, da damals der Landfriede auf Landesebene nicht gewährleistet war. In dieser Zeit erhielt praktisch auch jedes Dorf seine Ummauerung, die auch das Château (Burg) des dörflichen Standesherrn (Seigneur) mit einschloß, oder sich an dieses anlehnte. Der höhere Adel, der das Recht beanspruchte, sich gegenseitig zu bekriegen, ebenso wie der höhere Klerus, verschanzte sich auch außerhalb der Städte und Dörfer auf geeigneten Steilfelsen in sicheren Châteaux von oft beträchtlicher Ausdehnung.

Nach dem Anschluß der Provence an das französiche Königreich waren diese selbstherrlichen Feudalfestungen mit dem königlichen Absolutismus und Zentralismus nicht mehr zu vereinbaren, und unter den Ministerkardinälen Richelieu und Mazarin wurden zahlreiche Châteaux (Burgen bzw. Festungen) zerstört, was in Anbetracht der inzwischen eingeführten Feuerwaffen keine allzugroße Mühe bereitet haben konnte. Andere wurden rechtzeitig und entsprechend dem Zug der Zeit (Renaissance) ihres Festungscharakters entkleidet (entschärft) und zu Wohnschlössern italienischen Geschmacks umgestaltet (Lourmarin, Gordes, Ansouis u.a.)

Die Landesverteidigung war nun ausschließlich Sache des Königs, aber die nun erstellten Festungen (Stadtbefestigungen und Forts) erhielten unter dem Festungsbaumeister Vauban eine sternförmliche Gestalt mit sich gegenseitig deckenden Geschützbastionen anstelle der früheren Türme (Forts am Hafen von Marseille). Durch die Zunahme der Bevölkerung im 18. und 19. Jahrhundert waren die Stadtmauern den Stadterweiterungen allenthalben im Wege; sie wurden ganz oder teilweise abgerissen und die Gräben zugeschüttet und an ihrer Stelle breite Boulevards und Platanenalleen angelegt, die heute der Stolz und die „gute Stube" fast jeder Stadt sind.

Im 19. Jahrhundert (Zeitalter der Romantik) besann man sich wieder auf die Vergangenheit und restaurierte viele der zerfallenen Burgen oder sicherte deren Ruinen vor weiterem Zerfall.

B
DIE LANDSCHAFTEN DER PROVENCE

Neben den städtischen Touristenzentren mit ihrer näheren Umgebung besteht die Provence aus in sich geschlossenen Landschaften mit jeweils spezifischem Charakter, die z.Tl. auch touristische Schwerpunkte sind und ein Verweilen und Kennenlernen geradezu aufdrängen. Sie sind nachstehend eingehend beschrieben und soweit nützlich in Skizzen festgehalten; letztere sind anhand des nebenstehenden Übersichtsplanes leicht zu finden, ebenso die ungefähre „Anschlußstelle" von einer Landschaft zur anderen.

Umfangreichere Stadtbeschreibungen sind ausgeworfen und im nächsten Abschnitt D in alphabetischer Reihenfolge aufgeführt, um den „Roten Faden" nicht abreißen zu lassen, eine Handhabung, die sich in Dutzenden von Goldstadt-Reiseführern bewährt hat. Die diesbezüglich in Betracht gekommenen (also in Abschn. D zu suchenden) Städte und Sehenswürdigkeiten tragen in vorstehender Landschaftsbeschreibung einen Stern (*). Landschaftsbeschreibungen dieses Abschnitts B tragen zwei Sterne (**), wenn sie an anderer Stelle zitiert werden.

1.
Das untere Rhonetal
(Basse Vallée du Rhône)

In ferner Vergangenheit bildete das Mittelmeer im heutigen unteren Rhonetal zwischen den Garrigues im Westen und dem Ventoux und dem Lubéron im Osten eine tiefe Meeresbucht, die in einem nach Norden schmäler werdenden Schlauch bis hinauf zum Engpaß von Donzère (bei Montélimar) reichte, und aus der nur die Kalksteinberge Alpilles** und Montagnette** und der Mont de Cordes (bei Montmajour) herausragten. In Jahrhunderttausenden hat dann die Rhone, zusammen mit der aus den Alpen kommenden Durance, das heutige Delta angeländet, das seiner Entstehung entsprechend eine weite flache Ebene darstellt, deren größte zusammenhängende Teile die Camargue** und die Plaine de la Crau** sind.

ÜBERSICHTPLAN DER LANDSCHAFTSKÄRTCHEN
(Netzplan)

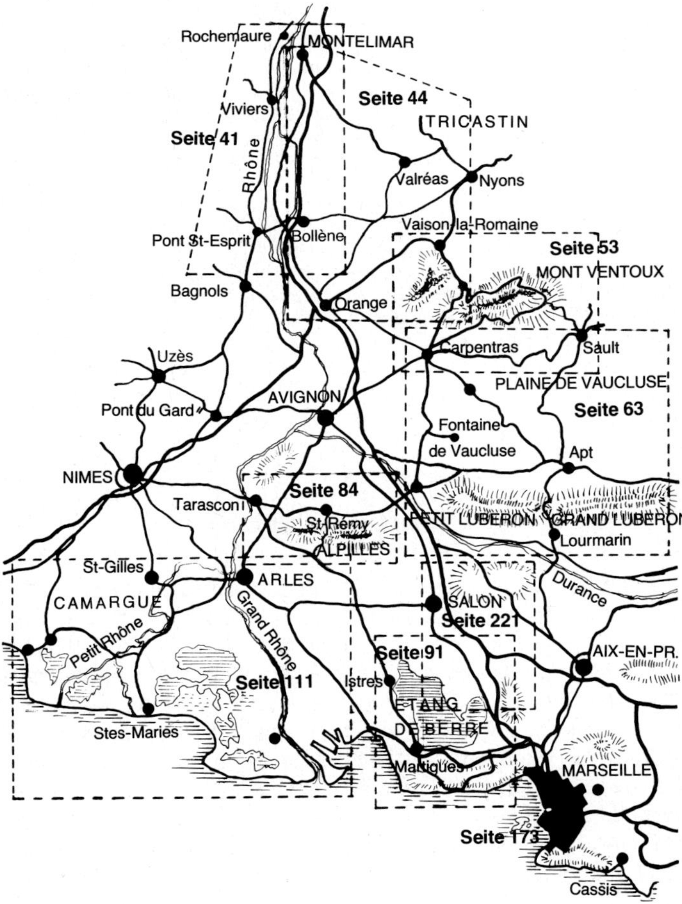

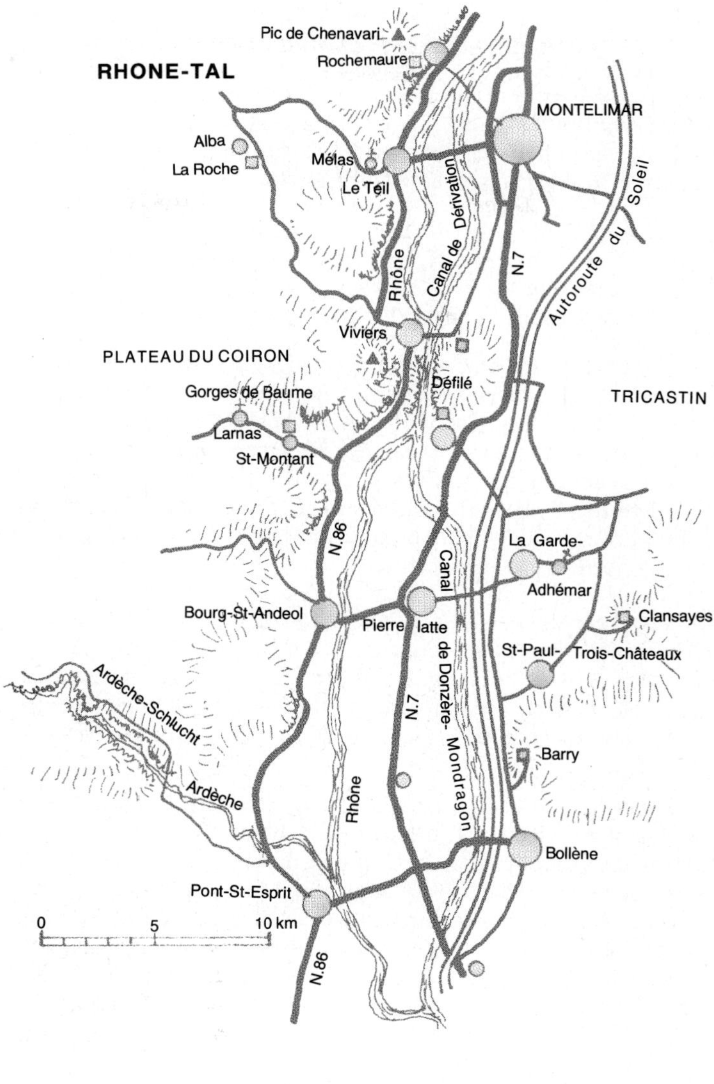
RHONE-TAL
Pic de Chenavari
Rochemaure
MONTELIMAR
Alba
La Roche
Mélas
Le Teil
Canal de Dérivation
Autoroute du Soleil
N.7
Rhône
Viviers
PLATEAU DU COIRON
Défilé
TRICASTIN
Gorges de Baume
Larnas
St-Montant
N.86
La Garde-
Adhémar
Canal
Bourg-St-Andeol
Pierre
latte
de Donzère-
Mondragon
Clansayes
St-Paul-
Trois-Châteaux
Ardèche-Schlucht
Barry
Ardèche
Rhône
N.7
Bollène
Pont-St-Esprit
0
5
10 km
N.86

Die Rhone (in der französischen Sprache ist sie männlich)!) ist der größte und wasserreichste Fluß Frankreichs (dreimal mehr Wasser als die Seine - bei Avignon 500 m breit). Dies trifft zu allen Jahreszeiten zu, entsprechend der verschiedenartigen Herkunft ihrer Zuflüsse. Doch hat sie im Herbst den höchsten Wasserstand und ist dann einigermaßen „wild", zu Zeiten des Mistral-Windes kann ihr Wellengang sogar gefährlich sein.

Seit den Zeiten der Gallier (Zinntransport) und der Römer (Wein- und Öltransport), wie besonders auch im Mittelalter, diente die Rhone als Verkerhrsweg, und jede anliegende oder benachbarte Stadt hatte ihren Flußhafen.

1829 erschienen erstmals Dampfschiffe auf dem Fluß, doch der Bau von Eisenbahnen auf beiden Uferseiten brachte einen Rückgang der Schiffahrt. Erst die spätere Kanalisierung (gleichzeitige Energiegewinnung) mit Kanalanschlüssen an das Meer erlaubten einen zunehmenden Lastenschlepperverkehr, der heute insbesondere den Transport von Treibstoff, Zement vom Rhoneufer, Salz aus der Camargue, Phosphate und Pyrit, sowie Verhüttungsprodukte aus Lothringen umfaßt.

Vom touristischen Standpunkt aus ist besonders das **westliche Rhoneufer** interessant, das man in Verfolg der Empfehlung in Abschn. A. 4. (N86)automatisch erreicht. Es ist ziemlich schmal und konzentriert, weil die steilen Felswände der Kalk-und Basaltberge des Vivarais (Coiron, Garrigues) z.Tl. bis nahe ans Ufer treten.

Bei der Anfahrt (vgl. Abschn. A. 4.) erreicht man zuerst entweder die Nugatstadt **Montélimar*** oder **Rochemaure*** mit seinem bizarren Château, beide Städte durch eine Brücke verbunden. Hier beginnt der 12 km lange **Canal de Montélimar,** der östlich der Rhone entlangführt, an welcher man **Le Teil*** erreicht, wo an der Straße nach Aubenas die vorromanische Taufkapelle von **Mélas** von besonderem Interesse ist. Man passiert die Kalk- und Zementwerke von Lafarge und erreicht **Viviers*** (ehemalige Bischofstadt mit hochgebauter Kathedrale) am Beginn des Rhoneengpasses **Défilé de Donzère,** bei dem auch der obengenannte Canal de Montélimar wieder in die Rhone einmündet, nachdem er bei **Châteauneuf-du-Rhône** (→Viviers*) ein Elektrizitätswerk bedient hat. Schöner beiderseitiger **Ausblick** von der hier über den Strom führenden Brücke. Auf einem Berggipfel über dem westlichen Ufer die hohe weiße Statue des St-Michel, Schutzpatron der (an dieser Stelle besonders gefährdet gewesenen) Flußschiffer.

Donzère (5000 Einw.) am Ausgang des Défilé (Ruine eines Château der Bischöfe von Viviers) war ein unbedeutendes kleines Uferdorf, bis 1948/52 die gewaltigen Kanalisationsarbeiten **Ouvrages de Donzère-Mondragon** der C.N.R. (Compagnie Nationale du Rhône) durchgeführt wurden, die die Schiffahrt erleichtern, elektrische Energie erzeugen und landwirtschaftliche Gebiete bewässern. Hier bei Donzère beginnt ein zweiter Kanal, der 28 km lange **Canal de Donzère-Mondragon** mit Elektrizitätswerk bei Bollène am unteren Drittel des Kanals. Auf der damit entstandenen Insel zwischen Fluß und Kanal liegt das Atomzentrum **Pierrelatte.** Von dem Ruinendorf **Barry** aus (5 km nördlich von Bollène, →Tricastin**) hat man einen umfassenden Überblick über die umfangreichen Anlagen.

7 km südlich von Viviers ist ein Abzweig westwärts (D262) zu den interessanten Sehenswürdigkeiten von **St-Montant, Larnas** und **Gorges de Baume** zu empfehlen (→Viviers*).

Nach weiteren 7 km **Bourg-Saint-Andéol***, das dem erwähnten Pierrelatte gegenüberliegt.

Von hier aus kann man, Fluß und Kanal überquerend, das **Tricastin**** (La Garde-Adhémar, Grignan usw.) erreichen.

15 km südwärts erreicht man, die tiefeingeschnittene Ardèche überschreitend, das Rhonestädtchen **Pont-Saint-Esprit*** mit seiner siebenhundertjährigen Brücke. Standort für Ausflüge in den Ardèche-Canyon.

In der Regel wird man gerade Pont-Saint-Esprit und seine Brücke als Tor zum Zentrum der Provence benützen (nach Orange* ca. 32 km usw.).

Das TRICASTIN

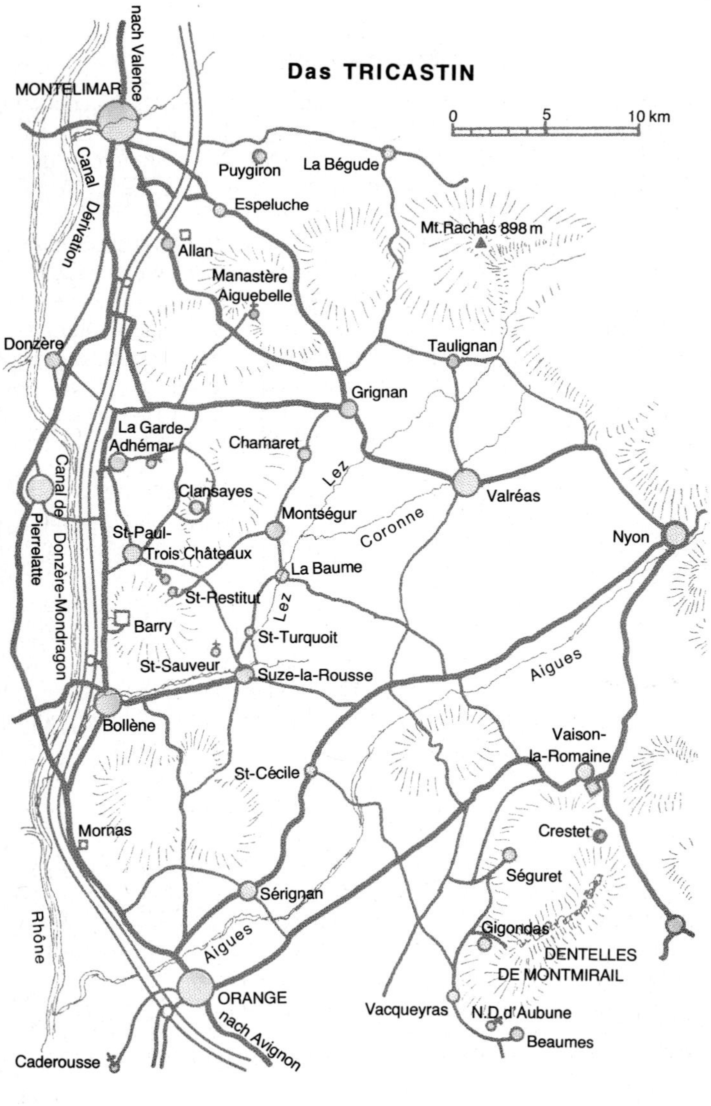

2.
Das Tricastin

so benannt nach dem ehedem hier ansässigen gallisch-ligurischen Volksstamm der Tricastini, umfaßt das Gebiet im Norden der Provence in dem Dreieck zwischen Orange, Montélimar und Nyons (die beiden ersten Städte nicht inbegriffen). Seine Topographie zeigt ein Hügelland, z.Tl. mit bewaldeten oder mit Buschwerk bestandenen Hochflächen und fruchtbaren Talmulden, in welchen Obst und Gemüse erzeugt wird. Hauptfluß dieses Gebiets ist der Lez mit Nebenfluß Coronne, die aus den Alpenvorbergen kommen und u.a. die Städte bzw. Ortschaften Grignan, Valréas und Bollène berühren. Dieser abseits des großen Verkehrs liegende Landstrich ist sehr reizvoll und abwechslungsreich.

Einige interessante Haltepunkte, in etwa nordsüdlicher Reihenfolge:

Grignan, ein Marktflecken mit 1200 Einwohnern und ca. 40 Gastbetten, 25 km südöstlich von Montélimar*, der sich rund um das auf einem Felsrücken stehende **Château** gruppiert. Dieses Schloß (16. Jahrh.) ist in die Literaturgeschichte eingegangen, da die berühmte Madame de Sévigné hier bei ihrer Tochter (die den Grafen de Grignan, Statthalter der Provence, geheiratet hatte) eine große Anzahl ihrer literarisch und kulturgeschichtlich bedeutsamen Briefe geschrieben hat, und hier (1696) auch gestorben ist.

Neben dem Schloß die **Kirche St-Sauveur,** gleichfalls aus dem 16. Jahrhundert. Ihre Fassade wurde nach den Religionskriegen 1554 erneuert und mit einer gotisch-flamboyanten Fensterrose versehen. Schöne Inneneinrichtung. Die obengenannte Madame de Sévigné hatte sr.Zt. hier ihre letzte Ruhestätte gefunden, die jedoch in der großen Revolution zerstört worden ist. Eine Gedenkplatte vor dem aus dem 17. Jahrhundert stammenden Hauptaltar erinnert hieran. Im Dorf interessanter ehemaliger Torturm beim Rathaus, heute Uhrturm. Unweit das **Musée Faure-Cabrol,** das örtliche Bedeutung hat (Volkstum und Schloß).

Umgebung: 1 km südlich die **Grotte de Rochecourbière,** die gleichfalls von Madame de Sévigné literarisch bekanntgemacht worden ist. - 10 km nordwestlich die **Abbaye Notre-Dame d'Aiguebelle,** im 12. Jahrhundert gegründet, im Religionskrieg geplündert und anschließend zerfallen. Seit 1815 erfolgte der Neuaufbau in romanisiertem (neuromanischen) Stil. Die hier heimischen Trappistenmönche führen ein relativ asketisches Leben (Stillschweigen,vegetarisch) bei intensiver Arbeit. Die landwirtschaftlichen und gärtnerischen Anlagen rund um das Kloster sind ein Musterbetrieb. Die Empore der Klosterkirche kann besucht werden.

9 km westlich von Grignan liegt das Städtchen **Valréas** (8000 Einwohner, 30 Gastbetten, S.I. im Rathaus) auf einem Hügel in einer Talebene. Ehedem war es eine inmitten der Dauphiné gelegene Exclave des Papststaates. Schon vor dieser Zeit wurde die ein fast regelmäßiges Sechseck bildende Stadtmauer errichtet, an deren Stelle nun ein platanenbestandener Straßenring (genannt „cours") die Stadt umgibt und damit alle Verkehrsprobleme löst. Von der alten Stadtmauer sind noch geringe Reste und die „Tour du Tivoli" (im Süden) vorhanden.

Sehenswert ist das **Hôtel de Ville** (Rathaus 18. Jahrh.), respektabler ehemaliger Palast des Marquis de Simiane, der mit einer Enkelin der Madame Sévigné verheiratet war. Teile des Gebäudes stammen aus gotischer Zeit (15. Jahrh.). Besonders schön die „salle du conseil". - Die **Kirche** stammt aus dem romanischen 12. Jahrhundert, z.Tl. später gotisch verändert. Romanisch ist insbesondere das Südportal. Bildtafeln und Orgel aus dem 16. Jahrhundert. Ein weiterer markanter Punkt der Stadtsilhouette ist der hohe quadratische Donjon (12. Jahrh.) des ehemaligen Château Ripert. Am Cours Jean-Jaurès (wo die Rue de l'Hôtel de Ville einmündet) steht ein Denkmal für 53 Widerständler, die an dieser Stelle am 12. Juni 1944 von den Deutschen erschossen wurden. - Fête du petit St-Jean am 23. Juni.

12 km östlich von Valréas liegt das Städchen **Nyons** (6000 Einwohner, 250 Gastbetten, S.I. im Rathaus) am Aigues-Fluß und am Fuß der Montagne des Vaux und du Devès. Diese Alpenvorberge steigen hier bis über 800 m an und sichern mit ihrem Schutz dem Städtchen und seiner Umgebung ein besonders mildes Klima mit entsprechendem, z.Tl. exotischem Pflanzenwuchs. Dies haben auch ausnehmend viele Pensionäre erkannt, die hier ihren Ruhestand genießen. Ansonsten ist Nyons ein Markt für Öl, Oliven und Trüffel, außerdem werden Fruchtkonserven hergestellt.

Sehenswert (P. auf der Place J. Buffaven, beim Gymnasium) ist das sich nördlich der Kirche erstreckende **Quartier des Forts,** das ist die auf einem länglichen Hügel erbaute Altstadt mit engen, z.Tl. ansteigenden und übergewölbten Gassen. - Aus dem 15. Jahrhundert stammt der **Vieux Pont,** eine Hochrückenbrücke über die Aigues (auch Eygues geschrieben), mit 40 m Spannweite, eine für die Zeit ihrer Erbauung erstaunliche technische Leistung. -Frühlingsfest mit Blumenkorso an Ostern; Olivades Ende Juli.

Flußaufwärts erstreckt sich die enge Aiguesschlucht zwischen den immer höher ansteigenden Alpenvorbergen, hier „les Baronnies“ genannt, in Richtung Sisteron. – Wenn man schon in Nyons ist, sollte man die **Promenade de Vaulx (Vaux)** befahren, eine 8 km lange kurvenreiche Panoramastraße entlang des Westhangs der Montagne des Vaux. - Prächtige Aussicht vom Devès (45 Min., 518 m).

Montségur ist ein malerisches Dorf an der D71, über dem sich auf steilem Fels die Ruine eines Feudalschlosses erhebt, umgeben von den z.Tl. zerfallenen Häusern und Kirche des Village ancien.

La Baume-de-Transit, gleichfalls ein uraltes Dorf mit engen, praktisch unbefahrenen Gassen (Parken bei der Brücke!). Interessante **Kirche im vorromanischem Stil** (ca. 10. Jahrhundert), erbaut nach altchristlicher Art in Form eines griechischen (gleichschenkligen) Kreuzes (vier um eine Kuppel gebaute Apsiden). Eine dieser Apsiden wurde im 16. Jahrhundert zu einem Kirchenschiff verlängert, die Kuppel im 14. Jahrhundert durch ein gotisches Spitzbogengewölbe ersetzt. Über dem Dorf ein runder Donjon, letzter Rest einer mittelalterlichen Burg.

Suze-la-Rousse ist ein Städtchen mit 1400 Einwohnern, das im Mittelalter die bedeutendste Stadt des Tricastin war und schon 852 urkundlich erwähnt ist. Es liegt am südlichen Ufer des Lez und am Fuß eines mächtigen Felsen mit einem mittelalterlichen **Château** aus dem 12./14./16. Jahrhundert, das mit seinen 30 m hoch aufragenden Außenmauern einen imposanten Anblick bietet und den Charakter einer mittelalterlichen Provence-Burg durchaus bewahrt hat. Sehr interessanter **Burghof** mit Renaissancearchitektur. Das Schloß mit seiner „Weinuniversität“ kann besichtigt werden.

4 km nördlich die romanische **Chapelle St-Turquoit.**

Bollène (15 000 Einw., 60 Gastbetten, S.I. beim Rathaus) liegt am linken Ufer von Lez und Rhône. Diese typisch provenzalische

Stadt mit engen Gassen und breiten Platanenalleen hat trotz der Nähe der Rhonekraftwerke ihren Charakter bewahrt. Besuchenswert ist der „Belvédère Pasteur", eine kleine öffentliche Anlage mit Kunstmuseum (ehemalige Kapelle) und großer Aussicht.

5 km nördlich liegt auf dem Hügelzug Bois Redon in 300 m Höhe das **Ruinendorf Barry,** das von seinen Bewohnern verlassen ist. Kurvenreiche Auffahrt auf z.Tl. schlechtem Weg, aber sehr lohnende Aussicht.

St-Restitut, ein kleines Dorf mit wenig mehr als 500 Einwohnern, liegt am Osthang des Bois Redon, wenig nördlich von Bollène. Interessante romanische **Kirche** mit schön skulpiertem Dekor, besonders um die Chorhaube und in der südlichen Vorhalle sowie im Innenraum. An der Westseite die sehr alte **Tour Funérair** (ca. 11. Jahrh.), die nach der Überlieferung das Grab des St-Restitut enthält.

Wenig nördlich die kleine sechseckige Chapelle St-Sépulcre aus dem 16. Jahrhundert,am Rand eines Steilhangs.

St-Paul-Trois-Châteaux (5 000 Einw.) ist namensmäßig eine „Irreführung", denn es gibt hier nicht ein einziges Château. Da das Städtchen früher der Hauptort des gallischen Stammes der Tricastini war, ist daraus die lateinische Verballhornung „Tria Castra", in französischer Übersetzung „Trois Châteaux" entstanden. Dessen ungeachtet gibt es hier eine imposante **Kathedrale** im romanisch-provencalischen Stil (11./12. Jahrh.), mit schön skulpiertem Westportal nach antikem Vorbild, desgleichen das auffallend hohe Innenschiff (24 m bei 10 m Breite). Mosaik hinter dem Altar aus dem 13. Jahrhundert, originelle Kleinskulpturen bei dem Kanzelpfeiler: 2 Personen ziehen die Vorhänge zu. Dienstagsmarkt.

5 km nördlich von St-Paul liegt oberhalb der D133 das Bergdorf **Clansayes,** dessen 200 Einwohner vor allem auf den um-

---

Das vom Touristenstrom unberührte Bergdörfchen CLANSAYES (im Tricastin) ist ein echter „Goldstadt-Geheimtip":
Hier trifft man auf engstem Raum auf bedeutende vorligurische, ligurische, gallische und mittelalterliche Relikte.
(→ auch Abb. S. 21 und S. 69)

liegenden Weingütern leben. Zentrum ist der weithin sichtbare **Donjon** mit 7 m hoher Madonnenstatue. Dieser seltsam gegliederte Turm ist der besterhaltene Teil eines mittelalterlichen Château des Tempelritterordens (12.bis 15. Jahrhundert). Dicht unter dem Turm die romanische Kirche aus dem 12. Jahrhundert.

Vor dieser mittelalterlichen Zeit trug dieser Bergkamm ein vorligurisches bzw. ligurisches Sanktuarium, offensichtlich mit Wohnsitz des Hauptpriesters bzw. Stammeshäuptlings. Aus dieser Zeit stammt u.a. die unter besonderem Denkmalschutz stehende **Salle Royale aux trois Niches** am östlichen Rand des Burgplateaus (→ S. 21). Verschiedentlich stilisierte Zeichen auf Felsblöcken. Parkplatz in dem Bergsattel hinter dem Burgberg.

Auf dem unweit östlich hinter dem Bergsattel (über dem Friedhof) sich ausdehnenden felsigen Plateau finden sich beiderseits der Straße die Reste eines ausgedehnten gallo-ligurischen **Oppidum,** das seinerzeit ein „Verkehrsknotenpunkt" gewesen sein muß, da hier mehrere Straßen zusammenliefen, wie aus den in den Felsen gerieften Fahrspuren zu erkennen ist (man folge den roten Pfeilen!).

In der Ferienzeit (August) ist neben der erwähnten „Salle Royale" eine Informationsstelle eingerichtet.

La Garde-Adhémar (900 Einw.) liegt unweit des Défilé de Donzère.

Im 10. Jahrhundert flüchteten die Bewohner des Dorfes Val-des-Nymphes (→ unten) vor der Sarazenengefahr auf den westlich benachbarten Felsberg, wo sie das befestigte Dorf La Garde erbauten, das im 13. Jahrhundert in das Lehen der Familie Adhémar (→ Montélimar*) kam.

Von den ehemaligen Befestigungsanlagen sind noch zwei Tore erhalten. Die **Kirche St-Michel** ist eine romanische Basilika des 12. Jahrhunderts mit sehr steilem und hohem Mittelschiff (3mal höher als breit). Eingebaut sind drei Altäre aus gallo-römischer Zeit. Weithin sichtbarer mächtiger Turm, im Obergeschoß oktogonal.

Die romanische **Chapelle du Val-des-Nymphes,** 2 km östlich, liegt im Bereich des aufgegebenen Dorfes (→ oben). Sie ist seit den Religionskriegen dem Verfall preisgegeben, wurde aber in letzter Zeit gesichert. Der Name deutet darauf hin, daß hier in vorchristlicher Zeit ein Quellheiligtum bestand; die Quelle ist noch vorhanden. Die Kapelle hat u.a. eine hohe quergeteilte Gewölbeapside nach römischer Tradition, sowie eine hochgotische Grabnische. - Die im Gebüsch versteckte Kapelle liegt genau 2 km östlich von la Garde-Adhémar, etwas unterhalb der Straße D572; Kennzeichen: Ein den dort abwärtsführenden Weg blockierender senkrechter Pfosten.

3.
Massiv du Mont Ventoux

Dieses Bergmassiv liegt östlich von Orange und ist mit bis zu 1909 m Höhe das höchste des Rhonegebiets bzw. die westlichste hohe Bergkette der Alpen. Weitgehend isoliert aus dem umgebenden Hügelland aufsteigend, ist dieses Gebirge eine imposante Erscheinung und fällt im ganzen Rhonegebiet der Provence ins Auge, besonders auch im Schneekleid. Vom Plateau de Vaucluse im Süden wird der Mont Ventoux durch den tief eingeschnittenen Cañon Gorges de Nesque getrennt.

Der langgestreckte Bergzug besteht aus einem in ungefährer Ost-West-Richtung verlaufenden Kamm, der zwei Abhänge trennt. Der steile und steinige Nordhang hat eine alpenähnliche Struktur und Flora, während der weniger steile Südhang eine mittelmeerische Vegetation aufweist. Seit dem 16. Jahrhundert wurde das Gebirge schonungslos entwaldet, um den hohen Holzbedarf der Werften in Toulon und Marseille decken zu können. Seit dem Jahr 1860 wird mit Erfolg wieder aufgeforstet.

Bis ca. 800 m Höhe wachsen Olivenbäume und Eichen, bis 1600 m die Buche, und darüber ist die Region der Pinie. Weiter oben hat man die steinige Trockenzone mit einem Bewuchs würzigen und blumigen Grases, das im Sommer durch Wanderherden abgeweidet wird. Die Dörfler der Umgebung sammeln Trüffel und Lavendelblüten, und im Frühling bringen sie ihre Bienenstöcke in windgeschützte, sonnige Bergwände, denn der wohlschmeckende Berghonig Miel du Ventoux ist berühmt und begehrt.

Das Klima ist durch einen durchschnittlichen Temperaturunterschied von 11° zwischen Fuß und Kamm des Gebirges gekennzeichnet; auf den Kammhöhen weht ein scharfer Wind, besonders zur Zeit des Mistral. Im Winter kann man im Observatorium −27° messen. Von Dezember bis April trifft man über 1300 m meist ideale Wintersportverhältnisse mit den entsprechenden Einrichtungen und Unterkunftsmöglichkeiten an. Dies gilt besonders für den Mont Serein am Nordhang und Chalet-Reynard am Südhang.

Panoramastraßen führen bis auf die höchsten Punkte des Bergstocks. Die Südhangstraße (Bédoin - Sommet Ventoux) hat Steigungen von 8 bis 12%, die Nordhangstraße (Malaucène - Sommet) hat eine gleichmäßigere Steigung (weil in neuerer Zeit erbaut). Die letztere ist daher für die Auffahrt (und für den Wagen) besser geeignet, während man die Südroute, die inzwischen als Rennstrecke ausgebaut wurde, für die Abfahrt wählen kann.

Nachstehend:
A. Die Gipfelfahrt (ca. 75 km).
B. Rundfahrt um den Mont Ventoux (ca. 140 km).
C. Zu Fuß auf den Ventoux.

A. Die Gipfelfahrt (ca. 75 km)

Ausgangspunkt sei **Vaison la Romaine*** (mittelbar Orange*, bzw. Avignon*, bzw. Carpentras*). In Richtung Malaucène passiert man das seitlich über der Straße am Berghang liegende **Crestet,** überragt von der Ruine eines Château aus dem 12. Jahrhundert.

Entlang der Straße finden sich Reste des ehemaligen römischen Viadukts, das Vaison* mit Wasser versorgte. Auf der östlichen Seite der Straße erblickt man die auf steilem Felsen stehende Ruine des Château d'Entrechaux.

Man erreicht **Malaucène** (2000 Einw., 50 Gastb.), das am Fuß des Bergmassivs bzw. am Groseau-Fluß liegt. Das enggebaute Städtchen mit seinen verwinkelten Gassen ist großenteils von einer Allee alter Platanen (an Stelle der alten Stadtmauern) umgeben. Vielseitige Gewerbetätigkeit: Seidenwaren, Papier, Öl und Mehl.

Zu Anfang des 14. Jahrhunderts hatte Papst Klemens V., der erste „Romflüchtling", hier seine Residenz, bevor seine Nachfolger nach Avignon zogen. Er ließ in den Jahren 1305/14 die **romanische Kirche** gotisch erneuern und festungsartig ausbauen. Neben der Kirche Aufgang zum Calvarienberg (Aussicht).

Man verläßt Malaucène auf der N574, die an dieser nördlichen Bergflanke im Jahr 1933 gebaut wurde. Sie hat eine verhältnismäßig gleichmäßige Steigung von 8%.

Unweit hinter dem Städtchen liegt in einer romantischen Felsenszenerie die romanische **Chapelle Notre-Dame du Groseau,** die der quadratische Chor einer ansonsten verschwundenen Kloster-

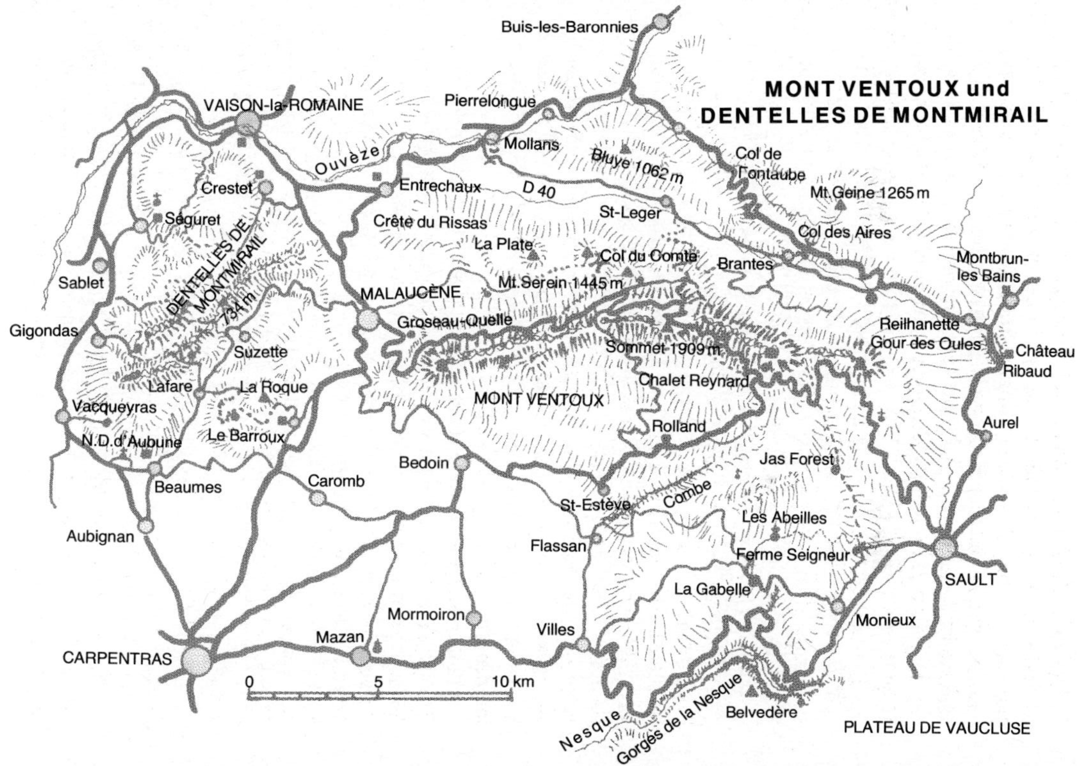
MONT VENTOUX und
DENTELLES DE MONTMIRAIL
Buis-les-Baronnies
VAISON-la-ROMAINE
Pierrelongue
Mollans
Bluye 1062 m
Col de
Fontaube
Mt.Geine 1265 m
Ouvèze
Entrechaux
D 40
St-Leger
Crestet
Séguret
Crête du Rissas
Col des Aires
DENTELLES DE
MONTMIRAIL
734 m
La Plate
Col du Comte
Brantes
Montbrun-
les Bains
Sablet
MALAUCÈNE
Mt.Serein 1445 m
Gigondas
Groseau-Quelle
Reilhanette
Gour des Oules
Château
Ribaud
Suzette
Sommet 1909 m
Lafare
La Roque
Chalet Reynard
Vacqueyras
MONT VENTOUX
Rolland
Aurel
N.D.d'Aubune
Le Barroux
Bedoin
Jas Forest
Beaumes
Caromb
St-Estève
Combe
Les Abeilles
Aubignan
Flassan
Ferme Seigneur
SAULT
La Gabelle
Mormoiron
Monieux
Mazan
Villes
CARPENTRAS
0
5
10 km
Nesque
Gorges de la Nesque
Belvedère
PLATEAU DE VAUCLUSE

kirche war. Auch die zugehörigen Gebäude des Benediktinerklosters sind nicht mehr vorhanden. Ein in der Kapelle eingemauerter Stein in griechischen Buchstaben und in gallischer Sprache bezieht sich offensichtlich auf den gallischen Quellengott Grauselos.

Unweit davon, im Talhintergrund, die **Source du Groseau** (Groseau-Quelle), die am Fuß eines steilen Felsen aus mehreren Spalten hervortritt und sich in einem Becken sammelt. Sehr schöner romantischer Schattenplatz. Offenbar handelt es sich hier um den Schauplatz eines ehemals dem gallischen Quellengott Grauselos gewidmeten Heiligtums.

Die Römer hatten sr.Zt. diese Quelle gefaßt und ihr Wasser in einem 9 km langen Aquädukt nach ihrer Stadt Vaison* geführt.

Die Straße verläßt das Tal von Malaucène und passiert ansteigend die Weidegründe Plan de St-Bandille (Kapelle) und Forsthaus und Chalet des Ramayettes in 916 m Höhe. In weiterem Anstieg bei den Rochers des Rams in 984 m Höhe der **Belvedère du Nord,** wo der Ausblick wieder besonders umfassend ist, z.B. westwärts auf den Sägekamm der nicht zu fernen Dentelles de Montmirail**.

Dann nach weiteren 6 km der Wintersportplatz **Mont-Serein** (1428 m), eingebettet in eine Wiesenmulde, mit etlichen Skilifts, Skischule und mehreren Unterkunftsmöglichkeiten.

Nochmals ein starker Anstieg der Straße zur Überwindung der letzten 500 m Höhenunterschied.

Rechterhand zweigt ein Sträßchen ab, das westlich um den Bergkamm herum in unzähligen Kurven durch das Massif des Cèdres abwärts in Richtung St-Estève führt, unter Umgehung des Gipfels.

Die SOURCE DU GROSEAU,
die am westlichen Rand des Mont Ventoux entspringt,
gehörte ehedem zu einem gallischen Quellheiligtum.
Heute bildet dieses romantische Plätzchen
ein beliebtes Ausflugsziel (viel Parkplatz).

Dann der **Sommet (Gipfel) du Ventoux** in 1909 m Höhe (nach anderer Version in 1912 m), mit meteorologischem Observatorium, Radarstation, Fernmelde- und Fernsehturm, Hotel und Chapelle Ste-Croix. Vom Auto-Parkplatz aus ein unvergleichlicher **Ausblick,** der von den Alpen bis zum Meer, und über das Rhonetal hinweg zu den Cevennen, und bei besonders klarem Wetter bis zu den Pyrenäen reicht. Bei klarem Wetter bietet auch die frühe Nacht ein besonders faszinierendes Lichterschauspiel.

Während der heißen Tageszeit des Sommers ist der Gipfel jedoch manchmal in eine dichte Stand-Wolke gehüllt; dann sollte der Berg vorteilhafterweise in der Frühe oder spät am Abend (Sonnenuntergang!) besucht werden. An Sommersonntagen trifft man den P. überfüllt an, wenn man nicht früh genug ankommt. Warme Sachen zum Überziehen muß man unbedingt dabeihaben!

Wenig östlich des Sommet wird im **Col des Tempêtes** (Paß der Stürme) endgültig der Grat überschritten und die Südflanke des Gebirges erreicht. Rückwärts noch einmal ein Blick auf den steilen Nordhang mit dem tiefen „Tal von Toulourenc“. Nun in südöstlicher Richtung hangabwärts in vielen kleinen Kurven, denn die Straße muß zahllose in den Hang eingeriefte Schluchten und Mulden umfahren. Allenthalben ein neues Panorama.

Vorbei an Fuente de la Grave erreicht man dann **Chalet Reynard,** ein ebenfalls gern besuchter Wintersportplatz, vor allem bei den aus südlicher Richtung anfahrenden Sportlern. Skilift und Unterkunftsmöglichkeit.

Hier ostwärts abwärts ein Verbindungssträßchen nach **Sault** (20 km).

3 km unterhalb des Chalet Reynard, bei dem Jas de Melettes, führt ostwärts ein Ringweg (kleiner Umweg) zum **Plateau de Perrache** (Aussicht, Unterkunft).

Man passiert den Pavillon Rolland und die Einmündung des oben erwähnten „Massif-des-Cèdres-Sträßchens“, und erreicht durch den „Wald von Bédoin“ und durch ausgedehnte Weinberge das Dorf **St-Estève** (Herberge), wo die Bergstraße praktisch zu Ende ist, die in diesem südlichen Abschnitt schon 1885 erbaut wurde, um die Errichtung des Observatoriums zu ermöglichen.

Weiter westwärts am Fuß des Bergstocks entlang durch freundliches Hügelland nach Bédoin (1800 Einw., Unterkunftsmöglichkeit). Malerisches Dorfbild am Hang, Kirche im Jesuitenstil. Von hier aus dann weiter zu den Ausgangspunkten Carpentras*, Avignon* oder Orange*.

B. Rundfahrt um den Mont Ventoux (140 km)

Ausgangspunkt die Römerstadt **Vaison***. Über die Römische Brücke zunächst in Richtung Malaucène, aber vorher bei dem Dorf **Crestet** (→A) auf die D54 abbiegend,nach **Entrechaux,** ehemaliger Besitz der Bischöfe von Vaison, überragt von der auf steilem Fels stehenden Ruine eines Château aus dem 12. Jahrhundert.

Im Tal der Ouvèze aufwärts.

Rechterhand die Abkürzungsstraße D40, die durch das **Tal des Toulourenc** führt und unterhalb des Col des Aires unsere Rundstrecke wieder erreicht.

Hier an der Ouvèze das Dorf **Mollans-sur-Ouvèze.** Der Fluß wird hier auf einer weitbogigen Brücke überschritten, die zwischen einem zweiteiligen Wachtturm und einer Kapelle aus dem 17.Jahrhundert liegt.

Man befindet sich hier im südlichen Teil des zerklüfteten Bergmassifs Baronnies und passiert das Dorf Pierrelongue mit seiner hoch auf einem Felsen erbauten Kirche.

Bei dem Dorf Cost ist ein Abstecher (3 km) entlang des oberen Ouvèzetals nach **Buis-les-Baronnies** möglich, ein altes Städtchen mit 2000 Einwohnern, in einem Talgrund voll Olivenbäumen, umgeben von Bergketten. Ein Gürtel von Platanenalleen umgibt das Städtchen; Place du Marché mit Arkadenhäusern; Kloster 16. Jahrhundert und Kirche 17. Jahrhundert.

Unsere Rundstrecke (hier D72) führt durch das Vallée de la Derbous über Cost und Eygaliers aufwärts. Dann die **Clue de Plaisians,** eine kurze aber enge Schlucht. Nun in kurvenreichem Anstieg die Montagne de Bluye überschreitend, zum **Col de Fontaube** (634 m, Aussicht auf die Baronnies) und zum **Col des Aires** (634 m, Aussicht auf das Toulourenc-Tal mit dem dort am Hang über dem Fluß erbauten Dorf **Brantes,** sowie auf den Nordhang des Mont Ventoux).

Nun abwärts ins Toulourenc-Tal und nach **Reilhanette.**

In der Nähe (2 km) **Montbrun-les-Bains** (50 Gastbetten), ein altes Marktdorf und ehemaliges Bad, mit engen und steilen Gassen im hochgelegenen **„Vieux Village".** Dort die befestigte **„Porte de l'Horloge"** (14. Jahrh.) mit Aussichtsterrasse. Darüber ein viertürmiges Renaissance-Schloß.

Weiter südwärts durch den **Gour des Oules,** eine enge Felsenschlucht, und über Aurel und den Col de Mougne nach **Sault-de-Vaucluse** (1500 Einw., 80 Gastb.), das in 765 m Höhe im östlichen Teil des Plateau de Vaucluse liegt, und bei den Römern „Saltus“ (= Wald bzw. Waldschlucht) hieß.

Zentrum des Lavendelanbaus, Standort und Ausgangspunkt für Ausflüge in die Nesqueschlucht, auf das Plateau de Vaucluse und auf den Mont Ventoux* zum Wintersport, wohin von hier aus seit 1950 eine gute Straße führt. Kleine interessante Kirche mit spätromanischem Schiff und gotischem Querschiff und Apsis. Im Rathaus kleine Antikensammlung. Aussichtspromenade über dem Nesquetal; dort auch das S.I.

Die Straße passiert **Monieux,** ein z.Tl. verlassenes kleines altes Dorf am Hang (200 Einw.) mit Wachtturm und zerfallener romanischer Kirche und ebensolchen Häusern.

Hier beginnen die tief in das Plateau de Vaucluse eingeschnittenen, ca. 12 km langen **Gorges de Nesque,** ein mit Maquis bewachsener und mit Felsen und Grotten besetzter Cañon. Seinem nördlichen Hang entlang verläuft die Straße N542 (genannt „Route de la Nesque“) in dem Gelände entsprechenden Kurven mit prächtigen Ausblicken. Besonders auffallend der **Rocher du Cire** mit gegenüberliegendem **Belvedère,** von wo aus ein Ausblick auf den schönsten Teil der Schlucht möglich ist.

Nach dem westlichen Ende der Nesqueschlucht muß noch der „Ravin de l’Ermitage“ (Combe de l’hermitage) durchschritten werden; dann das Dorf **Villes-sur-Auzon** (1000 Einw.) am Fuß des Plateau de Vaucluse, bereits zum Venaissin gehörig. Obst- und Weinbau (Tafeltrauben).

Zwischen Sault und Villes gibt es auch die interessante abwechslungs- und kurvenreiche Bergstraße D 1, die über **La Gabelle** führt.

Die Straße N 542 folgt nun dem Auzon-Fluß und erreicht **Mazan** (2500 Einw.) in einer Weingartenlandschaft. Hier besonders interessant der auf einem Hügel liegende **Friedhof,** der eine Einfassung aus gallo-römischen Sarkophagen hat und wo es die halbversenkte romanische Kapelle Notre-Dame de Pareloup (11. Jahrh.) gibt, die der Beschwörung der Dämonen dienen sollte, die in Gestalt von Wölfen (= loup) den Friedhof heimsuchten.

Dann **Carpentras*** (2500 Einw.), die ehemalige Hauptstadt des Comtat Venaissin (→ Stadtbeschr.). Nordwärts erstreckt sich die fruchtbare Ebene des Comtat, umgeben von dem Halbrund der Berge Dentelles, Ventoux und Alpilles. Die Straße N538 führt nordwärts durch diese Ebene.

Rechterhand liegt 3 km seitlich der Landstraße das Städtchen **Caromb** (2000 Einw., 50 Gastb.) mit alten Stadtmauern und interessanter Kirche im romanisch-gotischen Übergangsstil und mit besonders wertvoller Innenausstattung, z.B. einem Triptychon (Flügelaltar) aus dem 15. Jahrhundert.

Dann links über der Umgehungsstraße das Dorf **Le Barroux** (500 Einw.) mit **Renaissanceschloß** aus dem 16. Jahrhundert, erbaut über einer ehemals den Herren von Baux gehörenden Burg des 12. Jahrhunderts. In dem Schloß ist eine private Kunstsammlung untergebracht. In der Kapelle Fresken aus dem 16. Jahrhundert (in der Sommersaison zu besichtigen).

Die Straße steigt in dem Einschnitt zwischen den bizarren Dentelles de Montmirail und dem Mont Ventoux bis zu dem mäßig hohen Col d'Aurès (384 m) an und erreicht wieder **Malaucène*** bzw. **Vaison***.

C. Zu Fuß auf den Ventoux (Sommet)

a. Malaucène -Sommet, ca. 7 Std.

Der bezeichnete Wanderweg G.R. 4 (weiß-rote Markierung) führt von Malaucène* auf der Straße D 153 über die Häusergruppen Beaumont und Les Valettes entlang des südlichen Fußes der Crête du Rissas. Weiter im Tal des Rieufroid aufwärts zur **Chapelle Ste-Marguerite.** Dort geht das Fahrsträßchen in den Waldweg „Route forestière des Rams" über, der unterhalb des Pic du Comte (1156) den **Col du Comte** (1004 m) überschreitet. Weiter am Nordhang des Mont Serein entlang zu dem Zickzackweg, der steil aufwärts zum Aussichtspunkt **Cabane du Contrat** und weiter zum **Sommet du Ventoux** führt.

b. Sault - Sommet, ca. 8 Std.

Der bezeichnete Wanderweg G.R. 4 führt zunächst entlang der N 542 westwärts quer über das Nesquetal hinweg zur Ferme Seigneur. Dann nordwärts aufwärts über das Forsthaus Jas Forest, später die D 164 (Chalet Reynard - Sault) kreuzend zum **Col de la Frache** (1575 m) hinauf, und weiter auf dem Bergkamm entlang zum **Col des Tempêtes** und zum **Sommet.**

4.
Die Dentelles de Montmirail

(lat. mons mirabilis = Wunderbares Gebirge) sind die westliche Fortsetzung des Mont Ventoux, von dem sie durch einen deutlichen Einschnitt getrennt sind. Das auffallendste und namengebende an diesem Bergstock ist ein stark ausgezackter Kamm, der aus durch Erdbewegungen vertikal gestellten Jurakalkschichten besteht, die dann durch Witterungseinflüsse zu Felsnadeln aufgespalten worden sind. Im Mont St-Amand erreicht der Bergkamm 734 m Höhe.

Der mit Pinien und Eichen bestandene Bergstock bietet für Wanderer, Botaniker und Reiter, die Kammfelsen auch für Kletterer, interessante Möglichkeiten. Schönste Zeit sind die Monate Mai und Juni, wenn der allgegenwärtige Ginster blüht.

Das Sträßchen D 90 (nicht für Wohnanhänger geeignet!) führt entlang dem romantischen Tal des mehr oder weniger reißenden Flüßchens Salette von Beaumes über Suzette durch das südöstliche Drittel dieser Berg- bzw. Hügellandschaft:

Beaumes-de-Venise (1500 Einw., 50 Gastbetten) liegt an der Südspitze der Dentelles an einem Steilhang, der beiderseits mit zahlreichen Grotten besetzt ist. Schöner Dorfbrunnen aus dem 18. Jahrhundert, westgotische Nekropole, Ruine eines Château über dem Dorf. Produktion von Muskatellerwein von gutem Ruf. Wenig westlich, auf einer erhöhten Terasse (Aussicht) die romanische **Chapelle Notre-Dame d'Aubune** mit ihrem überragenden **Glockenturm,** der offensichtlich der römischen Antike nachempfunden ist.

Die DENTELLES DE MONTMIRAIL, westliche Fortsetzung des Mont Ventoux, haben einen auffallend stark gezackten Kamm mit z.Tl. dünnen Felsnadeln, bestehend aus vertikal gestellten weißen Jurakalkschichten. Sie bieten sowohl Wanderern und Botanikern, als auch Reitern und besonders auch Kletterern viele Möglichkeiten.

Suzette, eine Häusergruppe mit knapp 100 Bewohnern, liegt im obersten Teil des Salette-Tales in einem kleinen Bergsattel (419 m), dicht unterhalb der Spitze des Bergkammes (Mont St-Amand mit Calvaire), den man von hier aus leicht erwandern bzw. in Richtung Crestet oder Gigondas überschreiten kann, da ein z.Tl. befahrbarer Weg hinaufführt.

Die D 90 führt jenseits des Col de Suzette abwärts durch die Felsenszenerie **Cirque de St-Amand** wieder aus dem Bergland heraus nach **Malaucène***.

An der **Westseite des Bergstocks** gibt es folgende markante Punkte entlang der oberhalb des Ouvèze-Tales verlaufenden Hangstraße D 7:

Vacqueyras mit dem bergeinwärts (2 km) liegenden Ortsteil **Montmirail.**

Dieser Ortsteil war für seine Salzquelle (abführende Wirkung) bekannt. Unweit der Quellgrotte befindet sich das hübsche Tälchen „Vallon de Souïras" im Schatten hundertjähriger Eichen. Oberhalb der Quellgrotte liegt die Ruine eines Wachtturms aus dem 12. Jahrhundert, genannt „Tour des Sarrasins".

Gigondas (100 Einw.) liegt erhöht (400 m) am Westhang, bekannt für seine Weine. Reste der mittelalterlichen Umwallung des Château. Aussicht von der Kirchenterrasse. Das Dorf hat eine Bersteigerschule (ècole d'escalade du C.A.F.) und ist auf Reiterferien eingerichtet.

Bergeinwärts führt ein Sträßchen, vorbei an der romanischen Chapelle St-Cosme, zu der Hotelanlage **Les Florets,** die ein beliebter Standort für Wanderer und Kletterer ist. In Fortsetzung ein Schottersträßchen, das unter dem Felsenkamm entlang nach Suzette führt.

Sablet (1000 Einw.), ein konzentrisch erbautes Dorf im Talgrund. Reste der Umwallung, gotische Kirche, später z. Tl. verändert.

Séguret (1200 Einw.) liegt am Hang eines Hügels (359 m), der die Ruine eines befestigten Château trägt. Romanische Kirche des 12. Jahrhunderts, die auf einer erhöhten Aussichtsterrasse steht (Orientierungstafel). Zwei Waldwege führen ins Innere des Bergzugs (Ruine der Chapelle St-Siffrein und Bois de la Payre). Festival Provençal Ende August, Mysterienspiel an Heiligabend. Die ansässige Künstlergilde gibt Unterricht in Malerei und Bildhauerei.

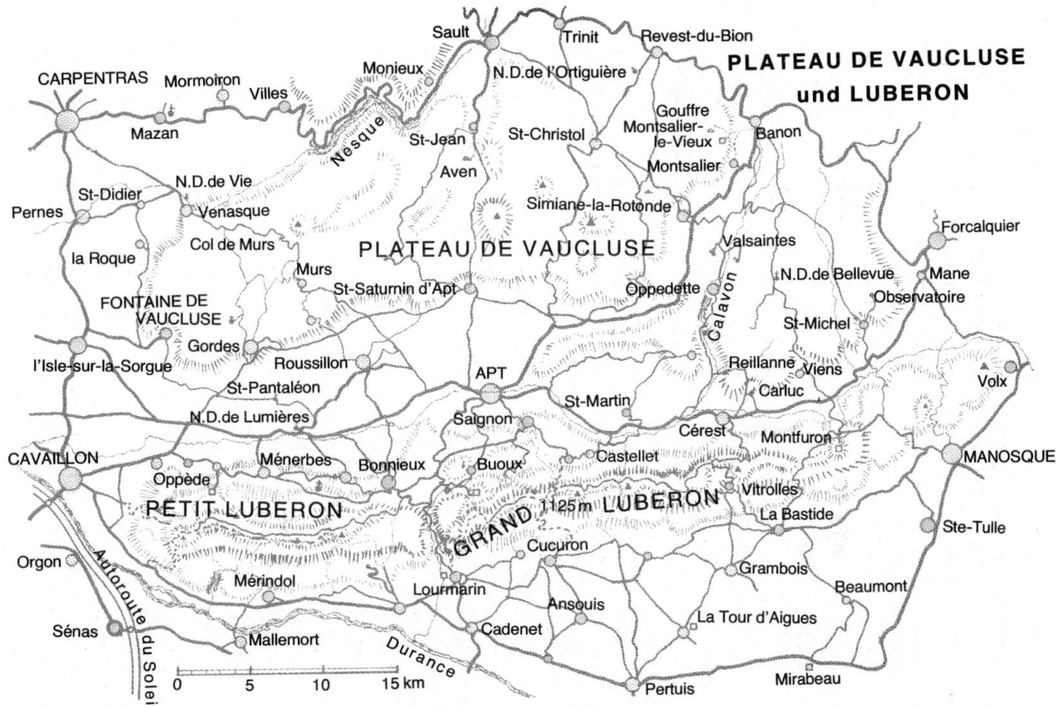
PLATEAU DE VAUCLUSE
und LUBERON
CARPENTRAS
Mormoiron
Villes
Mazan
Monieux
Sault
Trinit
Revest-du-Bion
N.D.de l'Ortiguière
Nesque
St-Jean
St-Christol
Gouffre
Montsalier-
le-Vieux
Banon
Montsalier
Aven
Simiane-la-Rotonde
N.D.de Vie
St-Didier
Pernes
Venasque
Col de Murs
la Roque
PLATEAU DE VAUCLUSE
Forcalquier
Valsaintes
Murs
St-Saturnin d'Apt
Oppedette
Calavon
N.D.de Bellevue
Mane
Observatoire
FONTAINE DE
VAUCLUSE
Gordes
l'Isle-sur-la-Sorgue
Roussillon
St-Michel
Reillanne
Viens
Volx
APT
St-Pantaléon
St-Martin
Carluc
N.D.de Lumières
Saignon
Cérest
Montfuron
CAVAILLON
Ménerbes
Bonnieux
Buoux
Castellet
MANOSQUE
Oppède
Vitrolles
PETIT LUBERON
1125 m
GRAND LUBERON
La Bastide
Ste-Tulle
Orgon
Autoroute du Soleil
Cucuron
Grambois
Mérindol
Lourmarin
Beaumont
Ansouis
La Tour d'Aigues
Sénas
Cadenet
Mallemort
Durance
0
5
10
15 km
Pertuis
Mirabeau

5.
Das Plateau de Vaucluse

(der Name kommt von „Vallis Clausa" = geschlossenes Tal bzw. Talkessel – gemeint ist der Talkessel von Fontaine-de-Vaucluse) ist eine hügelige Kalksteinhochfläche in Höhen um 800 bis 1000 m. Im N grenzt sie nördlich der Nesqueschlucht an de Mont Ventoux, gegenüber dem tieferliegenden Comtat im Westen fällt sie in steilen Hängen ab, ebenso im S gegen die breite Talebene des Coulon-Flusses, in beiden Fällen eine relativ deutliche Grenze ziehend. Dagegen geht sie im NO fließend in die höheren Berge der Montagne de Lure über.

Der aus Miozänkalken aufgebaute Sockel des Plateaus ist, besonders in den unbewaldeten Zonen, stark aufgespalten und in Gestalt von zahllosen „avens" oder „gouffres" (= senkrecht oder schräg verlaufende Auswaschungen) regelrecht „durchlöchert".Man schätzt deren Zahl auf 200. Als tiefste gelten der aven Jean-Nouveau (7 km südlich Sault) mit einer senkrechten Tiefe von 163 m und einer Gesamtausdehnung von 350 m, und der gouffre du Caladaire (bei Banon) mit 487 m Tiefe. Diesen oberflächigen Aushöhlungen entsprechen unterirdisch ausgespülte Wasserläufe und Kavernen, wo sich das Wasser wie in einem Bassin sammelt und an geologisch geeigneten Stellen z.Tl. in Stärke von kleinen Flüssen zutage treten kann, so insbesondere in Fontaine de Vaucluse*.

Einige wenig belebte Straßen führen über die Hochfläche: In ihrem südwestlichen Teil zwischen Carpentras und Apt die D 4, die beim Aufstieg auf das Plateau (zwischen Venasque* und dem Col de Murs) in der Schlucht **Combe de Vaulongue** verläuft. Weiter stellt die D30/34 zwischen Sault, St-Christol und Apt* eine

---

SIMIANE-LA-ROTONDE (Plateau de Vaucluse) ist mit steilen und engen Gassen und Treppen dicht an seinen Burgberg gebaut, auf dessen Höhe die seltsame Rotonde steht, eine in einen alten Burgturm eingebaute zweistöckige Rundkapelle.

flüssige Verbindung her, die erst bei ihrem Abstieg von der Hochfläche ins Coulon-Tal in Kurven übergeht. Ebenfalls in Nord-Süd-Richtung, und fast durchweg durch Waldgebiet, verläuft die Straße N543 von Sault über St-Jean (Aven!) nach St-Saturnin-d'Apt. Zu erwähnen noch die „Route de la Nesque" zwischen Carpentras und Sault, die u.a. bei einer Rundfahrt um den Mont Ventoux benützt wird (→ Ventoux* B).

Da infolge des durchlässigen Kalkbodens das Oberflächenwasser viel zu schnell in den Untergrund verschwindet, ist das Plateau weitgehend Trockengebiet und daher nur schwach besiedelt. Dies trifft besonders für den bewaldeten Teil im Westen und bei den gleichfalls bewaldeten südlichen Abhängen zu, während es in dem weniger bewaldeten Nordosten, genannt „Pays du Silence", einige meist kleine Ansiedlungen gibt, und zwar:

Sault-de-Vaucluse, Mont Ventoux** B.

Saint-Christol (1800 Einw.) in 800 m Höhe gelegen, 11 km südöstlich von Sault. Sehenswert ist eine Benediktinerabteikirche mit 2 Schiffen, deren eines aus romanischer Zeit stammt, wie auch der an der Südseite aufgestellte skulpierte Altar. Besonders bemerkenswert die Skulpturen an den Säulenkonsolen der Taufkapelle (Chorapsis), die das „Ende der Zeiten" zum Thema haben.

In der Nähe befinden sich Installationen (Silos) der Force de Frappe. Rund um St-Christol gibt es besonders viele avens; der tiefste ist der **Aven Jean-Nouveau** mit einer Ausdehnung von 350 m.

Saint-Trinit, 6 km östlich von Sault. Kleine romanische Kirche.

Revest-du-Bion (600 Einw.), 10 km südöstlich von St-Trinit, mit der nahebei (2 km südlich an der Straße nach St-Christol) inmitten von hohen Bäumen gelegenen **Chapelle Notre-Dame de l'Ortiguière.** Diese hat eine vorromanische Apsis mit seltsamen archaischen Konsol-Atlanten, in welchen sich heidnische und christliche Symbolkraft vermischt.

MONTSALIER-LE-VIEUX ist ein verlassenes und zerfallenes Dorf am Rande eines Felsplateaus bei Banon (Plateau de Vaucluse).

Simiane-la-Rotonde (400 Einwohner, 630 m). Der Name der Ortschaft verweist auf die hier in einen alten Burgturm eingebaute zweistöckige **Kapelle** in Gestalt einer unregelmäßig-zwölfeckigen Rotunde (Zentralbau), überwölbt von einer Kuppel. Ähnlich bauten die frühen Christen ihre Kirchen, entsprechend der Grabeskirche in Jerusalem. 12 Nischen = 12 Apostel. Alter und Geschichte dieses seltsamen Baues sind unbekannt. Gotische Pfarrkirche aus dem 15. Jahrhundert. Das Dorf selbst ist mit steilen Treppen und engen Gäßchen eng an den Burgberg gebaut.

5 km südöstlich von Simiane (D.18) befinden sich die Ruinen des Zisterzienserklosters **Valsaintes.**

Banon (800 Einwohner, 790 m, 20 Gastbetten) am Oberlauf des Coulon-Flusses, 10 km nordöstlich von Simiane. Das „Vieux Village" (z.Tl. zerfallen) mit Resten der Ummauerung (15. Jahrh.) liegt auf einem Felsenhügel über dem Marktflecken.

2 km westlich von Banon liegt auf einem Hochplateau das zerfallene und verlassene Dorf **Montsalier-le-Vieux;** nahebei der **Gouffre du Caladaire,** der mit bis jetzt erreichten 490 m einer der tiefsten der Welt ist. (Abgang zu den beiden Sehenswürdigkeiten bei der Straßengabel am südlichen Ortseingang von Banon; schwieriger und steiniger Weg, den man besser zu Fuß bewältigt: 40 Min. bis Montsalier-le-Vieux, 1 Std. bis zum Gouffre).

Ortschaften am Rand des Plateaus:

Villes-sur-Auzon, → Mont Ventoux* B.
Venasque* und La Roque.
Fontaine de Vaucluse*.
Gordes* und Abbaye de Sénanque.
Murs (→ Gordes*).
Roussillon*.
Saint-Saturnin-d'Apt (→ Apt*).
Céreste* mit **Viens,** Carluc und dem Cañon d'Oppedette.

CLANSAYES (im Tricastin): Für den kulturgeschichtsbewußten Menschen ist es ein besonderes unmittelbares Erlebnis, den Fahr- und Trittspuren nachzugehen, die vor Jahrtausenden zweirädrige Eselskarren und deren Zugtiere in den Fels gekerbt haben.

6.
Der Lubéron

Die Montagne du Lubéron ist eine der charakteristischsten Bergzonen der Provence. Sie bildet eine aus Kreidekalk bestehende langgestreckte Bergkette von ca. 65 km Ausdehnung, im Süden und Osten von der großen Südschleife des Durance-Flusses begrenzt, im Norden durch die Täler des Coulon und der Largue von der Plaine de Vaucluse getrennt, und im Westen fast bis an die Stadt Cavaillon* heranreichend.

Durch die Talenge „Combe de Lourmarin" (zwischen Apt und Lourmarin) ist der Bergzug in zwei Abschnitte geteilt: In den östlichen **Grand Lubéron,** 42 km lang und bis zu 1125 m hoch, und den **Petit Lubéron,** der mit gut 20 km kürzer und mit etwas über 700 m auch nicht so hoch ist. Er hat jedoch einen akzentuierten und fast geradlinigen Kamm, welchem ein Forstweg entlangführt.

Der Nordhang des Lubéron ist trocken und steil abfallend, und von Schluchten zerteilt, während der Südhang sich gegen das Durance-Tal in einem Wechsel von fruchtbaren Plateaus und mäßig steilen Abhängen abtreppt. Der Kamm des Bergstocks steht unter Naturschutz.

Die Dörfer an dem meist steilen und z.Tl. sterilen Nordabhang sind in ihren exponierten Lagen sehr romantisch, z.Tl. aber in Verfall, während die Siedlungen am Südhang in ihrer fruchtbaren Umgebung von südlichem Charme und von Aktivität charakterisiert sind.

Eine Merkwürdigkeit des Lubéron (aber auch z.Tl. des Plateau de Vaucluse**, vgl. Gordes*) sind die **bories,** das sind aus rohen Platten mörtellos aufgeführte fensterlose Steinhütten, viereckig

Der bewaldete Nordhang des GRAND LUBÉRON (Hintergrund).
Im Vordergrund eine der landestypischen „bories".
Hier am Zugang besonders deutlich
das aus vorkragenden Plattenschichten aufgebaute
(aus der Steinzeit überkommene) „falsche Gewölbe".

oder rund oder pyramidenförmig. Sie haben ein „unechtes Gewölbe", d.h. dieses wird durch ringförmig angeordnete Platten gebildet, von welchen die oberen die darunterliegenden jeweils um ein geringes raumwärts überragen, bis das Gewölbe geschlossen ist.

Die Ursprünge der bories reichen bis in die Steinzeit, die heute vorhandenen sind jedoch durchweg „neu", d.h. kaum mehr als 200 Jahre alt.

Mehrere Straßen führen über den Bergzug. Im Bereich dieses Reiseführers sind es:

a. Die N 543 zwischen Lourmarin und Apt, die durch den Combe de Lourmarin(→ oben) aufwärts führt. Sie gabelt sich jenseits des Straßenpasses am Nordhang, wo die D 36 über Bonnieux in nordwestlicher Richtung abwärts führt.

b. Im Bereich des Grand Lubéron die weniger gut ausgebaute (verkehrsarme) Verbindungsstraße zwischen Pertuis (Durance) und Céreste im Coulontal.

A. Der Petit Lubéron

Auf die Höhe des Bergkammes führt, einerseits von Cavaillon*, andererseits von Bonnieux ausgehend, die **Route (de Crête) du Petit Lubéron,** ein Forstweg, der am westlichen Aufstieg oberhalb der Schlucht Combe de Nidauque verläuft und auf der mit Maquis (Gebüsch und Steppenheide) bestandenen Hochfläche „Haute Plaine" bei dem Bastidon du Paradon die mit 719 und 727 m höchsten Punkte des Bergkammes passiert. Anschließend östlich das mit Zedern bestandene „Massif des Cèdres" und die „Pré (Weide) de Roustan", bevor der Kammweg nach Bonnieux abwärts fällt.

Der Weg ist gut befahrbar (und nicht etwa „verboten", wie dies im Vergleichsfall etwa in Deutschland der Fall wäre!), und er bietet umfassende Aussichten vom Mont Ventoux* bis zum Meer.

Außer dieser Route de Crête bietet sich eine **Rundfahrt um den Petit Lubéron** an:

Von Cavillon* ausgehend, verläuft die Nationalstraße N 573 zwischen dem Bett der Durance und dem Fuß des Lubéron. Sie wird begleitet vom „Canal de Carpentras", der das Bewässerungssystem rund um Carpentras* mit dem erforderlichen Naß versorgt. Am Hang tun sich immer wieder steile Schluchten auf, so beim Logis Neuf (bei der Kanalbrücke) die ausgeprägten **Gorges de Régalon.**

Den Wagen kann man 200 m seitlich wegeinwärts der Straße abstellen und auf einem Fußweg die ungemein interessante Schlucht begehen (Vorsicht bei Gewitter bzw. Unwettergefahr! Warme Jacke erforderlich!)

Dann das Dorf **Mérindol** (1000 Einw.), das ggf. auf einer Umgehungsstraße umfahren werden kann. Mérindol war ein Zentrum der religiösen Evangelisationsbewegung der „Vaudois“ und wurde deswegen im Jahr 1545 zerstört. Die Ruinen dieser Aktion sind im oberen Dorf z.Tl. noch zu sehen. Ein Fußweg führt zur Route de Crête hinauf (→ oben).

Am Südhang des Lubéron breitete sich seit dem 13.Jahrhundert eine religiöse Sekte aus, die nach ihrem Gründer Pierre Valdo „les Vaudois“ genannt wurde (übersetzt: Petrus Waldus, daher „Waldenser“) und nach dem wörtlichen Text des Evangeliums, ausgelegt von Valdo, lebte und glaubte. Als Sektenmitglieder darangingen, in ihrem fanatischen Eifer Kirchen und Klöster zu verwüsten (vgl. Gordes* - Abbaye de Sénanque), ordnete König Francois I. im Jahr 1545 (1 Jahr nach dem Überfall auf die Abbaye de Sénanque) eine Strafexpedition an (que le Pays soit dépeuplé et nettoyé de tels séducteurs...“ hieß es in seinem Erlaß). Sie wurde von dem Seigneur d'Oppède, → unten) gründlich ausgeführt und ist als „Affaire des Vaudois“ in die Geschichte der Provence eingegangen. Der Aktion fielen außer Mérindol weitere ca. 20 Dörfer zum Opfer, darunter auch Lourmarin und Cadenet. Über 2000 Menschen wurden umgebracht, 600 an die Galeeren geschmiedet, eine weitere Anzahl floh aus Angst über die Alpen ins Piemont.

Dann **Lourmarin,** kleines Dorf in einer vom Aigue Brun durchflossenen Ebene. Auf einem Hügel das aus dem 15. und 16. Jahrhundert stammende (1920 restaurierte und möblierte) **Château,** mit schöner Ausstattung im Renaissancestil. Das Schloß steht zur Verfügung der Académie d'Aix, kann aber besichtigt werden.

Die Straße N 543 führt in der vom Aigue Brun durchschäumten **Combe de Lourmarin** aufwärts. Nach der Paßhöhe in 534 m (= niedrigste Kammhöhe) linkerhand der Abzweig D 36 nach

Bonnieux (1400 Einw., 20 Gaststätten), ein um einen Ausläufer des Lubéron aufgestuftes malerisches Bergdorf, überragt von der aus dem 12. Jahrhundert stammenden (alten) Pfarrkirche, die von prächtigen Zedern umstanden ist. Dicht dabei eine Aussichtsterrasse und, etwas abgesetzt, der Calvaire.

Aufstieg von der Place de la Liberté aus, oder Auffahrt von der Route de Cadenet ausgehend.

In der Neuen Kirche (19. Jahrh.) im Unterdorf an der D.36 befinden sich hinter dem Hochaltar 4 Tafelbilder (Hl. Veronika) von einem bisher unerkannten deutschen Meister des 15. Jahrhunderts (Beleuchtungsautomat!).

Die Straße D 109 führt in halber Höhe in dem Hang angepaßten Kurven westwärts zu dem kleinen Dorf **Lacoste** (300 Einw.) auf einem Vorberg, überragt von der Ruine eines großen **Château** (1978 restauriert), das im 18. Jahrhundert der Schauplatz der Orgien des berühmt-berüchtigten Marquis de Sade war, wie er sie in seinem historischen Werk beschrieben hatte. Romanische Kirche.

3 km westwärts, etwas oberhalb der Straße, die **Abbaye Saint Hilaire** (12. Jahrh.) mit romanischer Kapelle.

Dann **Ménerbes** (700 Einw., 20 Gastbetten) auf dem schmalen Grat (244 m) eines Vorberges, gleichfalls von einem **Château** überragt. Im Schloßgarten das Grab des Grafen Karl von Rantzau, dänischer Politiker, der seinerzeit in die Affäre Struensee verwickelt war und hier 1789 im Exil starb.

Auf der dem Hang entlangführenden D 188 erreicht man das pittoreske **Oppède-le-Vieux,** ein mittelalterliches Dorf auf einem felsigen Bergvorsprung, das verlassen und verfallen war, aber in neuerer Zeit von Künstlern wieder bevölkert und instandgesetzt wird.

Über dem Dorf die Kirche aus dem 16. Jahrhundert (Mitternachtsmesse am Heilig. Abend!), und die Ruine des **Château,** das 1209 von den Grafen von Toulouse erbaut wurde, die seit dem 12. Jahrhundert die Herren der Provence waren. - Ein Fußweg führt zur Route de Crête hinauf (→ oben).

Weiter über Maubec nach **Robion** (2500 Einw.) an der D 2 und am Fuß des Berghanges. Reste der Dorfbefestigung, prähistorische Wohnhöhlen am Hang,

und zurück nach **Cavaillon*.**

Nach den unsicheren Zeiten der Normannen- und Sarazeneneinfälle (Jahrtausendwende) begann eine Zeit der relativen Sicherheit und des religiösen Eifers. Und bis ins letzte Dorf entstanden seit dem 11. bis zur Mitte des 13. Jahrhunderts Kirchen, deren einheitlichen Stil man später als „romanisch" bezeichnete. Unser Bild: Die primitive romanische Friedhofskirche auf der Höhe über dem Dorf BUOUX am Nordhang des Grand Lubéron.

B. Der Grand Lubéron

Auch hier gibt es entlang dem Bergkamm in durchschnittlich 1000 m Höhe eine Forststraße, genannt Route du Grand Lubéron bzw **Route de Crête,** die unweit unter dem höchsten Punkt des Bergmassifs, dem „Sommet du Grand Lubéron" mit 1125 m Höhe, entlangführt. Auf dem Sommet (= Gipfel) ein TV-Umsetzer.

Dieser Kammweg ist weniger gut zu befahren als jener der Petit Lubéron, er wird aber laufend verbessert.

Ostwärts passiert man den „Gros Collet" (1064 m), und abwärtsführend stößt der Kammweg auf die Verbindungsstraße D31/33 zwischen La Bastide bzw. Vitrolles und Céreste*.

Außerdem gibt es zwischen Cucuron im Süden und Auribeau bzw. Saignon (bei Apt) das Behelfssträßchen D 48, das den Grand Lubéron überquert und somit als Zufahrt zur Kammstraße dienen kann.

Ein weiterer Forstweg (weniger gut zu befahren) beginnt wenig nordwestlich von Lourmarin und steigt von Westen her zum Kammweg auf.

Dann gibt es noch den beschilderten **Wanderweg G.R. 9,** der von Apt (beim Hotel de Ville) aufwärts zur Kapellenruine Les Tourettes führt, und nach **Haut-Buoux,** einem z.Tl. überwachsenen Ruinendorf, möglicherweise einem gallo-ligurischem Oppidum? Weiter vorbei an der Ruine der **Prieuré de Saint Symphorien** und derjenigen des Fort de Buoux (→ Buoux*) und aufwärts zum Kammweg. Dort führt 1 km weiter östlich, rechterhand der z.Tl. als Sträßchen ausgebaute Waldweg entlang des Vallon de la Figuière abwärts nach Vaugines.

Ortschaften und Sehenswürdigkeiten an der Nordseite:

Apt*.

Buoux, ein winziges Dörfchen mit großem Namen, liegt 8 km südlich von Apt (D 113) im engen Tal des Loube-Bachs, 534 m hoch. Kleine Kirche mit frühromanischem Altar, und die romanische Vieille Eglise im Friedhof auf der Höhe. Bachabwärts erreicht man das Tal des Aiguebrun (der nach Lourmarin fließt). Linkerhand das auf hohem Felsrand stehende Fort de Buoux, rechterhand (flußabwärts) erreicht man die Ruine der **Prieuré St-Symphorien,** von welcher nur noch der schlanke romanische Turm aufrecht steht. Wieder zurück, flußaufwärts, vorbei an der Ferienkolonie und der Mühle Clos. Bei einem überhängenden mächtigen Felsen (prähistorischer Wohnplatz) beginnt der Aufstieg zu der Ruine des **Fort de Buoux,** das auf einem Felsen zwischen zwei sich hier vereinigenden steilen Schluchten steht. Die hier zu erkennende doppelte Umfassungsmauer umschloß im 12. bis 16. Jahrhundert ein Dorf mit Kapelle und das Château. Dorf und Schloß dienten in den Hugenottenkriegen den Protestanten als Stützpunkt; er wurde nach der Aufhebung des Edikts von Nantes und der damit verbundenen Beseitigung der Glaubensfreiheit unter dem König Ludwig XIV. erobert und zerstört.

In der Schlucht des Aiguebrun gibt es drei weitere prähistorische Wohnplätze: Die Baume des Peyrards (Altsteinzeit), die Grotte des Pigeons (3 Räume) und die Baume de l'Eau.

Saignon (500 Einwohner, einige Gastbetten) liegt 4 km südöstlich von Apt in halber Höhe (500 m) an einst unzugänglicher Felswand. Romanische Kirche (12. Jahrh.) mit im 16. Jahrhundert erneuerter Fassade, Seitenkapellen im klassizistischen Stil des 18. Jahrhunderts. Römische Säulen am Choreingang. Im Innenraum rechts des Eingangs eine griechische Inschrift. 1 km östlich die ehemalige Abbaye St-Eusèbe, zu einem Bauernhof umfunktioniert. Noch vorhanden ist die kleine romanische Kirche.

Bergwärts kann man über die Häusergruppe **Auribeau** (600 m) den Kammweg erreichen (→ oben).

Castellet (d.h. = kleine Burg) liegt wenig östlich von Auribeau. Es hat weniger als 100 Einwohner und liegt 400 m hoch. Das hierherführende Sträßchen berührt wieder Borie-Gebiet.

Céreste*, Ausgangspunkt der den Grand Lubéron in Richtung La Bastide überquerenden Straße.

Ortschaften an der Südseite:

Lourmarin, → Petit Lubéron.

Cadenet (2500 Einwohner, 20 Gastbetten) liegt südlich von Lourmarin unweit des nördlichen Ufers der Durance, am Fuß zweier Vorberge des Lubéron. Interessante **Kirche,** in ihrem Grundkonzept romanisch, obwohl erst im gotischen 14. Jahrhundert erbaut (Ähnlichkeit an Formen, die der römischen Antike verwandt sind). Interessantes **Taufbecken,** aus einem römischen Sarkophag (Ariadne-Mythos) umfunktioniert.

4 km südlich, jenseits des Flusses, liegt das **Bassin de St-Christoph,** ein 22 ha großes Rückhaltebecken, das die Wassermenge des „Canal de Marseille" reguliert, der 12 km flußaufwärts, beim Pont de Pertuis, seinen Anfang nimmt.

Wenig nordwestlich des Beckens (3km) liegt am nördlichen Rand der kleinen bewaldeten Bergkette **Chaîne des Côtes** die **Abbaye de Silvacanne** (→ Salon*).

Vaugines (200 Einwohner, 400m, 7 km östlich von Lourmarin) mit romanischer Kapelle in schöner Lage. Das Dorf liegt am Ausgang des Vallon de la Figuière, dem entlang aufwärts der Kammweg erreicht werden kann.

Cucuron (1400 Einw., 350 m). In der Mitte des Marktfleckens ein Tor der ehemaligen Dorfmauer aus dem 14. Jahrhundert, das zu einem Wachturm, und anschließend im 17. Jahrhundert zu einem Glockenturm umgewandelt wurde. Romanische **Kirche,** im 14./15. Jahrhundert gotisch ergänzt durch Apsis, Seitenkapellen und Fassade. Barocker **Hochaltar** in Marmor. – Auf dem Felsen über dem Dorf ein kleines Château mit Turm aus dem 14. Jahrhundert.

Von Cucuron führt ein Sträßchen über den Kammweg hinweg nach Auribeau am Nordhang.

Ansouis (600 Einw., 380 m) liegt südlich von Cucuron um einen Hügel, überragt von dem **Château** der Comtes de Sabran (17. Jahrhundert), umgeben von den Resten einer ausgedehnten **Festung** aus dem 10. bis 15. Jahrhundert. Schöner Schloßgarten. Das Schloß mit seinen in Jahrhunderten angesammelten Kunstschätzen kann nachmittags besichtigt werden. – In der romanischen **Kirche** die Reliquien der ehemaligen Schloßherrschaft St-Elzéar und Ste-Delphine de Saraban, deren Verdienst es gewesen war, ein Keuschheitsgelübde abgelegt zu haben.

Pertuis (9000 Einwohner, 25 Gastbetten), gelegen am nördlichen Uferrand der Durance und am Fuß der Vorberge des Lubéron. Reste der Stadtmauer, z.B. ein Turm aus dem 14. Jahrhundert. Stadtzentrum ist die Place Mirabeau (mit S.I.). Hier die Reste eines Château aus dem 13. Jahrhundert und die spätgotische **Kirche St-Nicolas** mit siebenteiliger **flamboyanter Apsis** und sonstiger wertvoller Ausstattung, z.B. ein gotischer Flügelaltar des 16. Jahrhunderts.

La Tour-d'Aigues (2500 Einw., 270 m) am Ufer der aus dem Lubéron kommenden Lèze (l'Eze). In der Mitte des Marktfleckens die Ruine eines Château, erbaut im Jahr 1570 im (antikisierten) Renaissancestil, auf den Fundamenten einer mittelalterlichen Burg. Sehenswert das übriggebliebene monumentale **Tor,** das als römischer Triumphbogen ausgestaltet ist. Das Schloß fiel 1780 einer Feuersbrunst zum Opfer und ging in den nachfolgenden Revolutionswirren vollends zugrunde. – Im Dorf romanische Kirche mit Apsis aus dem 17. Jahrhundert.

Grambois (500 Einw.), gleichfalls am Lèze-Fluß und auf einem Hügel im Lubéron-Vorgelände gelegen. Romanische **Kirche** aus dem 12. Jahrhundert,mit dem typischen provenzalischen eisernen Glockenkäfig. Sie wurde nach einem Erdbeben im 13. Jahrhundert restauriert. Seitenschiff und Kapellen gotisch (14./15. Jahrh.), gotischer Flügelaltar.

La Bastide-des-Jourdans (500 Einw., 400 m) liegt unmittelbar am Fuß des Lubéron. Vorhanden sind etliche Teile der Umwallung mit mehreren Toren. Über dem Dorf ein alter Convent (1740), wovon noch eine Kapelle vorhanden ist.

Von La Bastide führt nordwestwärts die D 216 über die Häusergruppe **Vitrolles** bis zum Kammweg „Route du Grand Lubéron", und als D 31 weiter nach **Céreste*** am Nordfuß des Lubéron.

7.
La Montagnette

ist eine entlang dem östlichen Rhoneufer zwischen Tarascon und Avignon liegende Kalkstein-Hügelkette von weniger als 200 m Höhe. Die beiden Tarascon und Avignon verbindenden Straßen führen beiderseits daran vorbei. Diese gut zugängliche aber trotzdem sehr wenig besuchte Landschaft mit ihren felsigen Abhängen, bedeckt mit aromatischen Pflanzen, und mit ihren Tälchen mit Oliven- und Mandelbäumen, Pinien und Zypressen ist etwas für Naturfreunde, die hier ein eng umgrenztes Fleckchen Provence erleben.

Aber auch die Kunstfreunde kommen auf ihre Rechnung: Da gibt es am Westrand das Dorf **Boulbon** (1000 Einw.), das von einem auf steilem Felsen stehenden umfänglichen **Château** (erbaut um 1400 von den Comtes der Provence) überragt wird. Dieses ist von einer mächtigen, mit Türmen und Zinnen besetzten Mauer umgeben. Der Donjon ist ein Wachtturm aus früherer Zeit. Am Südrand sind die Terassen des Burggartens aus dem 16./17. Jahrhundert noch vorhanden. Die Befestigungsanlagen beginnen bereits am rückwärtigen Dorfrand. Ein Aufstieg (nicht zeitraubend) ist sehr lohnend; er beginnt bei der mairie (Rathaus) durch das dortige mittelalterliche Tor. Unweit dieses Tores steht die gleichfalls festungsartig gestaltete „Alte Kirche" (15. Jahrhundert), die dem Verfall preisgegeben ist.

Von der Umgehungsstraße aus einzusehen der hochgelegene Friedhof mit der interessanten romanischen **Chapelle Saint-Marcellin,** die zu einer hier später (1321) gegründeten Priorei gehörte. Die Kapelle entspricht ganz der aus der Masse und Schwere des Steins entspringenden romanischen Baugesinnung. In der nördlichen Seitenapsis ein schönes gotisches Wandgrab aus der Zeit der Gründung. St-Marcellin ist auch das Ziel der „Procession des bouteilles" (Flaschenprozession) mit Weinsegnung, die am 1. Juni stattfindet.

2 km nördlich liegt auf einer hochgelegenen Terrasse inmitten von Olivenhainen die spätromanische **Chapelle Saint-Julien,** eine sehr interessante Ruine, Teil einer ehemaligen Einsiedelei, diese gleichfalls als Ruine vorhanden. Die nur knapp 300 m hinter dem zur Abbaye (siehe unten) führenden Sträßchen (D 81) liegende, aber von der Straße aus nicht einzusehende Kapellenruine erreicht man mühelos durch einen Hohlweg, der gleich östlich hinter dem Steinbruch von der Straße südwärts abzweigt.

Am Westrand des kleinen Bergzugs LA MONTAGNETTE (bei Avignon)
liegt das alte Dorf BOULBON,
überragt von der Ruine einer ausgedehnten Festung,
die die Grafen der Provence um 1400 errichtet haben.

Weitere 3 km talwärts, im Zentrum der Montagnette, liegt in einem bewaldeten duftenden Tälchen die **Abbaye Saint-Michel de Frigolet** (von provenzalisch „ferigoulo" = Thymian).

Es begann im 10. Jahrhundert, als die mit der Trockenlegung von Sümpfen beschäftigten und fieberkrank gewordenen Mönche von Montmajour (→ Arles, Umgebung 1) sich hier in der reinen Waldluft erholten. Die Kapelle Notre-Dame du bon Remède (= Hilfe) enstand neben der einzigen Quelle der Montagnette und wurde bald Ziel von Pilgerfahrten, wie auch heute noch. Wenig oberhalb davon wurde im 11. Jahrhundert ein Kloster errichtet. Nach wiederholten Zerstörungen und Vertreibung der Mönche wurden im Jahr 1858 die Klostergebäude und die Umfassungsmauern in historisierend mittelalterlichem Stil (es war die Zeit der ausgehenden Romantik) erneuert, und der Kult durch Prämonstratensermönche erneut aufgenommen.

Aus der Zeit der Klostergründung (11. Jahrhundert) stammt noch die **romanische Eglise Saint-Michel** (erneuerte Fassade) und der einfach gehaltene romanische Kreuzgang aus dem 12. Jahrhundert.

Seit der Mitte des 19. Jahrhunderts gibt es die in neuromanischem Stil gehaltene und superprächtig ausgestaltete **Eglise abbatiale et Notre-Dame du Bon Remède,** mit welcher die gleichnamige Wallfahrtskapelle (→ oben) überbaut wurde. (N.B.: Die „echten" romanischen Kirchen waren sr. Zt. gleichfalls ausgemalt, an was man sich in diesem Zusammenhang erinnern sollte.) Diese alte Kapelle wurde damit zum Nebenchor im linken Seitenschiff. Ihr Täfelwerk ist eine Votivgabe der Königin Anna von Österreich anläßlich der erbetenen Geburt des Thronerben (Ludwig XIV.).

Es findet täglich öffentlicher Gottesdienst statt. Fest der Jugend am Ostermontag mit folkloristischen Gruppen, Prozessionen Mitte Mai, am zweiten Donnerstag nach Pfingsten und am 29. September (Michaelsfest). Hirtenweihnacht-Mitternachtsmesse.

Die wohlriechenden Forchenwälder der Umgebung sind zum Picknick eingerichtet (auch wegen der Pilgerscharen).

Am nördlichen Rand der Montagnette und bei der Mündung der Durance in die Rhone liegt **Barbentane** (3000 Einw., 30 Gastbetten), ein Zentrum des Obst- und Gemüseanbaus. Zwei befestigte Stadttore an beiden Enden der Hauptstraße, Kirche im romanischen und gotischen Stil.

Von der mittelalterlichen Bischofsburg, die anläßlich der Revolution 1792 zerstört wurde, ist vor allem noch der 40 m hohe schöne Donjon **Tour Anglica** vorhanden, der im 14. Jahrhundert von Bischof Anglicus von Avignon erbaut worden war. Der Turm Philipps des Schönen in Villeneuve-lès-Avignon* hat offensichtlich als Vorbild gedient.

Das **Château,** 1654 von dem Marquis de Barbentane erbaut, ist ein Landschloß italienischen Geschmacks.

Das „Croix des Veuves" ist ein Aussichtspunkt.

8.
Chaîne des Alpilles

Die kleine Bergkette der Alpilles erhebt sich im Zentrum der Provence zwischen Arles und Avignon in einer Länge von ca. 30 km und einer Breite von durchschnittlich 7 km. Sie bildet geologisch die Fortsetzung der Montagne du Lubéron und besteht wie diese aus Kalkstein, der in der geologischen Formation „Unteroligozän" (vor ca. 10 Millionen Jahren) gleichzeitig mit den Pyrenäen aufgefaltet worden war. Die Alpilles erheben sich verhältnismäßig steil aus den umgebenden Ebenen und erwecken, vor allem aus der Ferne, den Eindruck eines respektablen Gebirges. Dem ist jedoch nicht ganz so, denn ihr weißleuchtender und stark gezackter Kamm liegt „nur" in einer Meereshöhe von durchschnittlich 300 bis knapp 400 m, d.h. 200 bis 300 m über der umgebenden Ebene.

Da der Kalkstein stark wasserdurchlässig ist, ist der Boden felsig, ausgewaschen und trocken und läßt nur vereinzelt Pinien und die niederen Kermeseichen aufkommen. In den gleichfalls meist trockenen Talmündungen sind die Abhänge mit den Tupfen der Oliven- und Mandelbäume geziert.

Drei Straßen führen über bzw. um das Gebirge; bei der nachstehend genannten **Rundfahrt** erlebt man einige der großen Sehenswürdigkeiten der Provence, so die Geisterstadt Les Baux* und die gallisch-griechisch-römischen Ruinenplätze im Bereich von St-Remy*:

Die CHAINE DES ALPILLES

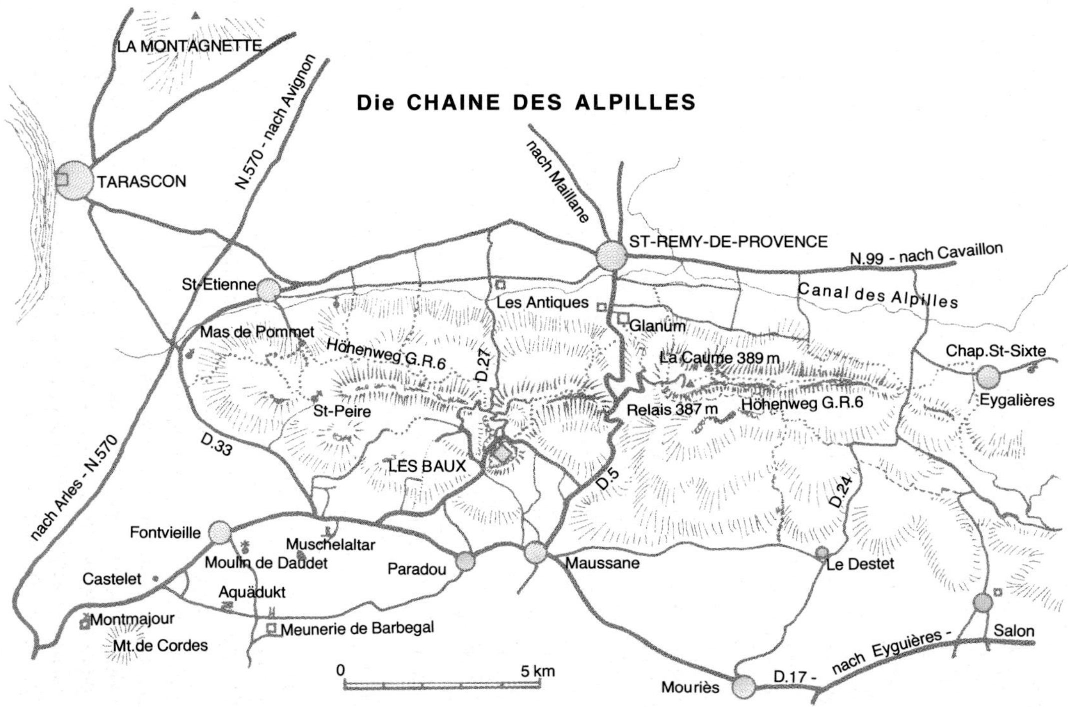

Ausgehend von **Arles** passiert man in nordöstlicher Richtung (D 17)die Ruinen der **Abbaye de Montmajour** (→ Arles*, Umgebung 1). Bald darauf links auf einer felsigen Anhöhe der Gutshof **Le Castelet,** ein ehemaliges Landschloß. In seiner Nähe (beiderseits der Straße bzw. im Bereich des freistehenden Mont de Cordes, der früher aus den Rhonesümpfen als Insel herausragte) findet sich eine bemerkenswerte **bronzezeitliche Nekropole** in Gestalt von unterirdischen, bis zu 45 m langen Gräberalleen, die durch Steinplatten abgedeckt sind. Auf den Platten Einkerbungen bzw. künstliche Vertiefungen, die evtl. als Opferschalen bzw. zum Ablegen von Nahrungsmitteln zur laufenden „Verköstigung" der Toten dienten. Die hier gemachten Funde kamen überwiegend in das Musée de l'Art Païen in Arles.

Auf die schmale D 82 abbiegend, erreicht man ostwärts die Ruinen der beiden **Aqueducs de Barbegal,** deren eines, das westliche, zur ehemaligen Wasserleitung von Arles gehört, während das andere eine industriell aufgezogene römische „Müllerei" (frz. meunerie) bediente, nämlich 16 in einer Doppelreihe am Hang untereinanderstehende Einzelmühlen (Ruinen).

Auf der Weiterfahrt nach Fontvieille erblickt man rechterhand die Windmühle, die durch den frz. Dichter Alphonse Daudet in seinen „Lettres de mon moulin" in die Literaturgeschichte eingegangen ist. In der Mühle eine Erinnerungsstätte; außerdem schöne Rundsicht.

In **Fontvieille** (3000 Einw., 150 Gastb.) gibt es Kalksteinbrüche und Bauxitablagerungen, sowie das kleine Schlößchen Montauban, das sr.Zt. gleichfalls Aufenthaltsort von Daudet war.

In östlicher Richtung, entlang dem Fuß der Alpilles, erreicht man bald den Abzweig, der linkerhand nach **Les Baux*** hinaufführt, das auf seinem Felsplateau schon von weitem einen phantastischen Anblick bietet (→ Stadtbeschr. Abschn. C.)

Nach dem Besuch dieser merkwürdigen Geisterstadt wird nordwärts der chaotisch wirkende Gebirgskamm überschritten (Ausblick auf die fruchtbare Ebene des Comtat und den den nördlichen Horizont begrenzenden Mont Ventoux). Abwärts erreicht man bei der „Tour du Cardinal" (Landschlößchen aus dem 16. Jahrhundert - Renaissance) die Straße nach **Saint-Rémy-de-Provence***. Dieses Städchen hat 2 regionale Museen, seine Attraktion sind jedoch die gallo-griechischen bzw. römischen Ruinen von **Glanum** und **Les Antiques,** die 1 km südlich der Stadt am Fuß des Bergstocks beiderseits der D5 liegen (→Stadtbeschr. St-Rémy*).

Weiter aufwärts entlang der D5 erblickt man links oberhalb den Berggrat „La Caume", der mit 389 m der höchste Punkt dieses Abschnitts ist. Nahebei das Fernsehrelais, zu dem ein Sträßchen hinaufführt. Abwärts durch das Gebirge erblickt man, nach dem Gutshof Mas de la Dame, linkerhand die **Rochers d'Entreconque,** alte Bauxitteinbrüche, kenntlich an ihrer rötlichen Farbe.

Weiterfahrt und Rückkehr über Maussane und Fontvieille nach **Arles.**

Bei einem Abstecher nach Tarascon* würde man den westlichen Gebirgsrand passieren. An dessen westlichstem Punkt (bei der Straßenspinne) befindet sich die romanische **Chapelle St-Gabriel** aus dem 12. Jahrhundert mit fein skulpierter Fassade, die an den Figurenschmuck der Sakophage von Arles erinnert. (Im Tympanon: Sündenfall und Daniel in der Löwengrube; im Giebelfeld: Verkündigung durch den Engel Gabriel, und Heimsuchung; um das Rundfenster die Evangelistensymbole). - An dieser Stelle gab es bis zum frühen Mittelalter die Stadt Ernaginum, die im Jahr 480 von den Westgoten zerstört worden ist.

Bei dieser Kapelle beginnt übrigens ein beschilderter **Wanderweg** (GR 6), der längs des Bergkammes über Les Baux und La Caume nach **Eygalières,** einem sehr typischen provenzalischen Dorf am Nordhang des Gebirges führt.

Ein seltenes Kulturdenkmal aus der Römerzeit ist der AUTEL DE LA COQUILLE (Muschelaltar) am Südrand der Alpilles bzw. an der Straße D 17 zwischen Fontvieille und Paradou; eventuell ein Bitt- und Trostaltar der sr.Zt. von den Römern hier in den Steinbrüchen eingesetzten Sklaven. Die Muschel selbst hat ihr Vorbild in den ringsum in den Jurafelsen anzutreffenden Versteinerungen. = Bei Km 11 am Ostrand der dortigen Steinbrüche führt ein Feldweg südwärts: Nach 10 Min. Fußmarsch erblickt man an einer rechtwinkligen Linkskurve den mannshohen Altar, vom Strauchwerk etwas verdeckt.

9.
Plaine de la Crau

Fünf Kilometer nördlich von Salon-de-Provence* liegen nebeneinander die beiden kleinen Bergzüge Montagne du Défens (=östlicher Ausläufer der Alpilles*) und die Colline de Roque Rousse (westl. Ausläufer der Chaîne des Côtes). Zwischen beiden ist ein nur wenige hundert Meter breiter Durchlaß, den zu Zeiten des Tertiär die Durance durchnagt hatte, um die Senke, die es an der Stelle der heutigen Plaine de la Crau gab, mit ihren Schottern aufzufüllen (letzter Rest dieser Senke ist der Etang de Berre*), und sich unter Umgehung der Rhone unmittelbar ins Meer zu ergießen.

Dies ist die Entstehungsgeschichte der Plaine de la Crau, aus der sich das heutige Erscheinungsbild dieser Landschaft ergibt. Bei den Römern hieß sie „Campus lapideus" (= Steinfeld), später „Campus gravus" (frei übersetzt = Verdruß-Feld), womit das entscheidende schon gesagt ist: Sie besteht aus dem vor Jahrmillionen von der Durance aus den Alpen mitgeführten Schotter und Kies, und ist weitgehend eben, soweit die Launen der Durance sr.Zt. nicht einzelne niedere Kieshügel angehäuft haben. Diese Ebene erstreckt sich zwischen der Rhone im Westen, den Alpilles im Norden, den Bergen von Salon und Aix im Osten, und dem Etang de Berre bzw. dem Meer im Süden. Sie bedeckt eine Fläche von ca. 500 qkm, was vergegenwärtigt einem Quadrat von ca. 22 km Seitenlänge entspricht.

Langezeit lebten die wenigen Bewohner dieser steinigen Steppe nur vom Durchgangsverkehr. Dann konstruierte im Jahr 1554 der Ingenieur Adam de Craponne den nach ihm benannten Kanal, in welchem Wasser aus der Durance von Nordosten her durch den Pertuis de Lamanon (→ oben) und mit entsprechenden Verästelungen durch bzw.in den nördlichen Teil der Crau bis zur Rhone bei Arles geleitet wird, so daß diese von der Natur zur ewigen Sterilität bestimmte Wüste sich nun doch noch langsam mit in Kultur stehenden Flächen schmücken kann, die inzwischen schon fast die Hälfte der Ausdehnung der Crau umfassen. Insbesondere sind dies die Zonen entlang der Alpilles, und westlich von Salon. Die Kulturzone um Arles hat bereits die Ortschaft St-Martin-de-Crau erreicht und überschritten.

Als Tourist stößt man immer wieder erstaunt auf die großen und kleinen Kanäle und Kanälchen, die z.Tl. der Bewässerung der Felder, der Versorgung der Städte und der Industrie, sowie zur Stromerzeugung bestimmt sind. Dem letzteren Zweck dient insbesondere der „Canal E.D.F.", der gleichfalls durch den Pertuis de Lamanon hindurchtritt, aber von da aus fast genau südlich zum Etang de Berre bei St-Chamas strebt.

Eine neue Perspektive der Nutzbarmachung der Crau ist die im Gang befindliche Entwicklung des Industriegebiets um Fos-sur-Mer, das sich ganz im Süden an den gleichnamigen Meerbusen anlehnt. Auch für flächenfressende Flugplätze, insbesondere das mehrere Quadratkilometer große Aérodrome d'Istres, ist die Crau zu gebrauchen; wegen ihres festen Untergrundes und ihrer ebenen Oberfläche sogar bevorzugt.

Die Nationalstraße N568 (Arles – Fos-sur-Mer) ist besonders geeignet, den urwüchsigen Charakter der Crau und zugleich ihre in Gang befindliche Kultivierung kennenzulernen.

10.
Der Etang de Berre

ist ein großer Salzsee im Nordwesten von Marseille, umgeben von einigen niederen Bergzügen: Im Süden von der bis 270 m hohen Chaîne de l'Estaque, die ihn vom Mittelmeer trennt, im Osten von dem Chaînon de Vitrolles (bis 271 m); im Norden von den steilen Abhängen des Plateau de Lançon (bis 214 m) und im Westen von der Hügelkette um Istres und St-Mitre am Rande der Plaine de la Crau.

Er ist 22 km lang und bis zu 15 km breit. Zwischen den Hügeln von St-Mitre und der Ebene bei der Arc-Mündung gibt es eine Einschnürung von nur 6 km Durchmesser, die den See in zwei Becken teilt. Das nördliche Becken erhält seinen Zufluß vor allem von dem erwähnten Arc, von der Touloubre, vom Canal de Craponne (→ Salon*) und dem Durance-Kanal E.D.F., der bei der Einmündung in den Etang zur Stromerzeugung herangezogen wird. Im östlichen Teil des Etang de Berre ist durch eine schmale Sanddüne noch der Etang de Bolmon abgetrennt.

Entlang dem Südufer des südlichen Beckens verläuft der in den See vertiefte und durch Molen abgegrenzte „Canal de Marseille au Rhône", der ostwärts in dem über 7 km langen und 22 m breiten **Tunnel du Rove** unter der Chaîne de l'Estaque hindurch Marseille* erreicht (ist wegen Einbrüchen zeitweise außer Betrieb). Westwärts durchsticht der Kanal, hier „Chenal de Caronte" genannt, den 5 km breiten Isthmus von Martigues, und schafft so eine offene Verbindung zum Golfe de Fos bzw. zum Meer.

Die forcierte industrielle Entwicklung der meerwärtigen Teile dieser Region, besonders des petrochemischen Sektors, ist eine gesamtfranzösische und regionale Notwendigkeit; als Tourist kann man diesen Anlagen bei Desinteresse leicht ausweichen. Petroleumraffinerien befinden sich in Fos-sur-Mer (Golfe de Fos), in Lavéra (südwestlich von Martigues), in La Mède (östlich von Martigues) und in Berre am mittleren Ostrand des Etang.

Als **Erholungsgebiete** sind insbesondere die beiden folgenden umfangreichen Seezonen reserviert und im Ausbau begriffen:

1. Die ca. 7 km lange Uferlinie nördlich von Martigues bis zur Anse (= Bucht) von Ranquet (bei Varage). Das Hinterland des Ufers ist hügelig.

2. der fast 9 km lange Uferstreifen westlich von Berre, der von Südosten (la Pointe) nach Nordwesten verläuft. Das Hinterland ist z.Tl. noch Sumpfland (Salinen), wird aber zunehmend trockengelegt.

Eine **Rundfahrt um den Etang de Berre** (ca. 95 km) berührt alle interessanten Plätze. Als Standplatz bzw. Ausgangspunkt empfiehlt sich die Stadt **Salon-de-Provence***, von wo aus man in nur 11 km Entfernung (von Aix aus in 40 km Entfernung) das Städtchen **Miramas** (13 000 Einw., 50 Gastbetten) am nördlichen Ende des Etang erreicht (Chemieindustrie, Autodrom). – Das hochgelegene Miramas-le-Vieux(→ unten) ist die Keimzelle der Stadt; Die Unterstadt entstand erst seit 1848 nach dem Bau der Eisenbahn und in Anlehnung an den Bahnhof.

Weiterfahrt südöstlich auf der D 10 und D 16 entlang des Ufers (Aussicht auf das gegenüberliegende St-Chamas).

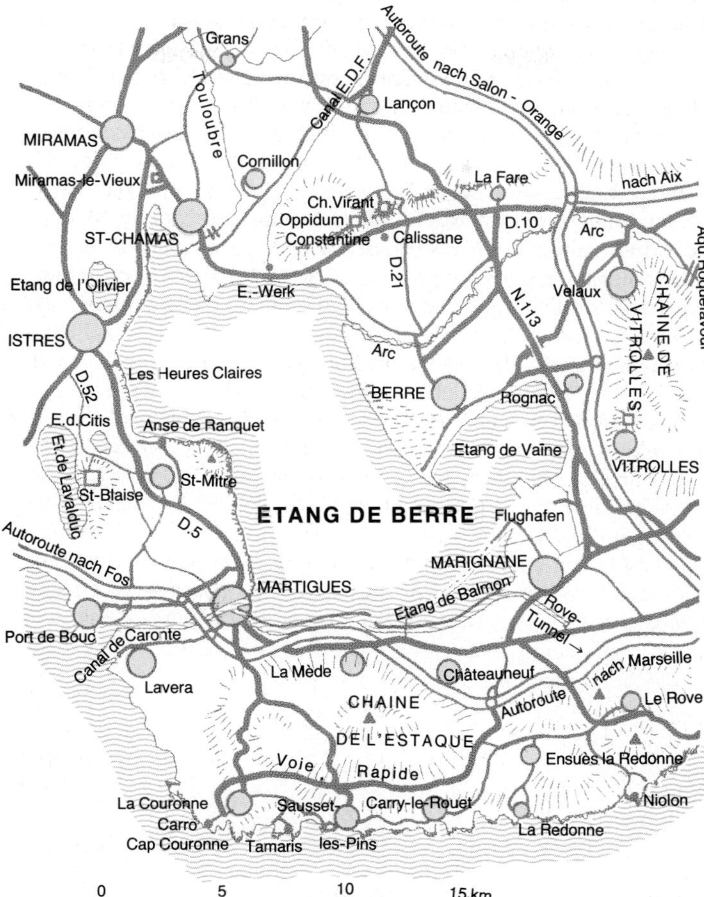
Grans
Autoroute nach Salon - Orange
Touloubre
Canal E.D.F.
Lançon
MIRAMAS
Cornillon
Miramas-le-Vieux
La Fare
nach Aix
Ch. Virant
Oppidum
Constantine
Calissane
ST-CHAMAS
D.10
Arc
Aqu. Roquefavour
D.21
Etang de l'Olivier
E.-Werk
N.113
Velaux
CHAINE DE VITROLLES
ISTRES
Arc
Les Heures Claires
D.52
BERRE
Rognac
E.d.Citis
Anse de Ranquet
Et.de Lavalduc
Etang de Vaïne
St-Mitre
VITROLLES
St-Blaise
ETANG DE BERRE
Flughafen
D.5
Autoroute nach Fos
MARIGNANE
MARTIGUES
Etang de Balmon
Rove-Tunnel
Port de Bouc
Canal de Caronte
nach Marseille
La Mède
Châteauneuf
Lavera
Autoroute
Le Rove
CHAINE DE L'ESTAQUE
Voie Rapide
Ensuès la Redonne
La Couronne
Sausset-les-Pins
Carry-le-Rouet
Niolon
Carro
La Redonne
Cap Couronne
Tamaris
0
5
10
15 km

Istres (25 000 Einw., 400 Gastb.) liegt etwas vom Etang de Berre abgesetzt, aber direkt an dem knapp 2 qkm kleinen Süßwassersee **Etang de l'Olivier,** der seit 1667 durch einen 300m langen Kanal mit seinem großen Bruder verbunden ist. Hinter diesem kleinen See beginnt die Trockensteppe de la Crau** mit dem ausgedehnten Aérodrome d'Istres-le-Tubé.

Istres ist eine alte Griechensiedlung namens Astromela; das Musée du Vieil Istres verwahrt die Fundstücke, auch solche, die durch Taucher am Meeresgrund (bei Fos) gefunden worden waren. Stadttor aus dem Jahr 1652. An der Stelle der ehemaligen Stadtmauern umgibt die Altstadt ein Oval von schattigen Boulevards und Alleen, wo sich das gesellige Leben abspielt. Am Südufer des Etang d'Olivier gibt es einen schönen Erholungspark mit angrenzendem großen Parkplatz. Dicht oberhalb davon die romanische Friedhofkapelle Saint-Sulpice aus dem 11. Jahrhundert, restauriert 1978. Bootshafen „Les Heures Claires" am Etang de Berre. S.I., 30, Allées Jean-Jaurès (neben dem „Portail d'Arles").

Entlang der N569, bei Rassuen seewärts auf die D52 abzweigend, erreicht man zwischen den Etangs de Lavalduc (westlich) und de Citis (östlich) hindurch auf dem nördlichen Vorsprung eines Plateaus die **Chapelle Saint-Blaise,** eine romanische Wallfahrtskirche (8. September) mit (vermauertem) Eremitenklausenanbau. Fassade 1614 erneuert. Vor dieser Fassade wurden die Grundmauern einer Peterskirche (II) der ehemaligen Stadt Ugium (→ unten) aus dem 10. Jahrhundert entdeckt. Diese, wie auch die vorstehend genannte Kapelle St-Blaise, stehen auf den Grundmauern einer noch älteren größer gewesenen frühchristlichen Kirche des selben Namens (Saint-Pierre-I) aus dem 5. oder 6. Jahrhundert. Die Grundmauern dieser frühchristlichen Kirche sind ebenfalls z.Tl. freigelegt, auch Teile ihrer Apsis sind am Steilhang unter der Apsis der St-Blaise-Kapelle auszumachen.

Das ca. 50 m über seiner Umgebung liegende felsige Plateau war infolge seiner beherrschenden und verhältnismäßig sicheren Lage seit der Steinzeit als befestigter Siedlungsplatz benützt, seit dem 7. Jahrhundert v. Chr. dann von den Ligurern, welchen sich später die keltischen Gallier zugesellten. Im 4. Jahrhundert v.Chr. gründeten Griechen aus Marsala (Marseille) auch hier ein Handelskontor, aus dem sich im 3. Jahrhundert v. Chr. die beachtliche Stadt **Mastrabala** (Mastramele) entwickelte.

Vorhanden sind die Reste der ca. 440 m lang gewesenen **Griechenmauer,** die offensichtlich zu Anfang des 3. Jahrhunderts v. Chr. errichtet worden war. Sie verlief in nordöstlich-südwestlicher Richtung und sicherte damit die Stadt gegen den Rest des Plateaus, während auf den anderen Seiten die steilen Hänge (heute sind sie flacher) die Stadt zu schützen hatten. Diese Mauer besteht aus präzise behauenen großen Blöcken, die mörtellos gefügt sind. Vor der Hauptmauer eine einfacher gehaltene Vor-Mauer, die ein Bestandteil (Stützmauer) des trockengelegten Stadtgrabens war. Die reihenweise Aufstellung von oben gerundeten Hochkantblöcken vor der Mauer ist irreführnd: Es handelt sich dabei nicht um kultbezogene Stelen, sondern um Zinnenblöcke, die ehedem die Griechenmauer bekrönten und die Verteidiger seitlich schützten.

Diese Griechenstadt hatte offensichtlich ein gewaltsames Ende (man hat durch Wurfmaschinen einkatapultierte Steinkugeln gefunden). Wahrscheinlich ist sie im Jahr 49 v. Chr. von Cäsar gleichzeitig mit Marseille eingenommen und zerstört worden.

Auf den Resten dieser Griechenmauer haben zur Zeit der Germaneneinfälle (etwa seit dem 5. Jahrhundert) christliche Nachfahren eine neue, allerdings ziemlich primitive und kunstlose Ersatzmauer errichtet. Nun hieß diese Stadt **Ugium** und hatte außer der bereits erwähnten Kirche St-Pierre (I) noch eine weitere, die Saint-Vincent geweiht war. Um etwa 874 muß Ugium zerstört worden sein; in jener Zeit waren die Sarazenen und die Normannen räubernderweise unterwegs, die ersteren hatten kurz zuvor (848) Arles geplündert. Ugium wurde aber offensichtlich nicht ganz entvölkert, denn im 10. Jahrhundert entstand ja, wie oben erwähnt, die Peterskirche II (vor der heutigen Kapelle St-Blaise).

Von Ugium sind u.a. etwa in der Mitte der südlichen Griechenmauer und dicht bei deren ehemaligem (einzigen) Tor, die Reste der oben erwähnten **frühchristlichen Basilika Saint-Vincentius** aus dem 5. Jahrhundert vorhanden. Gut auszumachen die halbrunde, erhöht liegende Apsis. Vor dieser, in das Schiff hineinragend, die gleichfalls erhöht liegende Tribüne des Vorlesers (nach orientalischem Vorbild). Außerhalb (südöstlich) der Mauern wurden über 100 in die Felsen gemeißelte christliche Grabstätten gefunden, die gleichfalls aus dieser Ugium-Zeit (5. bis 6. Jahrhundert) stammen.

Im 12. Jahrhundert bemühten sich Bischöfe von Arles um eine Wiederbelebung der Stadt, und in den Häuserruinen von Ugium wurde eine Marienkapelle errichtet (die heutige Kapelle St-Blaise). Diese neue Stadt hieß nun **Castelveyre** (= Altes Schloß) — und erlangte nur eine geringe Ausdehnung. Sie lag am nördlichen Rand des Plateaus und wurde 1231 durch eine neue, enger gezogene Mauer vom übrigen südlichen Teil des Plateaus getrennt (= die heute vorhandene Begrenzungsmauer der Ausgrabungsstätte). Doch schon 1390 zerstörten plündernde Banden die Stadt erneut, die damit endgültig in Vergessenheit geriet; stehen blieb allein die Kapelle Saint Blaise.

Die Ausgrabungen sind seit 1935 im Gange, die Funde werden vor allem im Museum von Saint-Rémy* (Alpilles) verwahrt.

Der Name des nachfolgenden Dorfes **Saint-Mitre-les-Remparts** weist auf die noch gut erhaltene Mauer um den Dorfkern hin (1407). Kirche mit einer hochgotischen (flamboyanten) Apsis. Strandplätze Ranquet und Varage 2km nördlich unterhalb dem Dorf. Dicht bei der Umgehungsstraße steht auf einem Hügel die romanische Chapelle Saint-Michel, deren Renovierung fällig ist.

Man nähert sich wieder dem Etang und erreicht an dessen Südwestecke das Fischerstädtchen **Martigues** (53 000 Einwohner, 270 Gastbetten), das beiderseits des Verbindungskanals zwischen Etang de Berre und dem Meer (Chenal de Caronte) liegt, und dazu noch auf der in diesem Kanal liegenden (zweigeteilten) Insel Brescon. Das heißt, die Stadt besteht aus den durch Wasserarme getrennten Stadtteilen Ferrières, Ile Brescon und Jonquières, daher auch übertreibenderweise das „provenzalische Venedig" genannt. Die bisherige Verkehrsmisere, die durch die Brücken bedingt war, ist seit der Eröffnung der westlichen Umgehungsstraße mit Viadukt (1972) behoben. Von Charme und Romantik des **Fischerhafens** wurden schon Tausende von Malern und Fotografen begeistert; auch die Industrialisierung der Umgebung hat hieran wenig geändert.

---

*MARTIGUES ist ein romantisches Fischerstädtchen am südwestlichen Rand des Etang de Berre **. Hier finden Maler und Fotografen immer wieder ihre Motive. Unser Bild: Der Canal St-Sébastien, genannt „Miroir aux Oiseaux" (Spiegel der Vögel).*

Im Mittelalter waren die drei obengenannten Stadtteile selbständige Gemeinden, die 1581 von König Heinrich IV. zusammengelegt und unter dem heutigen Namen zu einem Fürstentum erhoben wurden, um damit einer schönen Frau ein Geschenk zu machen (dem „Vert-Galan", wie Heinrich IV. heimlich genannt wurde, waren nicht nur Paris, sondern auch manche Frauen „eine Messe wert"). Die Fischer prozessierten später mit Erfolg gegen die mit dieser „Verschenkung" verbundene Beeinträchtigung ihrer bisherigen Selbständigkeit.

Für eine Stadtbesichtigung wird als Ausgangspunkt und Parkplatz der Cours Aristide Briand vorgeschlagen, der auf einem durch den Canal St-Sébastien abgetrennten Anhängsel der Insel Brescon liegt. Hier gleich, als Teil der Rue de la République, der **Pont St-Sébastien** mit seinem berühmten romantischen **Ausblick** auf den mit bunten Häusern bestandenen und mit zahlreichen Fischerbarken besetzten Canal St-Sébastien und auf den Quai Brescon (östlich), wie auch auf die säulenbesetzte Fassade der Kirche de la Madeleine (17. Jahrh.). Diese Brücke ist ein ständiges „Freiluftatelier" der Maler und Fotografen.

Östlich dieser Brücke, also zwischen der Rue de la République und dem Etang, liegt das malerische enggebaute **Quartier de Brescon,** das überwiegend von Fischern bewohnt ist. Am Ostrand dieses Viertels verläuft der Quai Kléber, der an seinem südlichen Ende durch die zweiflügelige Klappbrücke **Pont de Jonquières** mit dem Stadtteil dieses Namens (Halbinsel Estaque) verbunden ist.

In nordwestlicher Richtung erblickt man den 943 m langen Viadukt der Umgehungsstraße und darüber den phantastischen **Autobahnviadukt,** der über dem Kanal eine lichte Höhe von 45 m hat.

Dieser **Stadtteil Jonquières** ist der hauptsächlichste Teil der Stadt. An dem Kanalquai (Quai Alsace-Lorraine) steht die Kirche Saint-Geniès (1625/69). Bei der Choraußenseite dieser Kirche befindet sich die schöne **Chapelle de l'Annonciade** mit üppiger Barockausstattung.

An der niedrigen Felsenküste CÔTE BLEUE (westlich von Marseille) trifft man immer wieder auf kleine Sandstrände.
Unser Bild: Die Anse (Bucht) de Boumandariel bei Sausset-les-Pins.

Das nördliche **Quartier Ferrières** erricht man von der Insel aus über eine Brücke. Am Kanalquai Paul Doumer liegt das S.I.. Gegenüber der Kirche (17.Jahrh.) befindet sich das **Musée du Vieux Martigues** mit archäologischen, folkloristischen und künstlerischen Abteilungen, u.a. eine gotische Madonna aus dem 15. Jahrhundert.

Auf einem Hügel über diesem Stadtteil in 170 m Höhe und 3,5 km Entfernung die **Chapelle Notre-Dame de Miséricorde** (oder **des Marins**) mit Parkplatz und Aussichtsterrasse (Orientierungstafel).

Umgebung: 7km westwärts liegt am anderen Ende des Chenal de Caronte am Meer der Industriehafen **Port-de-Bouc** (zur Römerzeit „Bocchum" genannt) mit chemischer Industrie. Über der gegenüberliegenden Seite der Kanaleinfahrt steht der Leuchtturm inmitten einer vauban'schen Festung. Bei diesem Leuchtturm der **Petroleumhafen Lavéra** mit Raffinerien, von wo aus Südfrankreich, das Elsaß und Karlsruhe mittels Fernleitungen versorgt werden.

6 km westlich von Port-de-Bouc liegt **Fos-sur-Mer,** ein ehemals befestigter Platz zum Schutz der Küste. Den Namen hat der Ort von einem „Fossé" (= Graben), d.h. einem Kanal, den der Teutonenbezwinger Marius im Jahr 104 v. Chr. von seinen Soldaten zur Umgehung der versandeten Rhonemündung von hier aus graben ließ. Vorhanden sind mittelalterliche Befestigungen und die Ruine eines Château des 14. Jahrhunderts, eine romanische Kirche, eine romanische Friedhofkapelle, sowie Sandstrand in einiger Entfernung.

Westlich des Dorfes der **Port de Fos,** genannt Europort, und der **Port-Saint-Louis-du-Rhône.** In der hier bis fast an das Meer reichenden Steppenlandschaft (→ Plaine de la Crau*) entwickelt sich eine Industriezone, in welcher im Endausbau 200 000 Menschen Beschäftigung finden sollen.

Die Weiterfahrt von Martigues nach Marignane kann dem See entlang auf der N 568 oder z.Tl. auf der Autoroute erfolgen. Letztere weicht bei La Mède ein Stück weit in den Etang hinein aus.

Empfehlenswerter ist ein kleiner Umweg entlang der **Côte Bleue** (= „Blaue Küste"). Diese besteht in der Hauptsache aus niederen Felsenbänken, unterbrochen von meist kleinen Sandstränden, die in tief eingezogenen Buchten (anses) angespült wurden. Dies sind vor allem die von Carro-La Couronne, Sausset-les-Pins, Carry-le-Rouet, Le Rouet, La Redonne und Niolon, die beiden letzteren nur über Stichsträßchen zu erreichen.

CARRY-LE-ROUET ist das wichtigste Seebad an der Côte Bleue, mit Spielcasino, Fischer- und Jachthafen und allen Arten Wassersport.

Man fährt von Martigues südwärts entlang der D5 und D49 durch das Vallon de St-Pierre, und über die Häusergruppe Les Ventrons und die **Chaîne de l'Estaque** hinweg (Col de La Gatane) nach **La Couronne** und **Carro,** kleiner Fischerhafen mit Badestrand in zwei felsigen Buchten; eine derselben ist die „Anse de Verdon" mit dem außenliegenden Cap Couronne mit Leuchtturm und den Resten einer neolithischen Siedlung.

Von La Couronne aus führt die D49 erneut an die Meeresküste und erreicht **Sausset-les-Pins,** kleiner Fischerhafen mit Sommerhäusern und mit Badestrand zwischen den Felsen (50 Gastbetten).

Weiter der Meeresküste entlang nach **Carry-le-Rouet** und **Rouet-Plage** (3000 Einwohner, ca. 200 Gastbetten), Fischer- und großer Jachthafen, Sommerhäuser in alten Parks, Badestrände am Fuß der Pinienhügel, stark besucht von den Marseillais. Campingplatz, Spielcasino, Segeln, Wasserski.

Die Straße führt nun nordwärts durch das Vallon d'Aigle wieder über den Kamm der Chaîne de l'Estaque (um 200 m).

Man erreicht **Marignane** (30 000 Einw.) am Etang de Balmon, einem durch die Sanddüne „Plage de Jai" begrenzten Anhängsel des Etang de Berre. Zentrum der Luftfahrtindustie mit Flugplatz (Marseille-Marignane) und Seeflughafen. Die Terrasse des Flughafengebäudes ist für jedermann zugänglich.

Dann passiert die Etang-Straße (wie auch die Autoroute) die Industriezone des landeinwärts (1,5 km) auf einem Terrassenabsatz der Chaîne de Vitrolles liegenden Städtchens **Vitrolles** (11 000 Einwohner, 600 Gastbetten, einschl. Flughafenhotel). Noch höher **Le Rocher,** ein hohes kleines Felsplateau nördlich über dem Städtchen, mit Chapelle Notre-Dame de Vie (17. Jahrh.) und, abgesetzt, ein Sarazenenturm aus dem 11. Jahrhundert. **Aussicht!** Früher lag das Städtchen auf und an diesem Rocher; die Reste einer Umfassungsmauer an seinem Fuß weisen noch darauf hin.

Dem Ufer des Etang entlang, vorbei an **Rognac** (5000 Einw., 3 Hotels) erreicht man die Kreuzung mit der Straße D21, die westwärts (2 km) nach Berre-l'Etang führt.

Berre-l'Etang (14 000 Einwohner, 50 Gastbetten) liegt auf einer in den See vorspringenden niederen dreieckigen Landzunge, die der Arc hier angeländet hat. Fischerhafen, Seeflugbase, Raffinerie Shell-Berre. Im Städtchen romanische Kirche mit nördlich angebautem gotischem Seitenschiff und mit gotischem Zentralturm. Am nördlichen Stadtrand die Chapelle Notre-Dame de Caderot (1680) mit geschnitzter Inneinrichtung. Die durch die vorstehende Landzunge gegebene Seebucht nennt sich Etang de Vaine. – Von Berre aus kann man unmittelbar entlang der D 21 das Seeufer und die Straße D 10 nach St-Chamas (bei dem Château Calissane, → nachstehend) erreichen.

Die N 113 führt an den Tanks der Raffinerie vorbei , und auf dem Pont de la Fare über den Arc-Fluß hinweg. Nach dem Aérodrome dé Berrede-la-Fare erreicht man bei Les Guigues die Kreuzung mit der Straße D 10.

Auf dieser westwärts (in Richtung Miramas) hat man nach 3 km linkerhand das Château (Gutshof) Calissane, und nördlich oberhalb davon am Bergrand einen auffallenden breiten Felszylinder, genannt **Château Virant,** zu dem am östlichen Beginn des Schloßparks das Sträßchen D21 hinaufführt (dort Wegweiser: Table d'Orientation", Parkgelegenheit). Es handelt sich dabei offensichtlich um ein vorrömisches Sanktuarium (zahlreiche kreisrund herausgearbeitete Opferschalen und sonstige Aushöhlungen usw.), sowie als Zwischenstation einer antiken optischen Nachrichtenlinie. In neuerer Zeit wurde auf dieser Höhe eine nützliche Orientierungstafel angebracht.

Westlich des Château Virant (30 Min. Fußmarsch) ist unweit der dortigen Hausruine Jas de Baille ein Ausblick auf Teile des gleichfalls über dem felsigen Südrand dieses Bergzuges liegenden **Oppidum Constantine** möglich, das vor der Römerzeit von dem gallischen Volksstamm der Salier bewohnt war. Es ist eines der umfangreichsten dieser Art, und von den ursprünglich 18 Befestigungstürmen sind einige noch gut auszumachen.

Weiter in Richtung Miramas erreicht man wieder das Seeufer und passiert das brausende Elektrizitätswerk E.D.F. Saint-Chamas (jährlich eine halbe Million Kilowattstunden) am Ende des Durancekanals. Am südlichen Stadtrand von St-Chamas erreicht man den Touloubre-Fluß mit dem 6,20 m breiten und 21 m langen römische **Pont Flavien,** der hier in einem einzigen Bogen seit fast 2000 Jahren den Fluß überspannt. Die Brücke wurde zur Zeit des

Kaisers Augustus von einem römischen Priester (lat. = flamen) erbaut, wie an einer Inschrift an einem Pfeiler zu lesen ist (der Name der Brücke ist wohl eine Umwandlung dieses Wortes „flamen"). Beide Aufgänge sind durch 7 m hohe Bögen betont, die mit 2 mal 2 Löwen dekoriert sind, von welchem einer noch das Original ist.

Von dieser Brücke aus führt die Seitenstraße D 15 flußaufwärts zu dem malerisch gelegenen Dorf **Cornillon** 700 Einw., 30 Gastbetten), das auf einem ins Tal vorspringenden Hochplateau erbaut ist. Dieses schwer zugängliche Plateau ist ein uralter Siedlungsplatz, und man findet hier prähistorische und römische Spuren, u.a. eine gallo-römische Nekropole, römische Sarkophage beim Friedhof und Reste des gallischen Oppidum Castellane (Plateau des Beaumettes). Romanische Pfarrkirche aus dem 13. Jahrhundert, im 19. Jahrhundert verändert; romanische Friedhofkapelle St-Vincent aus dem 12. Jahrhundert.

Im Ortsteil **Confoux** ein Renaissanceschloß und die Ruine einer romanischen Kirche.

Saint-Chamas (6000 Einw.) liegt an der Nordspitze des Etang. Vorhanden sind Teile der Stadtmauer und die Porte du Fort (15. Jahrh.), sowie die Kirche mit Barockfassade aus dem 17. Jahrhundert und einem Annen-Retabel aus dem 16. Jahrhundert. Auf dem mit vorgeschichtlichen Wohnhöhlen besetzten Stadthügel steht die Chapelle Notre-Dame de la Misércorde, errichtet als Votiv nach der Pest von 1720.

Am nördlichen Stadtende seitlich der Straße das auf einem felsigen Plateau erbaute romantische Dorf **Miramas-le-Vieux,** das von seinen mittelalterlichen Mauern umgeben ist und noch Reste eines Château (13. Jahrh.) der Vicomtes de Marseille hat, sowie eine gotische Kirche aus dem 15. Jahrhundert.

---

*Schon vor 2500 Jahren, als man beispielsweise in Germanien noch lange in primitiven Einzelgehöften hauste, lebten die Gallier bereits in mauerumgürteten Städten (Oppidi). Unser Bild: Das hochgelegene Plateau des CHÂTEAU VIRANT (vorn), offensichtlich eine gallische Kultstätte in der Nähe des ehemaligen Oppidum Constantine. Im Hintergrund der Etang de Berre**.*

11.
Die Montagne Sainte-Victoire

Dieser typisch provencalische Gebirgszug liegt wenig östlich der „Provence-Hauptstadt" Aix; er ist deshalb und mit Recht ein beliebtes Ausflugsziel der „Aixois".

Der Bergzug hieß früher „Ventour" (wie der Mont Ventoux), was man frei mit „Windberg" übersetzen konnte. (Die Bewohner rund um den Bergzug heißen heute noch „Venturi".) Auf seinem Kamm waren etliche gallo-ligurische Castellares (Fluchtburgen) eingerichtet (→ Abschn.A9). Seit jedoch im Jahr 102 v. Chr. der römische Feldherr Marius die Teutonen auf der am südöstlichen Fuß des Gebirges liegenden Ebene von Pourrières vernichtend schlug, wurde dieser Name auf „Victoire" (= Sieg) abgewandelt bzw. verballhornt.

Der Bergzug besteht aus einer ca. 14 km langen aber schmalen Kalksteinkette der geologischen Formation Oberer (Weißer) Jura. Im Pic des Mouches erreicht er mit 1011 m im östlichen Teil den höchsten Punkt, während der westliche Teil mit dem Croix de Provence 945 m erreicht.

Das **Croix de Provence,** 1875 an der westlichen Ausladung des Bergkammes errichtet, ist 19 m hoch. An den vier Seiten des 11m hohen Sockels sind verschiedensprachige geschichtsbewußte Inschriften angebracht: Nach Norden (Paris) in Französisch, nach Osten (Rom) in Lateinisch, nach Süden (Marseille) in Griechisch und nach Westen (Aix) in Provencalisch.

Der Südhang ist wesentlich steiler als der Nordhang und zeigt in Gestalt einer „weißen Säge" die Felsformation besonders eindrücklich. Die Abhänge sind bewaldet; man trifft nacheinander Eichen, Pinien, Birken und Wacholder, auf den windigen Höhen noch den Buchsbaum.

Der Bergzug ist ein reines Wandergebiet, d.h. mit dem Wagen kann er nur umkreist werden. Dagegen gibt es mehrere in verschiedenen Farben gekennzeichnete Wanderwege, u.a. führt der Hauptweg G.R.9 entlang des gesamten Bergkammes, von Les Cabassols im Nordwesten bis Puyloubier im Südosten.

Der Montagne Ste-Victoire ist im Süden noch die nach Süden schildförmig ausgebuchtete **Montagne du Cengle,** eine hügelige Kalksteintafel, wie eine Treppenstufe vorgesetzt. Auch diese hat nach Süden einen Steilhang.

Der meistgewählte und kürzeste **Aufstieg** erfolgt von der kleinen Ortschaft **Les Cabassols** an der D 10 (bei km 58,9 - Hinweisschild -Parkgelegenheit) auf einem

Saumpfad mit grüner Markierung. In 1½ Std. erreicht man die **Prieuré de Sainte Victoire** (888 m) mit der im 17. Jahrhundert an der Stelle einer ehemaligen Einsiedelei errichteten Kapelle. Jährlich Ende April ist die Kapelle das Ziel einer großen Wallfahrt der „Venturier". Unweit westlich der Kapelle steht das erwähnte Kreuz der Provence, von wo eine umfassende Aussicht gegeben ist.

Unweit des Kreuzes (10 Min.) der **Garagaï,** ein 142 m tiefer Abgrund mit einer 170 m langen Halle; unweit davon ein weiterer, weniger tiefer Gouffre - beide sind nur von Geübten begehbar.

Abstieg auf der selben Route,
oder entlang des westlichen Kammabfalls (blaue Markierung) zur Barrage du Bimont,
oder (für ausdauernde Wanderer) **entlang des Ostkammes** (blaue Markierung) über den Zentralgipfel Baou des Vespres (1010 m), den Col de Vauvenargues und (2 Std. nach dem Kreuz) den Pic des Mouches (1011 m). Nach einer weiteren Stunde das Oratoire de Malivert; von da in ½ Std. abwärts nach **Puyloubier.**

Die Schwierigkeitsgrade der Aufstiegspfade sind aus der Farbe der Markierungen zu ersehen: Rot = leicht, Grün oder Gelb = schwierig, Schwarz = sehr schwierig.

Rundfahrt: (ca. 60 km): Man verläßt **Aix** über den Boulevard des Poilus bzw. die D 17. Geradeaus erblickt man bald den westlichen „Kiel" der Montagne Ste-Victoire mit dem berühmten Kreuz. Links auf einem Hügel das Château Noir, wo der Maler Cézanne einige Zeit wohnte, da er die Szenerie dieser Landschaft immer wieder malte.

Zunächst das schöngelegene Dorf **Le Tholonet** (1200 Einw.), mit vielen Sommerhäusern der Bewohner von Aix, und beliebtes Ausflugsziel. **Château** aus dem 18. Jahrhundert.

Im Vallon de la Cose (Infernet) die Reste eines römischen Aquädukts, das ehedem Aix mit Wasser versorgte. Weiter oberhalb in diesem Tal das „Petit Mer", ein Staubecken aus dem 18. Jahrhundert für die gleichbleibende Versorgung der Brunnen des Dorfes und der Springbrunnen des Schlosses. Noch weiter oberhalb die **Barrage Zola,** 1843/54 von dem italienischen Ingenieur Francesco Zola (Vater des berühmten Schriftstellers) zur Versorgung des größer gewordenen Aix erbaut.

Bei der Ferme de l'Hubac beginnt durch das Vallon du Bayon der Anstieg auf das Plateau der **Montagne du Cengle** mit der Häusergruppe **St-Antonin-sur-Bayon.** Auch hier die Reste eines römischen Aquädukts, und auf dem Plateau de Bayon (über dem Dorf) die Reste eines gallo-ligurischen Oppidums. Das Plateau ostwärts verlassend erreicht man **Puyloubier** (800 Einw.) mit der Ruine eines mittelalterlichen Château. Hier auch die „Domaine du Capitaine", eine Veteranensiedlung der Fremdenlegionäre (Museum). Oberhalb des Dorfes die **Ermitage Saint-Ser** (1½ Std.

auf gutem Fußweg, rote Markierung), deren Kapelle im Jahr 1001 geweiht wurde. (Der Einsiedler Ser soll 485 von den Westgoten getötet worden sein).

Durch ebene Weinfelder erreicht man **Purrières,** wo nach der Überlieferung der Platz ist, an dem im Jahre 102 v. Chr. die eingedrungenen Teutonen und Ambronen von dem römischen Feldherrn Marius vernichtend geschlagen wurden.

Nördlich abzweigend führt die D23 in unzähligen Kurven auf die Höhe des östlichen Ausläufers der Montagne Sainte-Victoire. Auf der Paßhöhe östlich der auf 612 m ansteigende Berg „Pain de Munition", dessen Hochplateau ehedem der Platz eines befestigten gallo-ligurischen Oppidums war.

Nun westwärts abzweigend (D223 und D10) und durch endlose halbhohe Eichenwälder am Nordrand der Montagne Sainte-Victoire entlang. Über die Pässe Col de Portes (631 m) und Col de Claps (532 m) erreicht man auf schmaler Straße **Vauvenargues** (350 Einw.) am Hang des pittoresken Cose-Tales. Kirche aus dem 11. Jahrhundert, später verändert. Talwärts auf einem Hügel das **Château** aus dem 16. und 17. Jahrhundert, das an der Stelle einer befestigten Burg aus dem 14. Jahrhundert steht. Von der letzteren sind noch Ringmauern vorhanden. Das Schloß hat im Jahr 1958 der Maler Pablo Picasso erworben, der im Schloßpark auch begraben ist.

Die sehr enge Ortsdurchfahrt kann auf einer Umgehungsstraße umfahren werden (Parkplätze nur an der westlichen Ortseinfahrt).

Ein Fußweg (grüne Markierung) führt quer durch das Tal und auf die Kammhöhe der Montagne Sainte-Victoire beim Col de Vauvenargues (900 m).

Dann die Häusergruppe **Cabassols** (Sommerhäuser): Hier (bei km 58,9) beginnt der hauptsächliche Aufstieg auf die Montagne (→ oben).

Dann linkerhand die **Barrage du Bimont,** zu der eine Stichstraße (Parkplatz) führt. Der 4 km lange Stausee wurde 1946/52 erbaut; er hat eine fast 9o m hohe und 250 m lange Staumauer.

Unweit oberhalb der Straße **Saint-Marc-Jaumegarde** mit Château aus dem 16. Jahrhundert, mit älteren Türmen.

Über die Avenue de Sainte-Victoire erreicht man wieder **Aix.**

C
Die CAMARGUE

ist im wesentlichen das Schwemmland, das sich im Rhone-Delta zwischen der Grand Rhône und der Petit Rhône, sowie der Meeresküste mit einer Fläche von ca. 700 qkm ausdehnt. Daneben gibt es noch die „Petite-Camargue“ (100 qkm) mit ähnlicher Struktur, die sich östlich anschließend bis zum Canal Rhône-Sète (um Aigues-Mortes*) erstreckt. Der Küstenrand dieses Schwemmlands ist noch immer (und auch in Zukunft) in Bewegung: Die Rhone schiebt sich mit ihren Ablagerungen ins Meer vor (jährlich bis 50 m), während dieses, besonders bei Südoststurm, an anderen Stellen immer wieder Stücke davon abreißt, z.B. im Bereich von Saintes-Maries-de-la-Mer, wo das Meer seit Jahrhunderten im Vormarsch ist, zuletzt 1984 mit einer Sturmflut.

Hinter der durch ein niederes Dünenband markierten Meeresküste erstreckt sich eine Folge von schilfbestandenen Sümpfen, und flachen, salzigen Teichen (Etangs) über Dutzende von Kilometern und mit einer urwüchsigen Tier- und Pflanzenwelt.

Dies war jedoch nicht immer so, und die Carmargue war früher zum großen Teil bewaldet und seit der Zeit der Phönizier besiedelt. Doch die Römer, die ständig Holz für ihre Kriegs- und Handelsschiffe brauchten, holzten, nach dem Kahlschlag ihrer eigenen Heimat Italien, nun auch die relativ verkehrsgünstig am Mittelmeer gelegene Camargue ab. Auch später muß die Camargue noch landwirtschaftlich genutzt worden sein, denn es gab hier im Mittelalter 3 Klostersiedlungen.

Doch die heute anzutreffende Camargue hat viele Gesichter, denn seit den Vierzigerjahren unseres Jahrhunderts wird den salzigen Naßgebieten, von Norden ausgehend, mit Drainagen, Entwässerungen und Entsalzungen (durch Bewässerung mit Rhonewasser) verstärkt zu Leibe gerückt. In diesen trockengelegten Gebieten wurden mit Erfolg Weinreben angepflanzt, während in sonstigen „eingesüßten“ Naßgebieten in großem Maßstab (250 qkm) Reis angebaut wird, in einer Menge, die den Verbrauch der Bevölkerung Frankreichs deckt. Nach Süden zu geht die Landschaft in verschiedenen Abstufungen in mehr oder weniger nasse endlose Weiden über. Hier grasen die „Manades“ (Herden) kleiner schwarzer Rinder, die fast wild leben und nur durch die Gardians, die „Cowboys der Camargue“, überwacht werden und z.Tl. den Nachschub für Stierkampfarenen bilden. Dazu Herden von hellfarbigen kleinen Pferden, die möglicherweise die Nachkommenschaft von sr.Zt. zurückgelassenen Sarazenenpferden bilden. Mit der Zunahme des Fremdenverkehrs werden sie mehr und mehr auch in Reitbahnen (Fermes d'Equitation) bereitgehalten.

Die Schafherden der Camargue ziehen zu Beginn des Sommers auf die Bergweiden der Voralpen, früher in mehrwöchigen Wanderungen, heute per Lastwagen in einem halben Tag.

Rechtzeitig hat man im Bereich des zentral gelegenen 60 qkm großen Etang de Vaccarès und südlich davon bis zum Meer hin den ca. 135 qkm großen Naturschutzpark **Réserve zoologique et botanique de la Camargue** geschaffen, wodurch Veränderungen dieser auch von der UNESCO anerkannten Naturlandschaft verhindert werden sollen, und der eine Heimstatt ungestörten Pflanzen- und Tierlebens, vor allem der Vogelwelt, darstellt. Für einige Tierarten aus dem Norden Europas, wie etwa die Wildenten, ist die Camargue das Winterquartier, während u.a. die Grau-, Seiden- und Purpurreiher, der schwarzweiße Stelzenläufer mit den langen roten Beinen oder die Flamingos ständig anzutreffen sind. Besonders die letzteren sieht man oft in großen Trupps hochbeinig im seichten Wasser dahinstelzen, um mit den krummen Schnäbeln den morastigen Grund auf der Suche nach Muscheln usw. zu durchpflügen.

Das Betreten des Naturschutzgebietes (→ Skizze) ist im Interesse der Sache untersagt, es sei denn, man hat als Wissenschaftler oder als wissenschaftliche Gruppe eine (nicht leicht zu bekommende) besondere Genehmigung des Comité (→ unten). Als Tourist hat man wohl den besten Einblick in diese Naturlandschaft von der Piste aus, die unmittelbar am westlichen Rande des Naturschutzgebietes zwischen Mas de Cacharel (bei Stes-Maries-de-la-Mer) und der Domäne de Méjanes verläuft (→ „Rundfahrt“). Zugang hierzu sowohl von Süden, wie von Norden. Informativ sind

---

CAMARGUE.
Die Seen und Sumpfgebiete, überwiegend unter Naturschutz, sind Standort zahlreicher Vogelarten, darunter der Flamingos, die in großen Trupps hochbeinig durch das niedere Wasser stelzen und mit ihren fast rechtwinklig einwärts gebogenen Schnäbeln den Grund durchpflügen und so nach Weichtieren fahnden.

auch die von der Domäne Méjanes organisierten und von einem Guardian begleiteten Reitausflüge, oder für Nichtreiter die Fahrt mit dem dortigen Kleinbähnchen. Auch die nachstehend erwähnte Piste, die am Ostrand des Naturschutzgebietes von der D 36c zum Golfe de Beauduc führt, ist informativ.

Auskünfte und Erlaubniserteilungen: Comité de Soutien du Parc Naturel Régional de Camargue, Mas du Pont de Rousty, 13200 Arles.

Sonstige Auskünfte: Centre d'information de Ginès, Pont de Gau, 13460 Les Saintes-Maries-de-la-Mer.

Réserve national de Camargue, 1, Rue Stendhal, 13200 Arles.

Syndicat d'Initiative und Office de Tourisme, Palais de l'Archevêché, 35, Place de la Rêpublique, 13200 Arles.

Syndicat d'Initiative, Avenue de van Gogh, 13460 Les-Saintes-Maries-de-la-Mer.

Bureau du Tourisme, Mairie Annexe, 13200 Salin de Giraud.

Rundfahrt:

Ein Besuch in der Camargue geht in der Regel von **Arles*** aus (von dort auch Busrundfahrten), zu dessen Markungsbereich übrigens die östliche Hälfte der Camargue bis zum Meer gehört.

Auf der N570 in Richtung Saintes-Maries-de-la-Mer erreicht man nach 8 km den über den gleichnamigen Kanal führenden Pont de Rousty mit dem **Mas du Pont de Rousty,** wo außer der Naturschutzverwaltung auch das Musée Camarguais im Auf- und Ausbau begriffen ist. Bei **Albaron,** einem zu Arles gehörenden Weiler mit Fluchtturm aus dem 13./16. Jahrhundert, erreicht man die sich hinter Dämmen versteckende Petit Rhône. Die N570 führt weiter an diesem Flußarm entlang(außer Sicht desselben). Bei dem Weiler Pioch-Badet (Arena) gabeln sich zwei Straßen, die beide, den Etang de Ginès umgehend, nach Stes-Maries-de-la-Mer* führen. Die westliche (N570) passiert den 4 km vor der Küste liegenden Pont de Gau, wo sich das Informationszentrum Guinès und der kommunale **Zoo** befinden (→ Stes-Maries-de-la-Mer*), während die östliche Verbindungsstraße (D 85) das Pferde- und Rinderzentrum **Mas Cacharel** berührt, auf dessen ausgedehntem Gelände (Arena, 1000 Parkplätze) es immer wieder Reiterspiele gibt, die von Saintes-Maries aus gerne besucht werden. Hier natürlich auch Leihpferde in jeder Menge.

Beim Mas Cacharel sei ein naturkundlicher Absteher auf der nordostwärts nach Méjanes führenden Piste empfohlen, zumindest auf ca. 2 km Länge (bis zu der kleinen Brücke, wo eine Wendemöglichkeit besteht). Man wird hier mit einiger Sicherheit Flamingos usw. beobachten können.

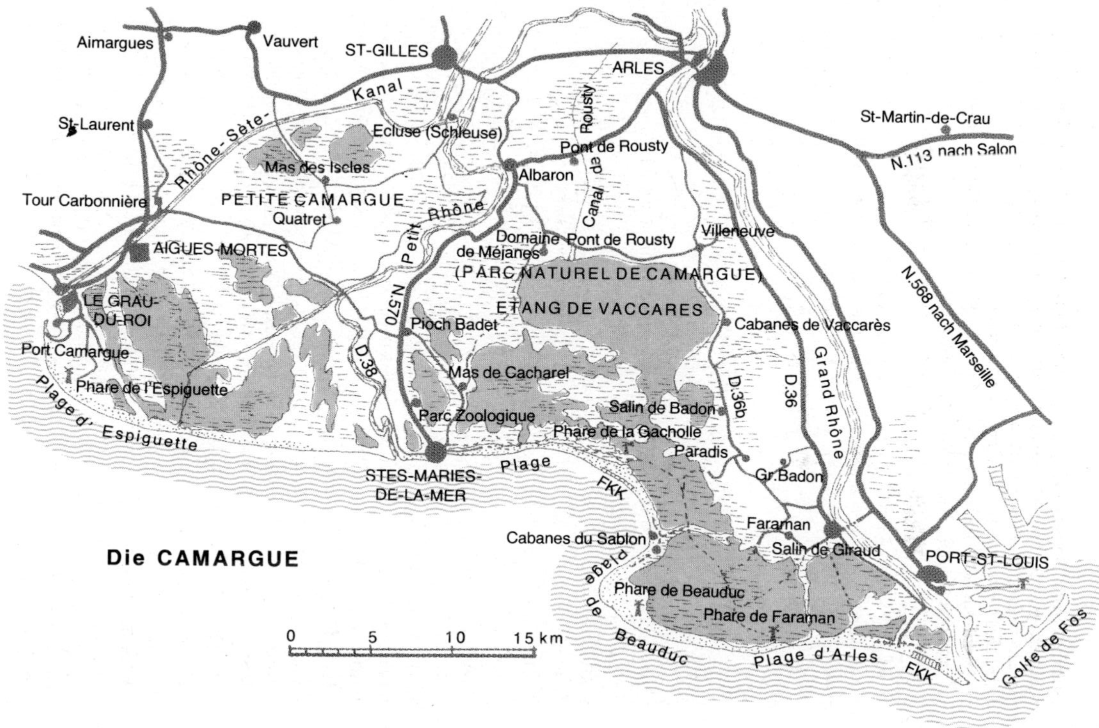

Die CAMARGUE

Variation: Von **Albaron** aus erreicht man auf der D 37 (Richtung Villeneuve) nach 6 km das 6 qkm große Ferienzentrum **Domaine Méjanes,** Besitztum und Liebhaberei des Weinbrandkönigs Paul Richard, mit Mietpferden, Stierkampfarena (4000 Sitzplätze), Hotel-Restaurant mit Spezialitäten und 30 Gastbetten, Kleinbahn zum Etang du Vaccarès usw.

Bei einem weiteren (nun an der D 37 gelegenen) Pont de Rousty kündigt ein Hinweis einen „Point de vue" (Aussichtspunkt auf den Etang) an. Um diesen zu erreichen, muß man jedoch noch eine ca. 1½ km lange Piste entlang des Kanals de Rousty bewältigen. Beim Mas de Cabassole führt die Straße dicht am Etang du Vaccarès vorbei.

In dem Straßenknotenpunkt **Villeneuve** (wenige einsame Häuser mit einem alten Turm und einer ländlichen Kapelle) kann man die senkrecht nach Süden abzweigende D 36c (Richtung Salin de Giraud) wählen, die über längere Strecken am Ostrand des Naturschutzgebietes bzw. der Etangs entlangführt, wo sich z.Tl. die im Schilfrohr versteckten einfachen Hütten der Fischer befinden. Dann erreicht man bei **Salin de Badon** (wissenschaftliche Abteilung des Naturparkkommitees) den Etang de Fournelet (der außerhalb des Naturschutzgebiets liegt),und 3 km darauf nach einem Straßenknick, den Straßenknotenpunkt **Pont des Ecluses.**

Hier kann man westwärts einen Abstecher (Entdeckungsfahrt) auf einem Sträßchen machen, das bald in eine (nur in trockener Jahreszeit zu befahrende)Piste übergeht, die zwischen dem Etang de Fangassier (links) und dem Etang de Galabert hindurchführt. 9 km nach der erwähnenden Straßengabelung muß man bei der Hochspannungsleitung senkrecht rechts abbiegen (der Hochspannungsleitung entlang) und erreicht mit dieser nach kurzer Zeit die Meeresbucht **Golfe de Beauduc** mit der Pumpstation, die die Salzseen mit Meerwasser versorgt. Daneben die aus Fischerhütten und Wohnwagen von Nomaden (insbes. Zigeunern) bestehende Einfachstsiedlung **Cabanes du Sablon** (frische Fische!). Beiderseits unserer hier einmündenden Piste erstreckt sich ein unendlich langer und sehr breiter **Sandstand,** der von den Touristenfahrzeugen festgewalzt und daher gut zu befahren ist. In trockenen Zeiten kann man

---

Große Herden hellfarbiger Sarazenenpferdchen sind eines der Charakteristiken der CAMARGUE.

das ca. 15 km lange Strandstück bis Stes-Maries unbedenklich mit dem Wagen befahren, die Zufahrt ist allerdings zeitweise blockert. Besonders an den Wochenenden herrscht ausgiebiges Strandleben, und auch das unreglementierte Campen ist im Schwange. Ein ca. 1½ km langer Strandteil (vor dem Leuchtturm de la Gacholle) ist für Nudisten bestimmt.

Setzt man die Fahrt bei der Straßengabelung Pont des Ecluses auf der D 36c fort, so erreicht man die Ortschaft **Salin de Giraud,** eine Teilgemeinde von Arles mit ca. 3000 Einwohnern, die ihre Existenz der verstärkten industriellen Salzgewinnung seit dem Ende des letzten Jahrhunderts verdankt (Salins du Midi) und erst seit dieser Zeit besteht. Eine kurze Stichstraße führt zur nahegelegenen Grand Rhône, wo die Fähre Bac de Bacarin die Überquerung des Stromes in Richtung Port Saint-Louis ermöglicht (an Wochenenden lange Wartezeiten!).

14 km südlich von Salin erreicht man, vorbei an hohen Salzhügeln, mit der **Plage d'Arles** (oder Plage de Piémençon) das offene Meer. Hier befindet sich der „Hausstrand" der Arlesier, weil er von dort aus der nächstgelegene ist. Er ist gleichfalls unendlich lang und gut 200 m breit; hier stehen übers Wochenende Tausende von Fahrzeugen, ohne sich zu bedrängen, und auch ein offiziell zugelassener unreglementierter Campingbetrieb findet statt - die Stadt Arles sorgt für Müllabfuhr und Unfallschutz. Auch hier ist ein Teil des Strandes (östlich der Einmündung der Zufahrt) für das Nacktbaden zugelassen.

Die schnelle Rückfahrt nach Arles kann auf der rhonenahen D 36 erfolgen, die jedoch keine Sehenswürdigkeiten bietet und als „eintönig" bezeichnet werden kann.

D.
STÄDTE UND SEHENSWÜRDIGKEITEN
(in alphabetischer Reihenfolge)

Abkürzungen:

P.= Parkplatz, S.I. = Touristenauskunft

AIGUES-MORTES

(6000 Einw.) ist ein Städtchen mit noch vollständig erhaltener Ummauerung, gelegen am Westrand der Camargue** inmitten einer melancholischen Landschaft von Lagunen und Sümpfen (heute großenteils mit Weinreben bepflanzt), worauf schon der Name (= „tote Wasser") hinweist.

Die Stadt wurde von König Ludwig IX. (dem Heiligen) im 13. Jahrhundert als Einschiffungsplatz für seinen Kreuzzug ins Heilige Land gegründet, da das Königreich Frankreich zu dieser Zeit keinen eigenen Mittelmeerhafen besaß. Mit dem nahen Meer war der Platz durch einen kurzen engen Kanal, den „Grau Louis", verbunden.

Um für den wenig einladenden Ort Einwohner zu gewinnen, stattete er ihn mit erheblichen Sonderrechten aus. Die als fast rechteckiges Parallelogramm angelegte Stadt erhielt zu ihrer Verteidigung die Tour Constance, die Stadtmauer wurde begonnen und unter König Philipp dem Kühnen, dem Sohn Ludwigs, vollendet.

Im Jahr 1248 legten hier unter König Ludwig 38 in Genua gecharterte Schiffe zum 6. Kreuzzug ab, 22 Jahre später nochmals zum 7. Kreuzzug nach Tunis, bei welchem der König der Pest erlag.

Die Prosperität der Stadt dauerte bis ins 14. Jahrhundert; damals hatte sie 15 000 Einwohner. Doch das Meer trat durch Anschwemmungen der Rhone weiter zurück, der Verbindungskanal versandete und verlandete, und die Stadt wurde als Hochburg der Protestanten in die Religionskriege verwickelt. Dazu kam noch die Konkurrenz des im 18. Jahrhundert gegründeten Hafens Sète. Doch der Ruin der Stadt wurde durch umfassende Trockenlegung der Sümpfe ihrer Umgebung und deren Bepflanzung mit Weinreben, sowie durch die Meersalzgewinnung verhindert; auch durch den Fremdenverkehr des 20. Jahrhunderts.

Die noch vollständig erhaltenen **Stadtmauern** haben eine Länge von ca. 1500 m. Sie sind durchschnittlich 7 m hoch und mit 20 Türmen und 10 Toren besetzt. Mauerrundgang ist möglich.

An der nordwestlichen Ecke der freistehende massige Turm **Tour de Constance** (22 m Durchmesser und 6 m Mauerstärke). Zu Zeiten von König Ludwig, als es noch keine Stadtmauer gab, war er dazu bestimmt, den einzigen Zugang zur Stadt zu sichern, da diese im übrigen von unzugänglichen Sümpfen umgeben war. Außerdem diente er, als das Meer noch nahe war, als Leucht- und Signalturm, später als Staatsgefängnis für politisch Unbequeme, und nach Aufhebung des Edikts von Nantes für hartnäckige Protestanten. Von der Höhe des Turmes Aussicht auf die rechtwinklig angelegte Stadt und die Umgebung bis zum Meer.

Die abgeschrägte Ecke bei der Tour de Constance wurde im 16. Jahrhundert zu dem „Château“ (Chatelet) ausgebaut bzw. verstärkt, welches mit kleinen Kanonen bestückt werden konnte.

Innerhalb der Stadtmauern ist von der mittelalterlichen Stadt nichts mehr vorhanden; auch die aus der Gründungszeit stammende Kirche Notre-Dame-des-Sablons ist „nicht wiederzuerkennen“, zudem sie in den Religionskriegen von den Bilderstürmern verwüstet worden war, insbesondere wurden die Statuen herabgeschlagen.

Auskunft: (300 Gastbetten): S.I., Place Saint-Louis (Stadtmitte). Postleitzahl F30220.

Veranstaltungen und Sport: Son et Lumière zu Ende August. Ruhiger Anlegehafen, viel als Winterstandort benützt. Stierkampf.

Umgebung:

1. 1,5 km vor der Stadt in Richtung St-Laurent (Straße N 579) steht die **Tour Carbonnière,** die sr.Zt. ein Vorwerk darstellte, da wegen der umgebenden Sümpfe nur durch den Turm hindurch der Zugang zur Stadt möglich war.

2. 6 km meerwärts liegt **Le Grau du Roi** (6000 Einwohner, 500 Gastbetten), früher Handelshafen, heute Fischerhafen (Port Camargue), Werft und Seebad der Einwohner von Nîmes. Interessanter ungezwungener Straßen- und Hafenbetrieb, gute Einkaufsmöglichkeiten, Stierkampfarena . - Vgl. Goldstadtreiseführer Bd. 2071 CÔTE LANGUEDOC-ROUSSILLON, S. 137/139.

Wenig südlich, in Richtung der Strände von l'Espiguette, liegt der neugeschaffene Ferienplatz **Port Camargue,** der mit seinen niedrigen Appartementgebäuden rund um einen über 1500 Liegeplätze umfassenden Jachthafen gruppiert ist (Segelschule, Tauchen, Reiten).

Westlich davon, in Richtung **La Grande-Motte,** ist die Entwicklung des Badewesens und Wassersports verstärkt im Gange.

Bei der Rückkehr auf der D 979 sehr schöner Blick auf die südwestliche Mauerkulisse von Aigues-Mortes.

AIGUES-MORTES in der Camargue.
Man glaubt sich ins Mittelalter zurückversetzt,
wenn man diese rundum von einer Mauer umgebene Stadt erblickt.

AIX-en Provence

(120 000 Einwohner) liegt im südlichen Drittel des Landes, in einer Ebene nördlich des Arc-Flusses. Sous-Préfecture, Erzbistum, Akademie (Jura und Literatur), Appellationsgerichtshof, Kunststadt, Thermalbad und Kurort.

Der heutige Charakter einer vornehmen Residenzstadt hat sich im 17. und 18. Jahrhundert herausgebildet. Die einstige Hauptstadt der Provence ist zum kulturellen Zentrum Südostfrankreichs geworden. Bekannt sind die mandelnverarbeitenden Betriebe in der Stadt, die insbesondere die „Calissons" herstellen.

Geschichte: Ein Jahr nach der Zerstörung des 3 km nördlich gelegenen gallischen Oppidum „Entremont" (123 v. Chr., → unten) durch den römischen Konsul Sextius Calvinus, wurde die Stadt Aquae Sextiae Saluviorum (hier war der Volksstamm der Saluvier ansässig) planmäßig angelegt, wobei die Thermalquelle für die Platzwahl entscheidend gewesen sein dürfte. Aquae entwickelte sich zu einem wichtigen Stützpunkt gegen die andringenden germanischen und gallischen Volksstämme. Von hier aus führte der Feldherr Gaius Marius seinen Kampf gegen die Cimbern und Teutonen, und er stattete die Stadt mit den zum römischen Lebensgefühl gehörenden Einrichtungen aus. Unter Augustus wurde sie „Kolonie" und Verwaltungszentrum mit dem neuen Namen „Colonia Julia Augusta Aquis Sextiis". Die wichtigsten römischen Bauten, wie auch das Kastell, standen auf dem höchsten Punkt der Stadt, also im Bereich der heutigen „bourg St-Sauveur". Die Überlandstraße Via Aurelia führte mitten durch sie hindurch.

Gegen Ende des 4. Jahrhunderts wurde Aix Sitz eines Erzbischofs und war im Mittelalter Hauptstadt der Provence, bis zur Revolution.

Als die Grafen der Provence (aus dem Hause Barcelona) Aix zu ihrer Residenz machten, entstand südlich des Römerkastells ein neuer Stadtteil mit der Grafenburg, der gleichfalls von Mauern umgeben war, und „Ville comtale" genannt wurde. Der „bon Roi René" (1434–80, Graf der Provence, Titularkönig von Neapel und beider Sizilien, und von Jerusalem) bemühte sich mit Erfolg um die wirtschaftliche Entwicklung des Landes, und nicht zuletzt um die Verschönerung von Aix, das ein Zentrum der die Renaissance kennzeichnenden verfeinerten Lebensart der europäischen Fürstenhöfe wurde.

Rückschläge erlitt die Stadt durch die Besetzung durch Kaiser Karl V. (1536) und während der Religionskriege (1593). 1720 suchte die Pest auch Aix heim, obwohl das Parlament in Aix bei Todesstrafe jeglichen Verkehr mit der infizierten Hafenstadt Marseille verboten hatte.

Dieses in der Grafenburg tagende Ständeparlament, dessen Mitglieder vor allem Adlige und städtische Patrizier waren, hatte weitgehende Befugnisse und Sonderrechte, die in einem gesteigerten Selbstbewußtsein der besitzenden Bürgerschaft und in einer großartigen Neugestaltung und Erweiterung der Stadt im 17. und 18. Jahrhundert zum Ausdruck kamen. Diese Entwicklung wurde durch die Große Revolution (1781) unterbrochen, und die politische und wirtschaftliche Vorrangstellung

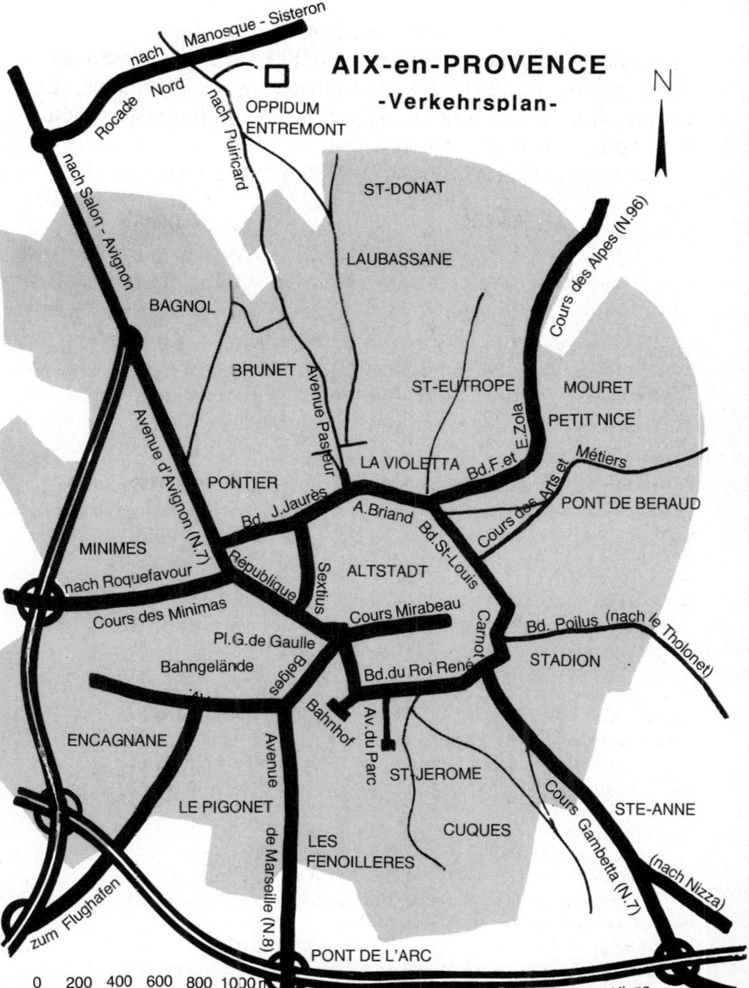

AIX-en-PROVENCE
-Verkehrsplan-
N
nach Manosque - Sisteron
Rocade Nord
nach Puiricard
OPPIDUM ENTREMONT
nach Salon - Avignon
ST-DONAT
LAUBASSANE
BAGNOL
Cours des Alpes (N.96)
BRUNET
Avenue Pasteur
ST-EUTROPE
MOURET
PETIT NICE
Avenue d'Avignon (N.7)
PONTIER
LA VIOLETTA
Bd.F.et E.Zola
Métiers
Cours des Arts et
PONT DE BERAUD
Bd. J.Jaurès
A.Briand
Bd.St-Louis
MINIMES
République
Sextius
ALTSTADT
nach Roquefavour
Cours des Minimas
Cours Mirabeau
Carnot
Bd. Poilus (nach le Tholonet)
Pl.G.de Gaulle
STADION
Bahngelände
Belges
Bd.du Roi René
Bahnhof
Av.du Parc
ENCAGNANE
Avenue de Marseille (N.8)
ST-JEROME
Cours Gambetta (N.7)
STE-ANNE
LE PIGONET
CUQUES
LES FENOILLERES
(nach Nizza)
zum Flughafen
PONT DE L'ARC
0 200 400 600 800 1000 m
Autoroute la Provençale nach Nizza

der Stadt ging an das benachbarte aufstrebende Marseille über. In neuerer Zeit haben der Tourismus und die Opernfestspiele den Namen Aix-en-Provence wieder in aller Munde gebracht.

Aix ist die Heimatstadt des impressionistischen Malers Paul Cézanne (1839-1906). Aus einer wohlhabenden Familie stammend, galt er zu Lebzeiten in seiner Vaterstadt als unbegabter Sonderling, weshalb sich auch in den städtischen Sammlungen von Aix nicht ein einziges namhaftes Ölgemälde von ihm befindet.

Partnerstädte sind die Universitätsstadt Tübingen und das Waldenserdorf Perouse, beide in Württemberg.

Sehenswürdigkeiten:

Das augenfälligste Gepräge geben der Stadt die über 70 **Hôtels** (Stadtpaläste), die im 17. und 18. Jahrhundert in einer Periode wirtschaftlicher und gesellschaftlicher Blüte erbaut wurden, und regelmäßig ihre Schauseite mit den mit Hermenpilastern geschmückten Portalen und atlantentragenden schmiedeeisernen Balkonen der Straße zukehren. Die Bauherren waren großenteils die Mitglieder des Parlaments (Standesherren), die offensichtlich auf Repräsentanz bedacht waren, sowie kirchliche Würdenträger, Adlige und wohlhabende Bürger, sowie Grundherren aus der Umgebung, die hier als Winterstandort ihre „Zweitwohnung" hatten.

Als in der Mitte des 17. Jahrhunderts südlich an die Ville comtale angrenzend das Stadtviertel Mazarin entstand, und dadurch der nun dazwischenliegende Teil der Stadtmauer überflüssig geworden war und abgetragen wurde, entstand an deren Stelle die 440 m lange und über 40 m breite Promenadenallee **Cours Mirabeau,** was die gerade aktuelle Baulust potenter Palastanwärter besonders anzog, so daß gerade hier eine dicht gedrängte Zahl schöner Paläste entstand, während die Einrichtung profaner Geschäftshäuser hier verboten war. Von den vielen seien folgende erwähnt:

An der Südseite:

Nr. 2: **Hôtel de Villars** (1710) mit von vier Säulen flankiertem Portal. Den Namen hat es von dem ehemaligen Besitzer Duc de Villars, Gouverneur der Provence.

Nr.10 **Hôtel d'Isoard de Vauvenargues** (1710), benannt nach dem späteren Besitzer Kardinal d'Isoard. Vor dessen Zeit hatte sich hier eine Tragödie abgespielt, die seinerzeit das ganze Land erregte: Der Vorbesitzer Marquis d'Entrecasteaux, Präsident des Parlaments, hatte hier auf Betreiben seiner Maitresse seine Ehefrau ermordet.

AIX-en-PROVENCE
Stadtzentrum
N
Avenue d'Avignon (N.7)
(zur Autobahn Nord)
Boulevard de la République
Rue de la Molle
Bd.Jean Jaurès
Avenue Pasteur
Bd.Aristide Briand
Place Bellegarde
Bd.François et Emile Zola
Avnue de Sainte-Victoire
Pierre Curie
Matheron
Granet
Rue Mignet
Boulevard Saint-Louis
Cours des Arts et Métiers
SAINT-SAUVEUR
Pl.d.Cardeurs
QUARTIER DU PALAIS
Place des Prêcheurs
Place de Verdun
Cours Sextius
Tanneurs
Bédarride
Pl.d.Albertas
Pl.d.Augustins
Rue Espariat
David
Boulevard
Carnot
Rue de l'Opera
Boulevard
Bd
Poilus
d
COURS MIRABEAU
Place Général de Gaulle
Rue Mazarine
F. Mistral
Rue M Joffre
Carnot
Pl.d.Dauphins
QUARTIER MAZARIN
Lycée Mignet
Boulevard
du Roi
René
Cours Gambetta
(N.7 - nach Nizza)
Av Victor Hugo
Av
des Belges
Avenue Marseille
CITÉ UNIVERSITAIRE
P
1 2 3 4 5 6 7 8 9 10 11 12 13 14 15 17 18 19 20 21
Erläuterung:
1 Office du Tourisme,
2 Kathedrale, 3 Musée des Tapisseries,
4 Musée du Vieil Aix, 5 Rathaus,
6 Chapelle des Penitents, 7 Eglise St-Jean-Baptiste,
8 Thermes Sextius, 9 Pavillon Vendôme,
10 Eglise St-Esprit, 11 Muséum d'Histoire Naturelle,
12 Palais de Justice, 13 Eglise de la Madeleine, 14 Oper,
15 Chapelle des Oblats, 16 Eglise St-Jean de Malte,
17 Musée Granet, 18 Musée Arbaud,
19 Postamt, 20 Bahnhof, 21 Markthalle.

Nr.14: **Hôtel de Raousset-Boulbon** (1660) mit Portal im Régence-Stil.

Nr.20: **Hôtel de Forbin** (1656) mit antiken Formelementen. Dieser Palast war bis ins 19. Jahrhundert ein beliebtes Gästehaus für fürstliche Häupter.

Nr.38: **Hôtel de Maurel de Pontevès** wurde 1647/50 erbaut, also schon vor der Trassierung des Cours, und hat deshalb einen besonders großen Garten. Dies ist einer der schönsten Paläste, mit einem imposanten Portal, flankiert von zwei Atlanten. Erbauer ist der reichgewordene Handelsmann Maurel, der die Comtesse de Pontevès geheiratet hatte, und später selbst geadelt wurde.

Die Hôtels der Nordseite sind durchschnittlich weniger aufwendig gestaltet, und z.Tl. später zu Geschäftshäusern umgebaut, nachdem dies nach der Revolution erlaubt worden war.

Am Westende des Cours liegt der weitläufige **Place de général de Gaulle** mit dem Monumentalbrunnen Fontaine de la Rotonde (1860) in seiner Mitte. Anliegend das städtische Touristenbüro. Am östlichen Ende des Cours die Brunnenstatue des „bon Roi René", dargestellt mit einer Muskatellertraube in der Hand, deren Anbau er nach der Überlieferung hier eingeführt hat. Dahinter querstehend das **Hôtel du Poète** (1730), der dreigeschoßige Bau eines reichgewordenen Notars, der gleichfalls zur Aristokratie aufstieg.

Einer der Brunnen in der Mitte des Cours (bei der Einmündung der Rue Clemenceau) spendet Mineralwasser.

Der platanenbestandene Cours ist heutzutage die „Achse" der Stadt und beliebte Flanierstraße der „Aixois", besetzt mit Cafés Konditoreien, Restaurants, Buchhandlungen mit seltenen Büchern usw.

Die Altstadt

besteht aus dem „Bourg St-Sauveur", Keimzelle der Stadt, und der südlich anschließenden „Ville comtale" (Grafenstadt), die ihrerseits vom Cours Mirabeau begrenzt ist, auf den übrigen Seiten von den breiten Boulevards, die in etwa den Verlauf der mittelalterlichen Stadtmauer kennzeichnen. Diese Boulevards bilden die „Umgehungsstraße der Altstadt"; letztere zu befahren ist den Touristen nicht zu empfehlen.

Der Bourg St-Sauveur, höchster Punkt der Stadt, wird dominiert von der gotischen **Kathedrale St-Sauveur.** Entsprechend ihrer langen Bauzeit sind in ihr alle Baustile seit dem 5. Jahrhundert bis ins 16. Jahrhundert hinein vertreten. das südliche Seitenschiff stellt die im 12. Jahrhundert erbaute Pfarrkirche Corpus Domini dar, die beim Bau der Kathedrale (zusammen mit dem anhängenden Baptisterium - → unten) in diese integriert wurde. Letztere wurde 1285 begonnen und 1534 eingeweiht. Die spätgotische Westfront enstand erst in den ersten Jahren des 16. Jahrhunderts. Hier die schöne Flamboyant-Fassade, deren bei der Revolution zerstörte Skulpturen im 19. Jahrhundert erneuert wurden. Lediglich die Madonnenfigur am Mittelpfeiler und der hl. Michael mit dem Drachen blieben erhalten, ebenso die geschnitzten **Türflügel** (1508/10) mit ihren realistischen Figurenschmuck und einer Dekoration, die in einer Mischung aus Spätgotik (oben) und Renaissance (unten) gehalten ist.

Der Turm an der Nordseite, für den mächtige römische Quader verwendet wurden, war erst 1425 fertiggestellt; der wie eine Krone wirkende oktogonale Aufbau kam noch später hinzu. Später wurde der Turm mit dem ausladenden nördlichen Querschiffarm durch Kapellenanbauten verbunden, die 1697 zu einem durchgehenden Schiff zusammengefaßt wurden, wobei gleichzeitig drei neue einzelstehende Kapellen an die Außenwand gehängt wurden.

Auch der **Innenraum** (74 m lang und 19 m hoch) ist entsprechend differenziert gestaltet und sehr reich ausgestattet. Gleich beim Eingang rechts (zweites Joch) der Durchgang zu dem frühchristlichen **Baptisterium** (5. Jahrh.), eine oktogonale Taufkapelle, deren im 16. Jahrhundert erneuerte Renaissance-Kuppel u.a. von acht römischen Granit-bzw. Marmorsäulen getragen ist. In der Mitte das 1,60 m breite Taufbecken (ehemals mit Marmorplatten ausgekleidet), wo sr. Zt. die Taufe durch Untertauchen zelebriert wurde.

An der Südwand des Langhauses der große gotische Flügelaltar **Triptyque du Buisson ardent** (= brennender Dornbusch- 1476), ein Hauptwerk der provencalischen primitiven Malerei.

Im Mittelstück der brennende Dornbusch des Moses, zugleich als Sinnbild der Reinheit Mariens. Auf den Seitenflügeln König René (Stifter des Altars) und seine zweite Frau Jeanne, mit Fürbittern.

Hinter dem Chor die Chapelle St-Mitre (Stadtpatron) mit dem Altar mit Legende des Heiligen, sowie dessen Sarkophag (5. Jahrhundert) und Reliquie. Im Schiff und Chor eine Folge von 17 flämischen **Bildteppichen** mit Marienleben und der Passion. Sie wurden 1511 in Brüssel für die Kathedrale in Canterburry angefertigt, aber nach der Protestantisierung in England hierherverkauft.

An der Südseite der Kathedrale der kleine romanische **Kreuzgang** (Zugang vom Kuppeljoch durch die Kapelle, sowie vom Kirchplatz aus), der etwa gleichzeitig mit dem anliegenden romanischen Kirchenteil entstand. Besonders interessant die Säulenkapitelle: z.Tl. korinthisch, z.Tl. mit figürlichen Darstellungen aus dem alten und neuen Testament.

Südlich an die Kathedrale angrenzend die Place des Martyrs de la Résistance mit anliegendem **Alten Bischofspalast** (1650). Sehr schönes Eingangstor (1730) im Régence-Stil, Doppeltreppe und Kunstgitter. Hier ist das **Musée des Tapisseries** (Teppiche) untergebracht, vor allem mit aus der Erzbischöflichen Sammlung stammenden Bildteppichen aus der seit dem 17. Jahrhundert bestehenden Teppichmanufaktur Beauvais (→ Goldstadtführer PARIS).

Es handelt sich hauptsächlich um 3 wertvolle Serien:

1. Grotesken, 6 Stück.
2. Geschichte des Don Quichotte, 9 Stücke nach Kartons des Rokokomalers und Akademiekdirektors Natoire (1700/77).
3. Jeux russiens (Russische Bauernszenen), 4 Stück nasch Kartons des Lothringer Malers Leprince (1734/81), der diese Eindrücke von einer 1757 unternommenen Studienreise nach Rußland mitgebracht hatte.

Gegenüber der Kathedrale die ehemaligen Universitätsgebäude, heute vom Juristischen Institut belegt.

In südlicher Richtung verläuft die Rue Gaston de Saporta, mit mehreren Stadtpalästen und Kunsthandlungen. Ihr anligend (Nr.17) das Hôtel d'Estienne de St-Jean (1664) mit schöner Fassade, die dem Barockbildhauer, Maler und Baumeister Pierre Puget aus Marseille (1620/94) zugeschrieben wird. Hier ist das

AIX-EN-PROVENCE. Der von hohen Platanen beschattete COURS MIRABEAU mit seinen breiten Gehwegen ist Flanierstraße und wichtigster Begegnungsort der Stadt.

LIBRAIRIE
ROVENCE

stadtgeschichtliche und volkskundliche **Musée du Vieil Aix** untergebracht, wo lokale Erinnerungsstücke verwahrt und gezeigt werden, u.a. auch originelle Sachen wie eine Weihnachtskrippe mit mechanisch beweglichen Figuranten, Darstellung der Fronleichnamsprozession u.a.

Am südlichen Ende dieser kurzen Straße das **Rathaus** (17. Jahrhundert, schöner Balkon). Hier befindet sich auch die umfangreiche **Bibliothek Méjanes,** deren Grundstock der Marquis dieses Namens (Konsul von Aix) im 18. Jahrhundert gelegt hat. Auf dem Rathausplatz die **Tour de l'Horloge** (16. Jahrh.), ehemaliger Wachtturm. In seinem Glockenkäfig eine fünfhundertjährige Glocke.

Noch weiter südlich kommt man durch die Rue Maréchal Foch zur **Rue Aude,** die mit ihren zahlreichen kleinen Kunst- und Antiquitätenläden zu einem Schaufensterbummel einlädt. Hier befindet sich auch (Nr. 13) einer der wenigen noch aus dem 16. Jahrhundert erhaltenen Stadtpaläste, das Hôtel Peyroneti (1562), mit interessantem Fries und Treppenhaus. Anschließend der in der Rue Espariat liegende **Place d'Albertas** mit den beiden Hôtels d'Albertas, erbaut 1725 von d'Albertas, dem ersten Präsidenten des Cour des comptes (Rechnungshof), der auch den genannten Platz auf eigene Kosten ausgestaltete.

Daneben, Nr. 6 der Rue Espariat, das Hôtel de Boyer d'Eguilles (1675), dessen Fassade gleichfalls Pierre Puget zugeschrieben wird. Es hat noch die ursprüngliche Ausstattung und dient jetzt als **Muséum d'Histoire naturelle** mit Sammlungen aus allen Gebieten der Naturwissenschaft. Hier fehlen nicht einmal die Eier von Dinosauriern (die am Fuß der Montagne Sainte-Victoire gefunden wurden).

Wenig östlich der Place d'Albertas erreicht man über die Place St-Honoré den Paradeplatz (Doppelplatz) Place de Verdun (Palais) - Place des Prêcheurs (= Prediger). Hier an der Südostecke der mittelalterlichen Ville comtale stand ehemals das burgartig ausgebaute Grafenschloß, das in den Jahrhunderten zu einem ausgedehnten Baukomplex angewachsen war, und wo auch die königlichen Verwaltungs- und Regierungsorgane, u.a. das Parlament, untergebracht waren. Den Ansprüchen des letzteren genügte der unübersichtlich gewordene Bau offensichtlich nicht mehr, denn es beschloß im Jahr 1775, das Schloß abzubrechen und an seiner Stelle ein neues Parlamentsgebäude zu erstellen.

Dieses **Palais de Justice** genannte Bauwerk entstand in den Jahren 1787 bis 1832 (von der Revolution unterbrochen) als Quadratblock in strengem neoklassizistischen Stil. Im Innern die über zwei Stockwerke reichende Salle des Pas-Perdus (Saal der verlorenen Schritte) in kühler Eleganz und großartiger Wirkung.

Schräg gegenüber die **Kirche de la Madeleine** (genauer: Sainte-Marie-Madeleine), ehemalige Kirche des Dominikanerklosters, das im Jahr 1274 außerhalb der damaligen Mauern der Ville comtale errichtet worden war. Die heute sich präsentierende Kirche entstand 1691/1703 als barocker Zentralkuppelbau, unter Benützung stehengebliebener Teile ihrer gotischen Vorgängerin. Die Fassade entstand erst 1855/60 in der damals praktizierten indifferenten Machart. Auch einige gotische Kapellen sind noch vorhanden.

In der Chapelle Notre-Dame de Grâces (linkes Seitenschiff) befindet sich das bedeutendste Kunstwerk der Kirche, der gotische Flügelaltar **Triptyque de l'Annonciation** (Verkündigung), ein provencalisches Werk eines unbekannten Meisters aus der Mitte des 15. Jahrhunderts, das niederländischen Einfluß verrät. bemerkenswert ist der mystische Gehalt, der in zahlreichen Mariensymbolen (Urna aurea, Rose ohne Dornen, Lilie als Zepter Mariens usw.) zum Ausdruck kommt.

Die beiden hier vorhandenen Seitenflügel sind Kopien; die Originale befinden sich in Holland und England.

In der selben Kapelle die bemalte **Sitzstatue Notre-Dame de Grâces** aus dem 13. Jahrhundert.

Westlich der Kathedrale, an der Kreuzung des Boulevard Jean Jaurès mit dem Cours Sextius, liegt das **Thermalbad.** Es wurde unweit der seinerzeitigen Thermen des Sextius an dieser Stelle im Jahr 1705 erbaut, 1865 und 1923 erneuert, → unten „Kurbetrieb". Von den römischen und mittelalterlichen Thermen ist nichts mehr vorhanden. Am nördlichen Rand des Thermen-Parks steht der **Tourreluco** (14. Jahrh.), nordwestlicher Eckturm der ehemaligen (erweiterten) Stadtumwallung, und einziger, der von 39 Türmen noch vorhanden ist. Noch weiter westlich, an der Rue de la Molle, (Eingang Rue Célony) der **Pavillon de Vendôme,** 1665 von dem Duc de Vendôme als Landhaus außerhalb der damaligen Stadtmauern erbaut. Sehr interessante aufwendige Schaufront mit Atlanten. Das Schlößchen ist im Originalstil eingerichtet. Hier finden zu Zeiten des Festival Gemäldeausstellungen statt.

Südlich entlang des Cours Sextius, etwa halbwegs, steht die (unvollendete) **Barockkirche St-Jean-Baptiste,** gehalten in der Form eines griechischen (gleichschenkligen) Kreuzes unter einer Zentralkuppel, die vier Arme durch Apsiden geschlossen. Gleichfalls barocker Innenraum mit Marmorkanzel und Hauptaltar aus dem Beginn des 18. Jahrhunderts.

Das Quartier Mazarin

erstreckt sich südlich entlang des Cours Mirabeau und wird an den übrigen Seiten durch die Avenue Victor Hugo, Boulevard du Roi René und Boulevard Carnot begrenzt.

Dieses Viertel wurde seit dem Jahr 1646 durch den Erzbischof Michel Mazarin (Bruder des bekannten Minister-Kardinals) angelegt und im Zuge der obengenannten heutigen Boulevards von einer ergänzenden weiteren Mauer umschlossen. Die gesamte Straßenanlage ist im Gegensatz zu der nördlichen Altstadt geradlinig und größtenteils rechtwinklig gestaltet.

Zentrum dieses Stadtteils ist die im Kreuzungspunkt der Rue Cardinale und der Rue du 4 Septembre liegende **Place-des-Quatre-Dauphins** (Delfine), benannt nach dem in Platzmitte stehenden Brunnen gleichen Namens.

An der genannten Rue du 4 Septembre stehen die schönsten Stadtpaläste: Nr. 11: Hôtel de Boisgelin (Mitte des 17. Jahrh.) und Nr.18: Hôtel de Valerie (Mitte des 18. Jahrh.), nun von der Banque de France besetzt. Beide bilden die Nordseite des Delfin-Platzes.

Außerdem: Nr. 9: Hôtel de Villeneuve-Ansouis, und Ecke Rue Mazarine das Hôtel d'Arbaud (1730), in dem das **Musée Paul Arbaud** untergebracht ist, das Sammlungen von auf die Provence bezüglichen Büchern und Gemälden enthält.

Die Rue Cardinale führt ostwärts zur Place St-Jean, der die Kirche St-Jean de Malte und das Musée Granet anliegen.

Die **Kirche Saint-Jean-de-Malte** stellt die Kapelle der ehemaligen Komturei des Johanniter-(später Malteser-)Ordens dar. Sie wurde 1272/78 erbaut und war Grablege der letzten Herrscher aus dem Haus Barcelona. Sie ist ein eindrucksvolles gotisches Bauwerk in Gestalt eines lateinischen Kreuzes, wegen der ehemaligen Lage außerhalb der Stadtmauern befestigt, u.a. mit 4 Wachttürmen. Neben der Fassade der 68 m hohe Glockenturm, erbaut 1376, restauriert 1963, mit krabbenbesetztem spitzem achtseitigem Helm. Der Innenraum ist 45 m lang, 9,50m breit und 16m hoch. Die Kapellen wurden z.Tl. in den Jahren 1682/93 (Barockzeit) errichtet, aber den vorhandenen gotischen Formen angeglichen. Von den bei der Revolution zerstörten Grabmälern wurden drei im Jahr 1828 nach vorhandenen Zeichnungen originalgetreu wiederhergestellt.

Neben der Kirche die ehemalige Malteser-Priorei, in der seit 1825 das **Musée Granet** (Musée des Beaux-Arts et Archéologie) untergebracht ist.

Der Name geht auf den einheimischen Maler Francois-Marius Granet (1775/1848) zurück, der mit Stiftungen zum Grundstock des Museums wesentlich beigetragen hat.

In der archäologischen Abteilung von besonderer Bedeutung: Combattant Perse,. eine Statue aus der Schule von Pergamo, um 200 v. Chr. Gallo-ligurische Skulpturen aus dem Oppidum Entremont (→ unten), die bei systematischen Grabungen mit vielen anderen Stücken 1943/46 ans Licht gebracht worden sind.

Die Abteilung Malerei beginnt bei den „Primitiven" des 14. Jahrhunderts und geht in die italienisch beeinflußte Renaissance über. Unter den zahlreichen flämischen und holländischen Malern des 17. Jahrhunderts findet sich auch ein Selbstportrait Rembrandts und eine „Alte Frau" von Frans Hals . Die Deutschen sind mit Adam Elsheimer (1578/1610), Lucas Cranach, Holbein und dem Stillebenmaler Abraham Mignon (1640/79) vertreten.

Außer einem großen Teil der französischen Malerelite sind insbesondere die provencalischen Maler fast vollzählig vertreten: J-A. Constantin (1756/1844), Francois-Marius-Granet (1775/1849), Gustave Ricard (1823/73), Emile Loubon (1809/63), Achille Emperaire (1829/98), Paul Cézanne (1839/1906).

Das ehemalige Atelier von Cézanne, heute **Musée Pavillon Cézanne,** liegt nördlich der Kathedrale an der Rue Pasteur, die **Fondation Vasarely** an der Avenue Marcel Pagnol.

Auskunft (ca. 2000 Gastbetten aller Kategorien): S.I., Place de Général de Gaulle Parknischen beiderseits des beim S.I. südwärts abwärts führenden Boulevard Victor Hugo.

Kurbad am Cours Sextius: Das Thermalbad stützt sich auf die kalziumkarbonathaltige Quelle, die mit 34° und einer Schüttung von fast 10 Sekundenlitern zutage tritt. Das Wasser wird in Trink- und Badekuren angewandt, vor allem bei Arthritis, Kreislaufstörungen, Venenerkrankungen, rheumatischen Erkrankungen und Frauenleiden.

Die von einem Erholungspark umgebene Anlage umfaßt Empfangshalle, Schwimmbad, Duschen, zahlreiche Ruheräume, Badekabinen usw.

Das Etablissement ist ganzjährig geöffnet.

Veranstaltungen und Unterhaltung: Karneval, „Fête-pèlerinage des Venturiers" zu dem auf der Montagne Ste-Victoire** in 945 m Höhe liegenden Monastère Sainte-Victoire zu Ende des Monats April (Venturiers oder Venturies nennt man die Umwohner dieses Bergzugs). Musikfestspiele in den letzten 3 Juliwochen, Casino, Theater, Centre Dramatique du Sud-Est, Gesellschaftsfahrten, Antiquitätenmesse Mitte Juli.

Sport: Freibad, Hallenbad, Golf, Tennis, Auto-Club, Aéro-Club, Hippodrom, Campingplätze.

Eisenbahn: Zwischenstation der Linie Grenoble-Marseille. Autoreisezugverbindung mit verschiedenen deutschen Städten (aus Richtung Schweiz käme Mulhouse in Betracht.)

Autobusverkehr: Zentraler Halteplatz für den Stadtverkehr ist die Place de Général de Gaulle. Fernbuslinien in den Hauptrichtungen Marseille, Avignon, Etang de Berre, Apt, Grenoble und Nizza.

Autobahnknotenpunkt (Autoroute du Soleil).

Umgebung

1.Das **Oppidum d'Entremont** liegt 3 km nördlich der Stadt, über die rue Pasteur und die D 14 zu erreichen. Kurz vor der kreuzenden Nationalstraße rechterhand ein Sträßchen (Wegweiser), das auf das Plateau d'Entremont führt. Schöne Aussicht auf das Durance-Tal und die Ebene von Aix. (Auch Busverbindung aus Richtung Aix).

Hier, auf einem Bergvorsprung, stand seit mindestens 200 v. Chr. die befestigte Hauptstadt des gallo-ligurischen Volksstammes der Saluvier (Salyer), zu deren Konföderation das Gebiet vom Oberlauf des Arc (z.B. Oppidum Pain de Munition) bis zur Rhone (Arles, Oppidum Glanon bzw. Glanum) und bis zum Etang de Berre (u.a. Oppidum Constantine) gehörte. Sie hatte die Form eines Dreiecks und war auf zwei Seiten durch steil abfallende Hänge geschützt, auf der dritten Seite (nach Norden) durch eine 400 m lange Mauer, die durch Türme verstärkt war. Eine Quermauer teilte das Oppidum in eine Unter- und eine (offensichlich vornehmere) Oberstadt; in letzterer auch die auf der Höhe angelegte Kultstätte.

Die Saluvier, die zunächst mit den an der Küste ansässig gewordenen Griechen Handel trieben, wurden endlich gegen diese aggressiv, weshalb die Griechen die Römer zu Hilfe riefen. Diese kamen und schlugen unter ihrem Feldherrn Caius Sextius Calvinus im Jahr 123 v. Chr. die Saluvier vernichtend und eroberten und zerstörten ihre Hauptstadt (heute Entremont genannt - ihr gallischer Name ist nicht bekannt).

Seit unseren Vierzigerjahren werden Ausgrabungen verstärkt vorangetrieben. Es konnten Hausgrundrisse und rechtwinklig angelegte Straßen freigelegt und zahlreiche Skulpturen, Keramiken und Münzen gefunden werden, die die Kenntnis über die Gallier erweitert haben. Bemerkenswert und noch nicht einwandfrei gedeutet sind die „Têtes coupées", d.h. Stelen und Pfeiler mit spezifischen Kopfskulpturen. Die Fundstücke sind großenteils im Musée Granet verwahrt.

2. In Fortsetzung der Route Ziff. 1 (entlang der D 14) erricht man, 4 km nach Entremont, das Dörfchen **Puyricard** mit kleiner romanischer Kirche (Hauptaltar in Genueser Marmor-Einlegearbeit, 17. Jahrh.). In der Nähe (1 km nordwestlich) die Ruine des 1657 von dem Kardinal-Erzbischof Grimaldi begonnenen umfangreichen **Château Puyricard,** das unbenutzt zerfiel, weil die Nachfahren des Kardinals das Bauwerk nicht unterhalten konnten.

3. Der **Aquädukt de Roquefavour,** ein Meisterwerk der modernen Brückenbaukunst, wurde 1842/47 von dem Ingenieur François de Montricher erbaut, im Zuge der Herstellung des 90 km langen „Canal de Marseille", der diese Millionenstadt mit Durance-Wasser versorgt. Diese Kanalbrücke hat den römischen Pont du Gard* zum Vorbild (auch dreistöckig), ist aber mit 375 m um etwa 100 m länger, und mit 83 m fast doppelt so hoch als die Römerbrücke, da hier das sehr tief eingeschnittene Tal des Arc überquert werden muß.

Der Aquädukt liegt 14 km westlich der Stadt; man erreicht ihn über den Cours des Minimes (Autoroute-Zubringer West) und die D 64, oder aber über die zum Flugplatz Les-Milles führende D 65.

Weitere 4km abwärts, unweit des Bahnhofs von Velaux, finden sich auf und an einem kleinen Felsklotz geringe Reste (dabei viel Ausgrabungsschutt) des gallo-ligurischen **Sanktuariums Roquepertuse,** das wegen der hier gemachten Funden an Skulpturen bedeutungsvoll ist, die im Musée Borély in Marseille einen ganzen Saal füllen.

4. 10 km nordwestlich von Aix liegt das Dorf **Eguilles** (3000 Einw.) am Abhang der langgestreckten gleichnamigen Chaîne (Bergkette). Hier führte ehemals die römische Via Aurelia entlang, die man im Zuge der D 17 auf eine längere Strecke verfolgen kann. Das Bürgermeisteramt ist in einem Schloß des 17. Jahrhunderts untergebracht. Reste eines römischen Aquädukts, der ehemals zur Wasserversorgung von Aix gehörte. Südlich des Dorfes die Reste des gallo-ligurischen **Oppidums Pierredon.**

5. Die **Montagne Sainte-Victoire**** im Osten der Stadt.

6. Le Montaiguet, ein bis etwa 300m hohes bewaldetes Hügelland im Südosten der Stadt, das Wochenend- und Ausflugsziel der „Aixois".

APT

(14 000 Einw.) ist ein im Coulon-Tal zwischen dem Plateau de Vaucluse und der Montagne du Lubéron gelegenes altes Städtchen, umgeben von einer hügeligen Landschaft mit Oliven- und Fruchtbäumen. Die Industrie verarbeitet die Früchte und die Ockerausbeute der Umgebung (→ Roussillon:*). Spezialitäten sind auch Honig, Trüffel und Lavendel-Essenzen. Standort für Ausflüge auf das Plateau de Vaucluse** und in die Montagne de Lubéron**.

Als gallisch-ligurische Siedlung wurde „Apta Julia" unter Julius Cäsar römische Kolonie und im 3. Jahrhundert Bischofssitz. Das Mittelalter brachte wiederholt Streitereien und Kämpfe zwischen den Bischöfen und den Grafen der Stadt.

Sehenswürdigkeiten:

Die Altstadt liegt innerhalb einer nach N ausgebuchteten Schleife des Coulon-Flusses, mit an diesem entlangführenden Quais. An den übrigen Seiten wird sie von Ufer zu Ufer durch ein System von Boulevards begrenzt, die den Verkehr von der engen Innenstadt ablenken. Von Westen kommend, erreicht man das Stadtzentrum bei der Place de la Bouquerie, die mit ihren Straßencafées (hier auch S.I.) einen Begegnungsort darstellt.

Wichtigstes Baudenkmal ist die romanische **Kirche (ehemalige Kathedrale) Sainte-Anne,** erbaut im 11./12. Jahrhundert. Das nördliche Seitenschiff wurde jedoch im 14. Jahrhundert im gotischen Stil angebaut, das romanische Portal wurde durch ein barockes ersetzt.

Im nördlichen Seitenschiff beim Eingang die aufwendige Barockkapelle **Chapelle Sainte-Anne (Chapelle Royale),** erstellt 1660 als Kuppelbau über einem quadratischen Grundriß mit abgeschrägten Ecken. Über dem Altar das große Reliquiar dieser Heiligen (Großmutter Christi).

Die kriegerischen Gallier konnten von den sieggewohnten Römern erst nach langwierigen und blutigen Kämpfen unterworfen werden. Hieran erinnert die Kampfszene auf nebenstehendem Relief vom MAUSOLÉE LES ANTIQUES (1. Jahrh. n.Chr.) bei Saint-Rémy am nördlichen Fuß der Alpilles.

Nach der Überlieferung wurde die Reliquie von einem Pilger aus dem Heiligen Land mitgebracht und 776 im Boden der Kirche wiederentdeckt. Der Annen-Kult erlebte seit dem 14. Jahrhundert eine größere Verbreitung.

In der Sakristei hinter der Annenkapelle ist der **Tresor** mit einem erlesenen Kirchenschatz untergebracht, darunter insbesondere ein Reliquienbehälter in Limoger Emaillearbeit des 13. Jahrhunderts, usw.

In der Kapelle daneben ein als Altar verwendeter frühchristlicher **Sarkophag** aus dem 4. Jahrhundert. Zivilisationsgeschichtlich interessant ist hier die bartlos dargestellte Christusfigur, entsprechend der damaligen römischen Antibartmode, die sich von der Bärtigkeit der „Barbaren" (= Bärtigen) abhob (→ Abschn. A 5). In der Apsis des südlichen Querschiffs ein weiterer sehr schöner byzantinischer **Sarkophag** (12. Jahrh.) aus weißem Marmor.

Unter der Kirche zwei **Krypten,** davon die kleinere in die merowingische Zeit zurückreichend.

Unweit nördlich dieser Kirche, an der Rue de l'Amphithéatre, befindet sich in einem schönen Stadtpalast des 18. Jahrhunderts das sehenswerte **Museum** mit archäologischen und volkskundlichen Objekten, z.B. eine schöne Pharmazeutik-Sammlung. Unter dem Fußboden des Museums sind Reste des ehemaligen römischen Amphitheaters aufgedeckt.

Auskunft (ca. 100 Gastbetten und Jugendherberge): S.I. Place de la Bouquerie. - PLZ. 84400.

Veranstaltungen: Musikfestival mit Reiterspielen an Pfingstsonntag und Pfingstmontag; Prozession zur Annenkapelle (→ oben) am letzten Sonntag im Juli.

Sport: Beheiztes Freibad und Hallenbad.

Umgebung:

1. 7 km westlich der Stadt spannt sich über den Coulon-Fluß die **Römerbrücke Pont Saint-Julien,** erbaut im 1. Jahrhundert n.Chr. und noch immer verkehrstüchtig. Zur Mitte ansteigend, wird sie von drei weitgespannten Bögen getragen, die auch Hochwasser gewachsen sind.

Die ehemals zu dieser Brücke gehörende römische Stadt „Ad Fines" ist restlos verschwunden.

2. Saint-Saturnin-d'Apt (1200 Einw., 20 Gastbetten) liegt 9 km nördlich in 420 m Höhe am Hang des Plateau de Vaucluse, überragt von der Ruine eines Château, von welchem die **romanische Kapelle** (geweiht 1056 laut Inschrift) noch erhalten ist. Im Chorhaupt der Dorfkirche eine gotische Kreuzigungsgruppe.

ARLES

(55 000 Einw.) die zeitweilige ehemalige Hauptstadt der Provence, heute Sous-Préfecture im Département Bouches-Du-Rhône. Der Kern der Stadt liegt auf dem östlichen Rhoneufer, ihr großer Vorort Trinquetaille gegenüber auf dem rechten. Ihr Markungsbereich ist mit 770 qkm der größte Frankreichs und umfaßt fast die ganze Plaine de la Crau und erhebliche Teile der Camargue*. Ihre römischen und mittelalterlichen Baudenkmale und ihre Museen haben sie zur hervorragenden Stadt der Kunst gemacht. Von dem zunehmenden Reisanbau in der Camargue profitiert die städtische Wirtschaft erheblich.

Geschichte: Die in Massilia (Marseille) sitzenden Griechen hatten seit dem 6. Jahrhundert in Arles einen Rhone-Stützpunkt, der an Bedeutung gewann, als der römische Konsul Marius (der Sieger über die Teutonen) neben dem versandeten Unterlauf der Rhone einen Seitenkanal zwischen Arles und dem Golfe de Fos graben ließ, was den Seeverkehr mit Arles erheblich erleichterte.

Der große Aufschwung begann, als die konkurrierende Stadt Marseille im Jahr 49 v. Chr. von Julius Cäsar im Kampf gegen Pompejus zerstört worden war. Auf dem gegenüberliegenden Rhoneufer wurde eine Veteranenkolonie errichtet, eine Schiffsbrücke verband die beiden Ufer und machte Arles zum Nadelöhr zwischen Italien und Spanien. Ihr voller römischer Name war „Colonia Iulia Paterna Arelate Sextanorum".

Unter Kaiser Augustus begann Prosperität und intellektueller Aufschwung, in deren Gefolge die großen öffentlichen Bauwerke entstanden. Rund um den Stadthügel wurde die Stadtmauer gebaut, und eine 75 km lange Wasserleitung versorgte die Stadt. Die öffentlichen Latrinen (um ein ganz profanes Beispiel zu nennen) waren in weißem Marmor gehalten und hatten Wasserspülung.

Im 4. Jahrhundert wurde Arles als Nachfolgerin des durch die Germanen bedrohten Lyon die Hauptstadt des römischen Gallien. Doch auch Arles fiel 480 in die Händer der Westgoten, dann nacheinander in die der Burgunder, Ostgoten und Franken, und unter dem Frankenkaiser Karl d. Großen war Arles die Hauptstadt des neugebildeten Königreiches Arelat (Arles). 848 kamen die Sarazenen die Rhone herauf und plünderten Arles. Erst im Jahr 1239 verlor Arles seine Führungsrolle, als die Grafen der Provence ihre Residenz nach Aix-en-Provence verlegten.

Im Jahr 1720 forderte die Pest an die 10 000 Opfer. Vincent van Gogh hatte 1888 in Arles seine fruchtbarste Schaffensperiode. Im letzten Krieg (1944) wurde in Arles durch Fliegerangriffe erheblicher Schaden angerichtet.

Sehenswürdigkeiten:

Im Gegensatz zu anderen Touristenzentren gibt es in Arles kaum Parkplatzschwierigkeiten, und man kann es auch als Tourist wagen, in die Altstadt hineinzufahren. In Anbetracht der Übersichtlichkeit der Altstadt und der hier gegebenen geringen Entfernungen wird es jedoch trotzdem meistens besser sein, sich im Bereich der Außenboulevards einen schattigen Parkplatz zu suchen.

Die verbilligte Sammel-Eintrittskarte „Prix-global" lohnt sich nur, wenn man mehr als die Hälfte der mit Eintrittsgeld verbundenen Sehenswürdigkeiten besuchen will.

Als Ausgangspunkt kann etwa der **Boulevard des Lices** gelten, der mit schattigen Plätzchen und vielen Cafés besetzt ist und wohl die beliebteste Promenade der Arlesier darstellt. Quer durch den Jardin Publique erreicht man als eindrücklichstes römisches Baudenkmal das **Amphitheater,** genannt **Les Arènes.** Dieses zählt zu den ältesten der Welt, wurde es doch gleich nach der Gründung der Kolonie im Jahr 46 v. Chr. errichtet. Es hat eine elliptische Grundfläche von 136 zu 107 m und faßte sr. Zt. 26 000 Zuschauer. Im Gegensatz zu den gewölbten Bogengängen in Nîmes sind diese in Arles durch Platten nach griechischem Muster abgedeckt. Die dritte Etage fehlt vollständig. Die außerordentliche Höhe der Arenenrandmauer war dadurch erforderlich, daß hier vor allem Kämpfe mit wilden Tieren stattfanden.

Im Mittelalter wurde das Amphitheater zu einer Festung ausgebaut, später wurden hier „Notwohnungen" eingerichtet.

In der Mitte des letzen Jahrhunderts wurde das Bauwerk restauriert und von störenden Zutaten befreit, drei im 13. Jahrhundert angebaute Türme ließ man jedoch stehen. Von einem derselben schöne Stadtübersicht.

Im Sommer finden hier Stierkämpfe statt.

Daneben das **Théâtre antique,** das in einem weniger guten Erhaltungszustand ist (weil es den Interessenten von Quadersteinen einen leichteren Zugriff gestattete). Es hat einen Durchmesser von 103 m. Auf den im Halbkreis ansteigenden Sitzreihen hatten 10 000 Zuschauer Platz. Da dieses Theater, im Gegensatz zu etwa dem von Orange, auf ebenem Gelände erbaut ist, mußten die aufsteigenden Sitzreihen durch ein System von Stützmauern, Galerien und Zwischenböden unterbaut werden. Von der einst dreistöckigen Szenenkulisse stehen nur noch zwei unversehrte korinthische Säulen. Der an der Südseite aufgebaute Turm „Tour de Roland" ist eine Zutat des Mittelalters und diente Verteidigungszwecken. Hier kann man die Gliederung bzw. Außengestaltung des Theaters noch erkennen. Bei den Aufräumungsarbeiten hat man hier die bekannte „Venus von Arles" gefunden, die sich heute im Pariser Louvre befindet.

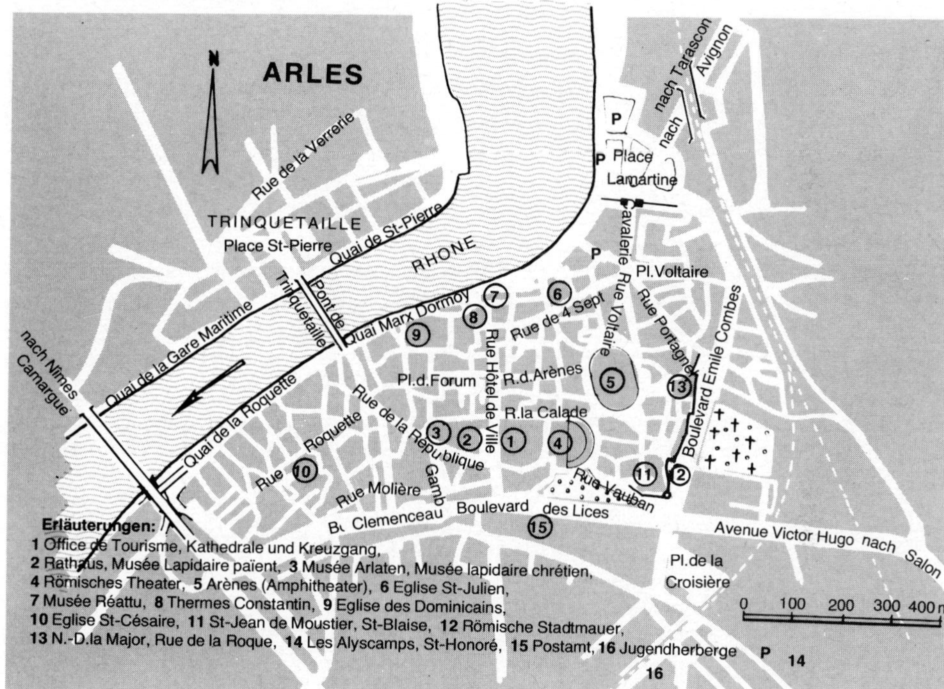

Erläuterungen:
1 Office de Tourisme, Kathedrale und Kreuzgang,
2 Rathaus, Musée Lapidaire païent, **3** Musée Arlaten, Musée lapidaire chrétien,
4 Römisches Theater, **5** Arènes (Amphitheater), **6** Eglise St-Julien,
7 Musée Réattu, **8** Thermes Constantin, **9** Eglise des Dominicains,
10 Eglise St-Césaire, **11** St-Jean de Moustier, St-Blaise, **12** Römische Stadtmauer,
13 N.-D.la Major, Rue de la Roque, **14** Les Alyscamps, St-Honoré, **15** Postamt, **16** Jugendherberge

Wenig westlich des Theaters liegt die Place de la République, in deren Mitte ein aus Ägypten stammender Obelisk steht, der aus dem seinerzeitigen (inzwischen restlos verschwundenen) römischen Zirkus stammt. Am Platz das „Hotel de Ville" (Rathaus) mit der „Tour de l'Horloge" aus dem 16. Jahrhundert, das Antikenmuseum und die **romanische Kirche Saint-Trophime,** die an der Stelle einer abgegangenen karolingischen Kirche erbaut wurde. In ihr wurde u.a. Friedrich Barbarossa im Jahr 1178 zum König des Königreichs Arelat gekrönt. Langschiff und Querschiff (12. bzw. 11. Jahrh.) stehen mit ihrer Strenge und hohen Enge im Gegensatz zu dem gotischen Chor (Umgangschor mit Kapellen). Wertvolle Austattung der Kirche mit Gemälden, Bildteppichen aus Aubusson (Vie de la Vierge) und **Sarkophagen,** so im linken Seitenschiff ein solcher aus dem 4. Jahrhundert, der als Taufbecken dient, im linken Querschiffarm ein aus dem 10. Jahrhundert stammender und als Altar dienender Sarkophag mit Darstellung des Durchzugs durch das Rote Meer, und in der Chapelle du St-Sépulcre (im Chorumgang) steht der gleichfalls als Altar dienende Sarkophag (um das Jahr 400) des Schatzmeisters Gemius, der aus Köln hierher versetzt worden war. Hier Relief mit Christus zwischen Petrus und Paulus. Darüber eine Grablegung aus dem 15. Jahrhundert.

Die **Fassade** steht auf einem von der ehemaligen karolingischen Kirche stammenden Sockel. Sie ist ein Meisterwerk des romanischen Stils provencalischer Prägung. Die plastische Gestaltung ist hier für das romanische Zeitalter so erstaunlich wie der Erhaltungszustand des vor 800 Jahren entstandenen Kunstwerks. Nach der ikonographischen Thematik kann man von einem „Weltgerichtsportal" sprechen.

ARLES war zeitweise die Hauptstadt des römischen Gallien, was sich noch heute in vielen Relikten aus dieser Zeit kundtut. Unser Bild: Die Reste des THÉATRE ANTIQUE. Im Hintergrund der massige Turm der Kirche St-Trophime, in der u.a. im Jahr 1178 der Hohenstaufe Friedrich Barbarossa zum König des Königreiches Arelat gekrönt wurde.

Der romanische **Turm** steht als quadratischer Block unter niedrigem Kegeldach 42 m hoch über der Vierung.

Südlich der Kirche, auf einem kleinen Umweg zu erreichen, der fast quadratische **Kreuzgang.** Er besteht aus 2 romanischen (12. Jahrhundert) und zwei gotischen Flügeln (im Süden und Westen). Hinsichtlich der figürlichen Ausstattung ist er der bemerkenswerteste der Provence. Besonders beachtlich die Skulptierung der beiden Eckpfeiler im Nordflügel.

Das auf der Westseite der Place de la République stehende Antikenmuseum **Musée d'Art Païen** ist in der ehemaligen Kirche Ste-Anne (17. Jahrh.) eingerichtet. Es enthält vor allem Sarkophage, Mosaike und Statuen aus der vorchristlichen Zeit (païen = heidnisch), u.a. auch Kopien der im Louvre befindlichen „Venus von Arles", und zwar jeweils vor und nach der Restaurierung der damals zerbrochen aufgefundenen Statue.

Die Köpfe sind fast alle nasenlos: Das Abschneiden der Nase war im Altertum eine beliebte Strafe, die den so Gekennzeichneten der allgemeinen Verachtung aussetzte. Eroberer hatten daher als erstes nichts besseres zu tun, als vorgefundenen Statuen (evtl. vermeintlichen Göttern des Feindes) die Nase abzuschlagen.

Wenig westlich davon, entlang der Rue de la République zu erreichen, zwei weitere interessante Museen:

Zunächst das **Museon Arlaten,** ein Volkskundemuseum der Provence, speziell des Gebiets von Arles. Es ist in einem gotischen Adelspalast des 16. Jahrhunderts untergebracht.

Daneben das **Musée d'Art chrétien,** das in der ehemaligen Jesuitenkapelle eingerichtet ist. Dieses Museum gilt hinsichtlich der hier verwahrten **Sarkophage** aus christlicher Zeit, im Range nach dem Lateran von Rom, als das umfangreichste der Welt.

Vom Museum aus kann man die unterirdische hufeisenförmige „Galerie souterraine" erreichen (auch „Cryptoportiques" genannt), die ehedem zu den Gebäulichkeiten des Forums gehörten und vielleicht Kornspeicher waren.

ARLES. Bestandteil eines ehemaligen frühchristlichen Friedhofs und einmalig in der Welt sind die ALYSCAMPS, eine schattige Allee mit zahllosen Sarkophagen an ihren Rändern. Im Hintergrund die romanische Kirche Saint-Honorat.

Dieses **Forum** (römischer Markt- und Versammlungsplatz) erstreckte sich ehedem von hier bis nordwärts etwa zur Place du Forum, die man über den Plan de la Cour und die Rue du Palais erreicht. Am Rand dieses Platzes einige Säulenreste der Forums-Bauwerke.

Noch weiter nördlich, unweit des Rhoneufers, das **Palais Constantin** mit den **Thermes de la Trouille,** von welchen nur noch etwa das nördliche Drittel auszumachen ist. Ursprünglich hatten die Thermen eine Ausdehnung von 98 zu 45 m, d.h. bis über Place und Rue du Sauvage hinweg, und sie waren damit die größten der Provence.

Neben den Thermen das **Musée Réattu,** eingerichtet im ehemaligen Konvent der Malteserritter, der später in den Besitz des Malers Réattu überging. Dieser begann mit der Sammlung provencalischer Gemälde und flandrischer Bildteppiche. Heute im Besitz der Stadt, birgt das Museum vor allem zeitgenössische Bildwerke, die großenteils zur Provence in irgend einer Beziehung stehen.

Am östlichen Ende des Ausgangspunktes Boulevard des Lices erstreckt sich nordwärts entlang des Boulevard Emile Combes der erhaltene Teil der ehemaligen **römischen Stadtmauer,** während südwärts die Avenue des Alyscamps zu einer besonderen kulturhistorischen Sehenswürdigkeit führt: Zu den **Alyscamps.**

Die Römer hatten ihre Begräbnisstätten entlang der Ausfallstraßen ihrer Städte. Dies war auch in Arles an drei Ausfallstraßen so. Eine derselben ist die Avenue des Alyscamps (Champs-Elysées = heilige Gefilde), die die Verlängerung der aus Marseille herführenden Via Aurelia darstellte. Im Anschluß an die römische Gräberallee entwickelte sich in christlicher Frühzeit (seit dem 4. Jahrhundert) ein Friedhof, der sich insbesondere rund um das Grab des im 3. Jahrhundert in Arles hingerichteten hl. Genès bzw. die bald darüber errichtete Basilika ausdehnte (an deren Stelle heute die romanische Kirche St-Honorat steht). Das Grab bzw. die Basilika wurden bald darauf zum Wallfahrtsziel und es wurde Brauch, daß man sich, oft von weither zugeführt, in diesem geheiligten Bereich bestatten ließ, wie dies bereits schon die

---

Die Klosterburg MONTMAJOUR (bei Arles)
war die Keimzelle der Kultivierung
dieses ehemals versumpften und unbewohnbaren Landstrichs.
Im Hintergrund der 30 m hohe Donjon (Fluchtturm).

(später heilig gesprochenen) Bischöfe der frühen Christenzeit (4. und 5. Jahrhundert) getan hatten. Dies geschah in Anlehnung an die römischen Gepflogenheiten in Grabkapellen oder in unter freiem Himmel aufgestellten steinernen Sarkophagen.

Seit der Renaissance (16. Jahrhundert) war es aber die (schlechte) Gewohnheit der Herren von Arles geworden, vornehmen Gästen aus dem Übermaß des Vorhandenen einen oder mehrere der besser skulpierten Sarkophage zum Geschenk zu machen, oder sie wurden auch gestohlen, denn dies war die Zeit, als das Interesse an der Antike wiederzuerwachen begann (Renaissance = Wiedergeburt der „Antike").

Von den Sarkophagen konnten dann doch noch viele schöne Stücke in das oben erwähnte Musée d'Art chrétien gerettet bzw. zurückerworben werden, die übriggebliebenen einfacheren und unskulptierten wurden im letzten Jahrhundert (es sind einige Hundert) gesammelt und entlang der **Allée des Tombeaus (Les Alyscamps)** aufgestellt, die auf die Kirche St-Honorat zuführt (die Sarkophage griechischen Typs haben dachförmig abfallende Deckel und hochgezogene Ecken).

Man erreicht die auch mit schönen alten Bäumen bestandenen Alyscamps entlang der Avenue des selben Namens (siehe oben); sie selbst sind für den Fahrverkehr gesperrt.

Auskunft (ca. 1000 Gastbetten): S.I., 35, Place de la République.

Veranstaltungen: Folklore-, Musik- und Theaterveranstaltungen im Théatre antique, Stierkämpfe im Amphitheater von Ostern bis September.

Unterhaltung und Sport: Hallenbad, Freibad, Angeln, Tennis, Besuch des Marktes an Samstagen.

Umgebung:

1. Die „Klosterburg" **Abbaye de Montmajour** (4 km nordwärts), im 10. Jahrhundert gegründet (die Mönche beschäftigten sich mit der Kultivierung der umgebenden Sümpfe) und während der französischen Revolution aufgelöst. Umfangreiche Klostergebäude, z.Tl. in Ruinen. **Kirche Notre-Dame** aus dem 12. Jahrhundert mit abweichend geformter **Krypta.** Der Kreuzgang stammt aus der Übergangszeit von der Romanik zur Gotik. Am Rand des Klosterhügels die z.Tl. in den Fels eingelassene vorromanische bzw. merowingische **Chapelle Saint-Pierre** aus dem 10. Jahrhundert, die vor der Klostergründung zu einer Eremitenklause gehörte. Darüber der 30 m hohe **Donjon** (Fluchtturm) aus dem 14. Jahrhundert (Aussicht!).

Unweit nördlich die romanische **Chapelle Sainte-Croix,** ehemalige Friedhofs- und Wallfahrtskapelle inmitten von aus dem Felsen gehauenen Grabnischen.

2. Meunerie (Mühlenanlage) und **Aquädukts von Barbagel** aus römischer Zeit (12 km nordöstlich bei Fontvieille → Alpilles**).

3. In die **Chaîne des Alpilles**** mit **Les Baux*** usw.

4. Rundfahrt (auch organisierte Gesellschaftsfahrten) durch die **Camargue****, mit **Les-Saintes-Maries*, Aigues-Mortes*** und **St-Gilles***. Ca. 130 km.

AVIGNON

(100 000 Einw.) liegt am östlichen Ufer der Rhone und ist Präfektur des Départements Vaucluse und Sitz eines Erzbischofs. Handelszentrum für Getreide, Öl, Obst und Wein, sowie Verwaltungszentrum (ca. 2/3 der Erwerbstätigen sind auf dem Dienstleistungssektor tätig). Die Stadt bildet mit ihrem geschlossenen Mauerring ein großes Oval und gruppiert sich um den Rocher des Doms mit der Kathedrale und dem Papstpalast. Als ehemalige Residenz der Päpste ist sie in die Geschichte eingegangen.

Der „Rocher des Doms" war ein befestigter Platz der Gallo-Ligurier vom Stamm der Volker. Unter römischer Herrschaft entstand die Colonie Avenio, die jedoch neben dem wichtigeren Arles keine nennenswerte Rolle spielte. Im Jahr 1226 wurde die Stadt von König Ludwig VIII. belagert und eingenommen, weil sie Partei für den Grafen von Toulouse und seine Albigenser ergriffen hatte. Unter anderem mußten die Befestigungsanlagen niedergerissen werden. Als Beuteanteil erhielt der Heilige Stuhl (Kirchenstaat) die angrenzende Grafschaft Venaissin, was es erleichterte, daß nach Parteiquerelen in Rom und auf Druck Philipps des Schönen seit dem Jahr 1309 bis 1408 Päpste und Gegenpäpste in Avignon residierten.

Dadurch erlebte die Stadt eine glänzende Entwicklung. Handel und Gewerbe blühten, eine Universität wurde gegründet und neue Stadtmauern in erweitertem Umfang wurden gebaut, entsprechend der auf 60 000 angewachsenen Einwohnerzahl. Papst Benedikt XII. baute auf dem Rocher des Doms einen neuen Palast, der von seinen Nachfolgern laufend erweitert wurde. Auch nach der Rückkehr der Päpste nach Rom wurde Avignon und das Venaissin durch päpstliche Legaten verwaltet, die gleichfalls zur Weiterentwicklung und Verschönerung der Stadt beitrugen. Im 18. Jahrhundert hatte sie 80 000 Einwohner.

Erst anläßlich der Französischen Revolution kam Avignon und sein Hinterland offiziell an Frankreich.

Sehenswürdigkeiten:

Die im 14. Jahrhundert von der päpstlichen Herrschaft errichteten **Stadtmauern** hatten schon zum Zeitpunkt ihrer Errichtung nur wenig militärischen Wert, ungeachtet der 91 Türme und 7 befestigten Stadttore. Sie konnten z.B. nicht verhindern, daß in den Jahren um 1400 die Gegner des schismatisch gewählten und zweimal abgesetzten Papstes Benedikt XIII. bis zur Papstburg vordringen konnten, dort aber zum Stillstand kamen. Immerhin konnten die zu gewissen Zeiten auftretenden räuberischen Horden, genannt „grandes Compagnies" (praktisch beschäftigungslose Söldnerbanden) von der Stadt abgehalten werden. Die Mauer ist bis 8 m hoch und rundum 4300 m lang; die Türme sind nach innen offen. Die Gräben wurden im 19. Jahrhundert zugeschüttet und darauf breite Boulevards angelegt, die einen geschlossenen Ring um die Altstadt bilden.

Als **Parkplatz** für die ortsfremden Touristen kommen praktisch nur diese Boulevards bzw. der Freiraum zwischen diesen und der Stadtmauer in Betracht. Dabei ist man „schneller am Ball", wenn man die Stadt im Uhrzeigersinn umfährt und dadurch beim Einparken nicht den Gegenverkehr schneiden muß. - Allerdings wurden hier in neuerer Zeit auch schon Autos aufgebrochen!

Die in süd-nördlicher Richtung verlaufende Hauptachse der Stadt (breite Geschäfts- und Verkehrsstraße) besteht aus dem Cours Jean Jaurès und der Rue de la République. Sie beginnt gegenüber dem Bahnhof mit der Porte de la République und führt zur **Place de l'Horloge,** die man als Zentrum der Stadt ansprechen kann. An diesem Platz das Hôtel de Ville (Rathaus) und das Theater, beide aus dem 19. Jahrhundert. Im Rathauskomplex eingeschlossen die **Tour de l'Horloge,** ein Wachtturm aus gotischer Zeit (14./15. Jahrh.).

In Fortsetzung führt halbrechts die Rue des Frères-Brian zu der langgestreckten Place du Palais, die im Hintergrund durch das **Petit Palais,** ehemalige Residenz der Bischöfe und Erzbischöfe, begrenzt ist. Rechterhand aber der gewaltige Papstpalast und die

Kathedrale Notre-Dame-des-Doms.

Diese steht auf der Höhe des Felsens dieses Namens und wurde im 12. Jahrhundert als romanischer Bau errichtet, doch durch den späteren Einbau von gotischen Seitenkapellen und Emporen im Barockstil stark verändert. Der Glockenturm über der Fassade wurde nach Beschädigung durch päpstlich-gegenpäpstliche Kriegshandlungen 1431 erneuert; die Madonnenfigur aus vergoldetem Blei bekam er erst 1859, also etliche Zeit nach der päpstlichen Ära, aufgesetzt.

Sehr schöne Vorhalle im antiken Stil. Über dem letzten Joch vor dem Chor die achtseitige romanische Turmkuppel, die offensichtlich die fehlende Vierung ersetzen sollte. Im Chor u.a. der aus romanischer Zeit stammende Bischofstuhl aus weißem Marmor, der ehedem auch den päpstlichen Herrschern zu Repräsentationszwecken gedient hatte.

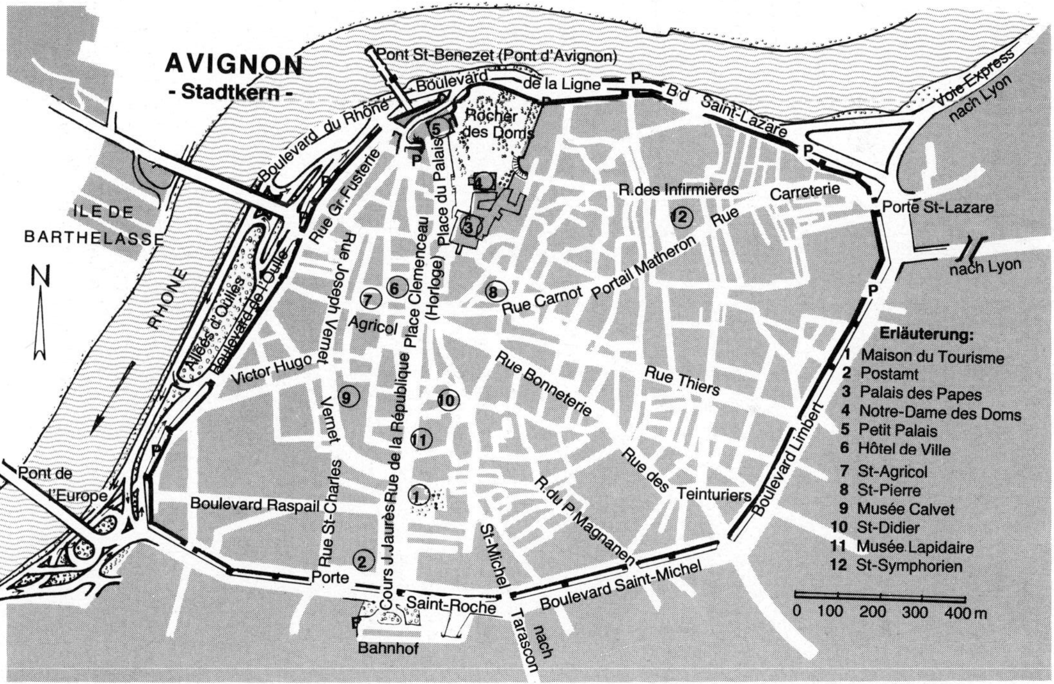
AVIGNON
- Stadtkern -
Pont St-Benezet (Pont d'Avignon)
Boulevard de la Ligne
B'd Saint-Lazare
Voie Express nach Lyon
Porte St-Lazare
nach Lyon
Boulevard du Rhône
Rocher des Doms
Place du Palais (Horloge)
Place Clemenceau
R.des Infirmières
Rue Carreterie
Portail Matheron
Rue Carnot
Rue Gr.Fusterie
Rue Joseph Vernet
Agricol
ILE DE BARTHELASSE
RHONE
Allées d'Oulles
Boulevard de l'Oulle
Victor Hugo
Vernet
Rue Bonneterie
Rue Thiers
Rue des Teinturiers
R.du P.Magnanen
Boulevard Limbert
Cours J.Jaurès Rue de la République
Rue St-Charles
Boulevard Raspail
Pont de l'Europe
Porte
Saint-Roche
St-Michel
nach Tarascon
Boulevard Saint-Michel
Bahnhof
Erläuterung:
1 Maison du Tourisme
2 Postamt
3 Palais des Papes
4 Notre-Dame des Doms
5 Petit Palais
6 Hôtel de Ville
7 St-Agricol
8 St-Pierre
9 Musée Calvet
10 St-Didier
11 Musée Lapidaire
12 St-Symphorien
0 100 200 300 400 m

Neben der Kathedrale der

Papstpalast (Palais des Papes)

Dieser ist jedoch angesichts seines gewaltigen Ausmaßes und mit seinen hohen starken Mauern und mächtigen, z.Tl. über 50 m hohen Türmen eher eine Festung als ein Wohnpalast, und hat als solche auch mehrere Bewährungsproben bestanden. Die unmittelbare Lage auf dem Felsen war günstig, denn es gab dadurch keine Möglichkeit, Laufgräben vorzutreiben oder Sprengminen unterzuschieben.

Der Papstpalast (besser gesagt „Papstburg") steht an der Stelle des früheren Bischofspalastes und wurde unter Papst Benedikt XII. im Jahr 1335 begonnen. Die nachfolgenden Päpste verbesserten das Bauwerk, und Papst Clemens VI. fügte sogar einen Neubau an, der den Palast auf fast das doppelte vergrößerte.

Von den Legaten, die den päpstlichen Besitz nach der Rückkehr der Päpste nach Rom verwalteten, wurde das für sie zu groß gewordene Bauwerk kaum benutzt und es verfiel zunehmend. Während der Revolution am Ende des 18. Jahrhunderts wurde es gründlich ausgeplündert; viele Jahre diente es dann als Kaserne und Gefängnis. Dann wurde im Jahr 1900 die Stadt Eigentümerin, und seit 1906 wird der Bau restauriert, das meiste ist inzwischen instandgesetzt.

Der unregelmäßig und unübersichtlich gestaltete Bau ist ein wahrer Irrgarten. Er besteht im wesentlichen aus zwei zusammengebauten Teilen, dem „Palais Vieux" von Benedikt XII. und dem „Palais Nouveau" von Clemens VI.. Beide sind je um einen Innenhof gruppiert. Der Palais Vieux (Nordbau) ist entsprechend seinem Erbauer, einem ehemaligen asketischen Zisterziensermönch) verhältnismäßig nüchtern und streng, während bei dem Clemensschen Südbau alle damaligen Raffinessen der Architektur und Dekoration zur Anwendung kamen.

Die Besichtigung erfolgt unter sachkundiger Führung, und zwar je nach Jahreszeit in stündlichen oder halbstündlichen Intervallen. Es erübrigt sich daher, an dieser Stelle die zahlreichen Räumlichkeiten und deren Verwendung aufzuzeigen, zudem sich infolge der Renovierung ständig Änderungen ergeben. Ein gewisses Maß an Vorstellungsvermögen ist trotz der Führung erforderlich, da praktisch alle Räume

---

Der weltberühmte PONT d'AVIGNON
mit der romanisch-gotischen Chapelle St-Nicolas.

leerstehen, soweit sie nicht für Ausstellungszwecke usw. Verwendung finden, z.B. für die über 200 Gemälde und Zeichnungen, die Pablo Picasso der Stadt geschenkt hat.

In der Sommersaison findet in der Cour d'Honneur (Palais Nouveau), die 1800qm bedeckt, alljährlich das **Festival d'Avignon** statt, unter Teilnahme der berühmtesten Theater-, Konzert- und Tanzensembles Frankreichs.

Nördlich der Kathedrale erstreckt sich die **Promenade du Rocher des Doms.** Der besondere Charme dieser hochgelgenen Gartenanlage besteht in dem einzigartigen Ausblick auf die beiden Rhonearme mit der dazwischenliegenden île de la Barthelasse und dem berühmten „Pont d'Avignon", auf Villeneuve-lès-Avignon* mit dem wundervollen Turm Philipps des Schönen und dem Fort St-André, auf Châteauneuf-du-Pape usw.

Der genannte **Pont d'Avignon (Pont St-Bénézet)** wurde 1177/85 erbaut; nach der Überlieferung auf Grund einer höheren Eingebung des (nachmalig kanonisierten) Hirten Bénézet, der zu diesem Zweck die gemeinnützige „Confrèrie des Frères Pontifes" (→ Pont-St-Esprit*) gegründet hatte. Die beide Rhonearme überquerende Brücke hatte eine Länge von 850 m. An ihren beiden Enden sicherten Befestigungsanlagen. Die ursprünglich ziemlich niedrige Brücke wurde nach Beschädigung bei der Belagerung von 1226 zehn Jahre später erneuert und dabei höhergelegt. Seit dem 17. Jahrhundert ist sie zerfallen.

Von den ursprünglich 22 Brückenbogen sind noch 4 vorhanden. Auf dem zweiten Brückenpfeiler steht die **Chapelle St-Nicolas,** ursprünglich romanisch, aber im 13. Jahrhundert entsprechend der höhergelegten Brückenebene mit einem gotischen Oberstockwerk versehen.

Die Brücke war den Bedürfnissen ihrer Zeit entsprechend nur für Fußgänger und Reiter vorgesehen und ist daher reichlich schmal. Auf der Brücke „rundherum zu tanzen" wie es in dem bekannten Lied heißt, war also kaum möglich; dieses Ergötznis der Avignonnais muß wohl jeweils unter der Brücke auf der île Barthelasse stattgefunden haben.

Sonstige Kirchen und Museen:

Hinter dem Rathaus befindet sich die gotische **Kirche St-Agricol** mit interessanter Innenausstattung und Tympanon (Verkündigung). Zwei Häuserblocks südlich davon das **Musée Calvet,** untergebracht in einem Herrschaftshaus des 18. Jahrhunderts mit schönem Innenhof. Es handelt sich um ein Kunstmuseum mit Antiquitäten, sowie mit einer Abteilung Kunstschmiedearbeiten. Hier auch das **Muséum Requien** mit naturwissenschaftlicher Bibliothek und umfangreicher, die ganze Erde umfassender Herbariensammlung.

Östlich davon, am Anfang der Rue de la République, steht das **Musée Lapidaire,** das eine Abteilung des Musée Calvet darstellt. Es ist in der Chapelle du Lycée aus dem 17. Jahrhundert (Barockfassade) untergebracht und enthält sehr interessante Kollektionen von Skulpturen aus gallischer, römischer, mittelalterlicher und Renaissancezeit, sowie aus dem 17. und 18. Jahrhundert.

Unweit nördlich **Saint-Didier,** eine der schönsten gotischen Kirchen des midi, vor allem was den Innenraum betrifft. Sehr beachtlich in der ersten Kapelle rechts das **Retabel Kreuztragung,** wegen der Dramatik der Darstellung auch „Notre-Dame-du-Spasme" genannt. In der ersten Kapelle der linken Seite interessante Fresken aus dem 14. Jahrhundert, wiederentdeckt 1952.

Auskunft (ca. 1300 Gastbetten): S.I., Maison du Tourisme, 41, Cours Jean-Jaurès, und Porte de la République (PLZ. 84000).

Veranstaltungen: Festspiele, Son et Lumière, Palastbeleuchtung. Antiquitätenmesse.

Sport auf der île de la Barthelasse: Freibäder, Tennis, Reiten, Camping, Stierkampf.

Umgebung:

1. Villeneuve-lesAvignon* mit dem gegenüber dem Pont St-Bénézet stehenden Turm Philipps des Schönen. Von dort sehr schöner Blick auf Avignon, besonders im Schein der Abendsonne (Busverbindung),

2. Der **Pont du Gard*** 25 km westlich (Autobus),

3. La Montagnette** mit der Abbaye St-Michel-de-Frigolet, ca. 20 km südwestlich.

4. 10 km südöstlich das Dorf **Châteaurenard** (12000 Einw.) inmitten einer Zone mit Intensiv-Landwirtschaft. Am Fuß eines Hügels mit der Ruine eines während der Revolution (Ende des 18. Jahrh.) zerstörten Feudalschlosses. Vom Turm „Griffon" schöne Aussicht (Orientierungstafel). Am 1. Sonntag im Juli „Fête Charrette de St-Eloi" mit sarazenisch geschirrten Pferden.

5. Unweit östlich von Châteaurenard stößt die Landstraße auf die noch z.Tl. erhaltene Stadtmauer von **Noves** (4000 Einwohner, bekanntes Hotelrestaurant Auberge) mit zwei Tortürmen, der Tour de l'Horloge und der romanischen Kirche mit z.Tl. später gotisch veränderten Gewölben.

6. 17 km nördlich nach **Châteauneuf-du-Pape** (→ Orange*).

BAGNOLS-sur-CÈZE

(18 000 Einw.) liegt am Cèze-Fluß unweit dessen Einmündung in die Rhone. Dem alten Ortsteil hat sich eine „Cité" angeschlossen, in der die Techniker des nahen Kernforschungszentrums Marcoule wohnen.

Aus den ehemaligen Mauerwällen sind schöne Boulevards geworden. In der oberen Etage des Hôtel de Ville (Rathaus) ist eine Altertümersammlung und eine Gemäldegalerie eingerichtet.

Auskunft (ca. 100 Gastbetten):S.I., Place Jean Jaurès.

Umgebung:

1. Das **Kernforschungszentrum Marcoule,** 8 km ostwärts am rechten Ufer der Rhone. Über die D 138 kann man östlich von Chusclan einen Belvedère mit Aussicht über die Anlage, sowie mit Informationsmaterial besuchen.

2. Die **Cèze-Schlucht** erstreckt sich 30 km in nordwestlicher Richtung (Richtung Barjac). Nach 11 km **La Roque,** malerisches Bergdorf mit romanischer Kirche und Château. 12 km: Wasserfall Sautadet. 19 km: La Vérune und **Goudargues** mit den Ruinen einer Abtei, insbesondere einer romanischen Kapelle. Bei Montclus die **Gorges de la Céze.** Von dort Rückfahrt evtl. auf der N. 101 über Pont-St-Esprit, wobei evtl. noch die sehenswerte **Tropfsteinhöhle von Orgnac** (→ Pont-St-Esprit*) besucht werden kann.

LES BAUX-de-Provence

ist eine der merkwürdigsten Ortschaften der Provence. Sie liegt auf einem unzugänglich erscheinenden, knapp 1000 m langen und 200 m breiten Bergsporn, Ausläufer der Chaîne des Alpilles**. Die spätmittelalterlichen Häuser des ehemals bis 4000 Einwohner zählenden Bergstädtchens sind großenteils verlassen und verfallen; man zählt in dem heutigen „Dorf" noch rund 300 Einwohner, ein Ergebnis der turbulenten Vergangenheit der Ortschaft.

Geschichte: Die Herren von Baux nannte man im Mittelalter „Adler, die nie gezähmt wurden". Um ihren Ruf zu festigen, führten sie ihren Stammbaum auf Balthasar, einen der Drei Könige zurück, und hatten dementsprechend in ihrem Wappen den Stern von Bethlehem. Im 11. Jahrhundert zählten etwa 80 Ortschaften zu ihrem Herrschaftsbereich, womit sie zu den mächtigsten Geschlechtern der Provence

---

Blick vom „Val d'enfer" (Höllental) auf LES BAUX, das merkwürdige Ruinendorf in den Alpilles, das kein Provence-Besucher auslassen darf.

zählten. Durch Heirat mit einer Prinzessin der Provence beanspruchte Raimond de Baux die Herrschaft über die ganze Grafschaft, was zu einem jahrelangen räuberischen Krieg mit den Grafen von Barcelona führte. Mit der letzten Prinzessin von Baux starb jedoch dieses Geschlecht aus und die Herrschaft Baux fiel an die Grafschaft Provence und mit dieser im Jahr 1481 an Frankreich. Les Baux widersetzte sich und wurde auf Anordnung des französischen Königs Ludwig XI. eingenommen und weitgehend zerstört.

In den Religionskriegen des 17. Jahrhunderts stellte sich das z.Tl. wiederaufgebaute Les Baux auf die Seite der Protestanten und wurde unter dem Minister-Kardinal Richelieu im Jahr 1632 erneut erobert, die Festungsanlagen geschleift, und die Stadt als Marquisat den Fürsten Grimaldi (Monaco) zu Lehen gegeben. Die Bewohner verließen aber nach und nach den Ort und siedelten sich in der Ebene an, offensichtlich auch deshalb, weil nach dem Verlust des Herrschaftsbereichs nunmehr keine Abgaben und Zinsen mehr nach Les Baux flossen. Die Häuser verfielen, so daß eine Ruinenstadt entstand, die sich erst in jüngster Zeit im Zusammenhang mit dem Fremdenverkehr wieder etwas bevölkert hat.

Das melancholisch-malerische Bild der Ortschaft wird durch die leerstehenden Häuser und Hausruinen bestimmt, die überwiegend aus dem 16. und 17. Jahrhundert stammen, der letzten Blütezeit der Stadt. Die interessantesten stehen entlang der aufwärtsführenden Straßenachse Grande Rue, Rue des Fours und Rue du Trencat. Die (neue) Zufahrtsstraße führt von Norden an den Stadtrand heran (dort den Wagen abstellen). Der mittelalterliche Zugang zur Stadt erfolgte jedoch nur aus dem Vallon da la Fontaine (westlich) über einen steilen Saumpfad und durch die Porte Eyguières. Name und Bedeutung der einzelnen Häuser bzw. Hausruinen sind meist angeschrieben. An dieser Stelle sollen daher nur einige genannt sein:

Das **Hôtel de la Tour-du-Brau** aus dem 14. Jahrhundert, in dem eine Lapidariensammlung untergebracht ist (hier findet man viele Instruktionen). Die **Kirche St-Vincent,** ursprünglich romanisch, mit Renaissanceturm. Das rechte Seitenschiff mit den 3 in den Fels gehauenen Kapellennischen stammt aus der Merowingerzeit (10.Jahrh.). Diese Kirche dürfte damit eine der ältesten Frankreichs sein.

Der ehemalige **protestantische Betsaal.** Am Sturz eines Fensters ist noch der calvinistische Wahlspruch zu lesen: „Post tenebras lux" (Nach der Finsternis das Licht), der seinerzeit für denjenigen, der sich damit identifizierte, den Tod oder die Galeere bedeuten konnte.

Das **Château** mit Donjon auf dem höchsten Punkt im Nordosten des Plateaus. nahebei die „Pigeonniers"(Taubentürme), in ehemaliger Wirklichkeit aber wohl „Columbarien" römischer Herkunft und Sitte, wo die Toten bzw. deren Asche in taubenschlagähnlichen „Schubfächern" (daher der Name Columbarium = wörtlich: Taubenhaus) bestattet wurden, mangels anderer Gelegenheit in dem felsigen Gelände.

Immer wieder prächtige **Aussicht,** z.B. von der Südspitze des Plateaus, wo das Denkmal für den provencalischen Dichter Charloun Rieu steht.

Auskunft (ca. 100 Gastbetten): S.I., Grand Rue (Ortsmitte).

Touristisches: Wie nicht zu umgehen, hat sich in den letzten Jahren auch hier die Touristenindustrie breit gemacht, aber auch potente Künstler und Kunsthandwerker haben sich hier niedergelassen. An Sonn- un Feiertagen, besonders in der Ferienzeit, ist Les Baux überlaufen und man sollte bis spätestens 10 Uhr morgens seinen Parkplatz besetzt haben.

Veranstaltungen: Olivenfest im September; altüberlieferte Weihnachtsmesse der Hirten.

Umgebung:

1. Im Vallon de la Fontaine (unterhalb der Porte Eyguières) liegt der hübsche **Pavillon de la Reine Jeanne** im Renaissancestil.

2. Im Hintergrund des wildromantischen „Val d'Enfer" (Höllental) liegt die „Feenhöhle" **Trau di Fado,** die in der Steinzeit bewohnt war. Eine tiefliegende Gesteinsschicht im Valle d'Enfer besteht aus feinkörnigem Kalksandstein der seit Jahrhunderten in unterirdischen Steinbrüchen gewonnen (gesägt) wurde. In der ausgedehntesten dieser kühlen unterirdischen Hallen wurde die **Cathédrale d'Images** eingerichtet, eine phantastische Leuchtfreskengalerie, mit dem Kennwort „Das totale Bild". (Warme Kleidung mitnehmen!).

BEAUCAIRE

(14 000 Einw.) liegt am westlichen Ufer der Rhone unmittelbar gegenüber von Tarascon* und an der Einmündung des Rhone-Sète-Kanals. Die Stadt mit ihrem Château lehnt sich im Norden an eine Hügelkette, die mit Kalksteinbrüchen besetzt ist.

Geschichte: An der Stelle der Stadt gab es ehedem die römische Stadt Ugernum. Unter der fränkischen Herrschaft Hauptstadt einer Grafschaft, war Beaucaire im 13. Jahrhundert im Besitz der Grafen von Toulouse, die im Jahr 1217 die seinerzeit weltberühmte Messe von Beaucaire einrichteten, die es noch bis ins 19. Jahrhundert gab. Im 16. Jahrhundert war Beaucaire eine Hochburg des die Reformation bekämpfenden Katholizismus.

Sehenswürdigkeiten:

Das **Château,** das im 13. und 14. Jahrhundert erbaut wurde, steht der Burg von Tarascon gerade gegenüber. Ein tiefer Einschnitt trennt den Burgberg von dem angrenzenden Hügelgelände. Im Jahr 1632 wurden die Festungsanlagen auf Anordnung des Minister-Kardinals Richelieu geschleift. Vorhanden und noch gut erhalten ist besonders der dreiseitige Donjon (Rundsicht) und die romanische Kapelle St-Louis. Der mit einem Mauerkranz umgebene Burghof stellt heute eine beliebte öffentliche Parkanlage dar.

Die **Kirche Notre-Dame des Pommiers** aus dem 18. Jahrhundert ist ein ausgeprägter Barockbau mit schöner geschweifter Fassade und Kuppel über dem Querschiff. In der äußeren Ostwand ist ein von der abgegangenen romanischen Kirche stammender Relieffries eingelassen, der die Passion zum Thema hat. Sehr schöner geräumiger Innenraum. Angeschlossen ist ein Lapidarium.

Das **Hôtel de Ville** (Rathaus) im Renaissance-Stil des 17. Jahrhunderts setzt sich aus drei Baukörpern zusammen. Interessanter Treppenhof mit Fragmenten aus römischer Zeit. Schräg gegenüber dem Rathaus die Markthalle mit interessantem Vormittagsbetrieb.

An der Rue de Nîmes befindet sich das **Musée Lapidaire,** und an der Rue Barbès das Volkskundemuseum Musée du Vieux Beaucaire. Auf dem ehemaligen Messegelände mit schönen Ulmen- und Platanenalleen wurden inzwischen Stierkampfarena und Freibad eingerichtet.

Auskunft (150 Gastbetten): S.I.,im Hôtel de Ville (PLZ. 30300).

BOURG-St-ANDÉOL

(9000 Einwohner, Département Ardèche) am westlichen Rhoneufer, ist aus einer Siedlung der gallischen Helvier und der Römer hervorgegangen. Im 2. Weltkrieg (1944) wurde der Ort schwer beschädigt. Weithin sichtbares Wahrzeichen ist die hochgebaute Kirche mit dem steilspitzen Turm.

Die neuere Geschichte kreist um den hl. Andéol, der nach der Überlieferung hier zu Anfang des 3. Jahrhunderts den Märtyrertod erlitten hat, und dessen Reliquie in einem römischen Sarkophag in der Kirche seines Namens verehrt wird. Sein Kult ist mindestens seit der Karolingerzeit nachweisbar und hat im 10. Jahrhundert zur entsprechenden Erweiterung des Ortsnamens geführt.

Sehenswürdigkeiten:

Die frühromanische **Kirche St-Andéol** aus dem 11./12. Jahrhundert, mit den für diese Stilart typischen Rundbogenfriesen. Im Chor steht der weiße Marmorsarkophag mit der Reliquie des Heiligen.

An die Römerzeit erinnert neben den beiden Brunnen de Tourne im südwestlichen Ortsteil ein 2 zu 2 m großes **Felsenrelief** aus dem 2. Jahrhundert. Es stellt (allerdings nur noch schlecht erkennbar) den Kampf des Lichtgottes Mithras (Geburtstag 25. Dezember!) mit der Macht der Finsternis (Urstier) dar. Der Mithraskult war zu dieser Zeit römische Staatsreligion und auch im Rhonetal sehr verbreitet.

Auskunft (ca. 100 Gastbetten): S.I., Place Champ de Mars (PLZ. F07700).

CARPENTRAS

(25 000 Einw.), die ehemalige Hauptstadt des Venaissin, heute Unterpräfektur im Département Vaucluse, liegt am linken Ufer des am Südhang des Mont Ventoux entspringenden Auzon-Flusses in der fruchtbaren Ebene des Comtat, umgeben von einem Halbkreis langgestreckter Bergzüge. Dieser Landstrich hat seine Fruchtbarkeit von der Bewässerung, die durch den Bau des von der Durance im Süden herführenden Carpentras-Kanals möglich wurde.

Spezialitäten sind berlinjots (eine Art Rahmbonbons) und andere Zuckerwaren, Konfitüren und Vetoux-Honig.

Geschichte: Ehedem die Hauptstadt des gallischen Volksstammes der Cavarer unter dem Namen Carpentorate, wurde sie zur Zeit des Kaisers Augustus römische Kolonie und war im 3. Jahrhundert Sitz eines Bistums. Lange Zeit unter der Herrschaft der Grafen von Toulouse, mußte die Stadt mit dem ganzen Comtat Venaissin an den Heiligen Stuhl abgetreten werden, wo sie bis zur Revolution 1791 verblieb.

Diese Stadt war bereits im frühen Mitelalter von einer Mauer umgeben, die etwa dem Zuge der heutigen Straßen du Collège, des Halles und Vigne folgte. Die inzwischen größer gewordene Stadt, nun Hauptstadt, wurde im 14. Jahrhundert durch eine 2 km lange hohe Mauer mit 32 Türmen (im Zuge der heutigen Boulevards) insbesondere vor der „Grandes Compagnies", umherziehenden bewaffneten Banden, geschützt, ähnlich wie Avignon*.

Sehenswürdigkeiten:
(P. Place Aristide Briand
oder Allee des Platanes im S oder SO des Stadtzentrums)

Das Stadtzentrum mit seinen engen Straßen ist von einem geschlossenen Ring breiter Boulevards und Alleen umgeben, die an der Stelle des alten Stadtwalles angelegt sind. An der südlichen Ecke des Boulevardringes liegt die Hauptdrehscheibe der Stadt, der **Platz Aristide Briand** mit dem Standbild des verehrtesten Sohnes der Stadt, des Bischofs Malachie d'Inguimbert (1683-1757), der sehr viel für diese seine Geburtsstadt getan hat. U.a. hat er das an diesen Platz angrenzende **Hôtel-Dieu** (Krankenhaus) in den Jahren 1750/60 auf seine Kosten bauen lassen.

Zu besichtigen sind die **Pharmacie** (alte Apotheke), die Kapelle und die Salle du conseil, möbliert im regionalen Stil des 18. Jahrhunderts.

Von hier führt die Rue de la République in die Stadtmitte und auf die Place du Palais, die von der Fassade der Kathedrale und des Palais de Justice (ehem. Bischofspalast) beherrscht wird.

Die **Kathedrale St-Siffrein** wurde 1405 bis 1519 an der Stelle einer z.Tl. eingestürzten romanischen Kirche erbaut. Sie ist in dem dieser Zeit entsprechenden spätgotischen Stil gehalten. Das Hauptportal in klassizistischem Stil wurde erst im 17. Jahrhundert zwischen die beiden schon vorhandenen gotischen Ecktürme gesetzt. Hochgotisch (flamboyant) ist das Südportal, genannt Porte Juive. Mit den Juden in Beziehung gebracht wird auch die über dem Wimperg des Tympanon angebrachte „Boule aux Rats". An der Nordseite unweit der Chorhaube (Apsis) sind noch Teile der alten romanischen Kirche vorhanden, mit einer schönen Kuppel über vier Trompen, in welche die Evangelistensymbole eingemeißelt sind. Der romanische Kreuzgang wurde 1829 abgebrochen.

Der **Innenraum** ist ein schönes Beispiel der südfranzösischen Gotik, mit großem Schiff, auf die ganze Länge von Seitenkapellen flankiert. Die hübsche Loggia in der Nordwand des Schiffes ließ Bischof d'Inguimbert im 18. Jahrhundert einbauen; sie war von seinem angrenzenden Palast aus direkt zu erreichen.

Die **Seitenkapellen** sind sehr üppig und wertvoll ausgestattet. In der Reliquienkapelle (sechste Seitenkapelle links) werden als Reliquie der Körper des St-Siffrein und, als Merkwürdigkeit, das „Saint Mors" verehrt; das ist nach der Überlieferung die Kandare des Pferdes des Kaisers Konstantin, in welche nach der gleichen Überlieferung ein Nagel vom Kreuze Christi eingearbeitet ist.

Das an die Kathedrale angrenzende **Palais de Justice** stellt den ehemaligen Bischofspalast dar, erbaut 1640. Die Fassade ist offensichtlich derjenigen des Palazzo Farnese in Rom nachgestaltet, da die Italiener sr.Zt. für den Renaissancestil richtunggebend waren. In die nördliche Giebelwand ist ein Barockportal eingebaut, das von einem alten Karmeliterkloster stammt.

In der Nähe steht der 10 m hohe **Arce de Triomphe** (besser gesagt „Denkmalstor“), der ehedem am Zugang zur gallo-römischen Stadt stand, dann später aber als Vorhalle der romanischen Kathedrale diente. An den beiden Seitenteilen große Skulpturen von gefangenen Galliern.

Unweit nordwestlich, vorbei am Postamt, erreicht man die Place de l'Hôtel-de-Ville mit dem Rathaus und der **Synagoge,** die im 14. Jahrhundert erbaut, und im 18. Jahrhundert erneuert wurde. Sie ist die älteste Frankreichs und war ehedem von einem Judengetto umgeben.

Die Juden waren in Carpentras unverhältnismäßig zahlreich (bis zu 1200 Personen). Sie standen unter dem besonderen Schutz der Kirchenfürsten, deren Finanziers sie waren. Im Zentrum der Comtat-Städte Avignon, Cavaillon, L'Isle-sur-la-Sorgue und Carpentras hatten sie abgesonderte Wohnquartiere mit eigener Verwaltung durch gewählte Obere, die sog. „Baylons“.

Im 1. Stock befindet sich die Bethalle, im Erdgeschoß der Ofen für die Herstellung der ungesäuerten Matzenbrote, und im Untergeschoß das Becken für rituelle Waschungen.

Am westlichen Ende des Boulevard du Nord die **Porte d'Orange** (14. Jahrh.), einziger Rest der mittelalterlichen Stadtbefestigung.

Museen:

Musée des Beaux-Arts und **Bibliothèque,** untergebracht in einem Stadtpalast des 18. Jahrhunderts an dem Boulevard Albin. Museum und Bibliothek gehen auf Stiftungen des obengenannten Bischofs Malachie zurück. Bestandteile sind das **Musée Comtadin** mit Objekten der Volkskunde aller Art. Typisch ist eine Sammlung von in Carpentras hergestellten Viehglocken, da Carpentras bzw. seine Umgebung Durchzugsort für die aus der Camargue ins Gebirge ziehenden Wanderherden ist. Weiter das **Musée de Peinture** mit Gemälden und Zeichnungen, großenteils in Beziehung zum Comtat, ob im Hinblick zum Künstler oder zum Motiv. In der **Bibliothek** mit ca. 200000 Werken gibt es zahlreiche bibliophile Kostbarkeiten, z.B. 200 Wiegendrucke, Tausende von Manuskripten, darunter solchen des italienischen Lyrikers Petrarca (1304-1374), der unweit von hier in Fontaine-de-Vaucluse viele Jahre gelebt hatte.

Das **Musée Sobirats** an der Rue du Collège, bringt Rekonstruktionen von Patrizierwohnungen in den verschiedenen französischen Stilvarianten.

Das **Musée d'Archéologie (lapidaire)** ist in der Barockkapelle der Grauen Büßer untergebracht.

Auskunft (6300 Gastbetten): S.I., Place Aristide Briand.

Veranstaltungen: Festival Vaison-Carpentras von Mitte Juli bis Mitte August; internat. Filmfestspiele (8mm); Theater; Feuerwerk in **Monteux** (4 km südwestlich) am Mittwoch nach dem 1. Sonntag im August; ebenda Fête de St-Gens (Trachten, Prozession, Predigt in provencalisch, Feuerwerk) am Sonntag und Montag nach dem 15. Mai.

Sport: Tennis, Reiten (Hippodrom), Hallenbad, Forellenfischen, Camping.

Umgebung:

1. 6 km südlich am Nesquefluß liegt **Pernes-les-Fontaines*** (6000 Einw.) mit Fruchtkonservenindustrie. Sehenswert: Kirche Notre-Dame de Nazareth, Porte Notre-Dame mit Kapelle, Tour Ferrande, zahlreiche Brunnen usw., → Stadtbeschr.).

2. 6 km ostwärts **Mazan** mit seinem interessanten Friedhof (→ Mont Ventoux** B).

CAVAILLON

(22 000 Einw.) ist eine alte Stadt am Zusammenfluß von Coulon und Durance bzw. am schmalen Westende der Montagne du Lubéron **. Umschlagplatz für die landwirtschaftlichen Erzeugnisse der Umgebung, insbesondere für Melonen. Autobahnanschluß dicht südwestlich bei der Stadt.

Der im Westen über der Stadt liegende Hügel St-Jaques ist deren Keimzelle, denn auf seiner Höhe gab es nach jungsteinzeitlichen und ligurischen Siedlungen ein Oppidum des gallischen Volksstammes der Cavarer, die mit den Griechen von Massilia (Marseille) Handel trieben. Die Römer bauten am Fuß des Hügels auf ebenem Gelände ihre Stadt Cabellio, die im 4. Jahrhundert (bis 1790) Sitz eines Bischofs war und eigenes Geld ausgab (Sammlung im Museum). Später gehörte diese Stadt zum Comtat Venaissin.

Sehenswürdigkeiten:

Der **römische Triumphbogen** steht am Ostfuß des Stadthügels an der Place du Clos (die sich auch als P. anbietet). Er stammt aus der Zeit des Kaisers Augustus und wurde erst 1880 hierherversetzt. Von hier aus kann man auf einem Serpentinenpfad als erstes den die Stadt 100 m überrragenden Hügel Saint-Jacques besteigen, um eine Übersicht über die Stadt zu gewinnen. (Auch ein Fahrweg führt auf den Hügel, der am Stadtausgang von der Straße nach Avignon abzweigt). Auf dem Hügel der „Calvaire" mit schöner **Rundsicht** (Orientierungstafel). Etwas nördlich die **Chapelle St-Jacques** aus dem 12. Jahrhundert, verändert im 16. und 17. Jahrhundert. Auf der Hochfläche einige Spuren des ehemaligen cavarischen Oppidum.

Hauptarterie der Stadt ist der breite **Cours Gambetta,** auf den man, aus Richtung Avignon oder Carpentras kommend, als ersten trifft. An seinem Anfang die **Porte d'Avignon** (1740), letzter Rest der Stadtmauer. Daneben das **Musée archéologique,** das in der Kapelle des alten Hospitals mit Nebengebäuden untergebracht ist. Es enthält eine interessante Sammlung aus der Geschichte und Vorgeschichte der Stadt, mit Fundstücken besonders vom Stadthügel St-Jacques.

Neben dem Museum führt die Grand'Rue mitten durch die Altstadt. An ihrem Ende die **Kirche (ehem.Kathedrale) Saint-Véran,** im 12. Jahrhundert im romanisch-provencalischen Stil erbaut. Sehr schöne **Außenansicht der Hauptapsis,** der römischen Klassik nachgebaut, aber mit besonders erfindungsreichen Kapitellen über den kannelierten Ecksäulen.

Die Kirche besteht aus einem einzigem Schiff, das im 14. Jahrhundert durch gotische Seitenkapellen erweitert wurde, die aber später in klassizistischem Stil Veränderungen erfuhren, ausgenommen die erste und die letzte Kapelle der Nordseite. Die erste, die **Chapelle St-Véran,** hat eine besonders schöne Ausstattung (17. Jahrh.), u.a. mit einem Gemälde des berühmten Pariser Malers Mignon (1612-95, → Goldstadtreisef. PARIS S.31), das den Saint-Véran darstellt, wie er den „Coulobre" an die Kette legt (→ bei Fontaine-de-Vaucluse*). Sehr schön auch die dritte Kapelle an dieser Seite, die **Chapelle Sacré-Cœur,** gleichfalls im

Barockstil ausgestattet. In der Chorapsis wertvolle Holzvertäfelung, im Hintergrund großes Retabel (Altaraufsatz) des alten Hauptaltars, mit 5 Gemälden von Nicolas Mignon, dem älteren Bruder des berühmteren Pierre (→ oben). Nicolas lebte und arbeitete längere Zeit in Avignon.

An der Südseite der Kirche ein kleiner romanischer Kreuzgang, im 14. Jahrhundert gotisch verändert und im 17. Jahrhundert renoviert.

Wenig ostwärts, an der engen Rue Hébraïque, liegt die kleine Synagoge (1772/74) mit schöner handwerklicher Ausstattung (Vertäfelung, Schmiedeeisen). In ihrem Untergeschoß (=frühere Matzenbäckerei) ist ein kleines **Musée judeo-comtadin** mit jüdischen Kultgegenständen untergebracht.

Das Comtat galt seit dem 14. Jahrhundert als „Paradies der Juden", die unter dem (nicht immer uneigennützigen)Protektorat der Päpste standen (→ auch bei Carpentras*).

Auskunft (ca. 120 Gastbetten):S.I. beim Bahnhof (PLZ. 84300).

Umgebung:

1. Der **Lubéron**** mit der „Route de Crête du Petit Lubéron".

2. Jenseits der Durance und der Autoroute (7 km südlich) liegt die Ortschaft **Orgon** (2000 Einw.) am nördlichen Rand der **Plaines,** einer bewaldeten und zerklüfteten Hochebene, die die östliche Fortsetzung der Alpilles** bildet. Gotische Kirche von 1325 mit Seitenkapellen aus dem 17. Jahrhundert. Reste der Dorfmauern mit Tor (14. Jahrh.). Über dem Dorf die Ruine eines mittelalterlichen Château und die **Chapelle Notre-Dame de Beauregard** aus neuerer Zeit, aber mit prächtiger Aussicht ins Durancetal.

3. Gleichfalls jenseits der Durance, 10 km westlich, liegt das Dorf **Saint-Andiol** (2000 Einw.), wo vor allem Baumfrüchte erzeugt werden. Interessant ist die **romanische Kirche,** die festungsartig ausgebaut ist. Im Innern gotisches skulpiertes Ciborium (Hostienbehälter) und Chorgestühl aus dem 18. Jahrhundert. Auf dem Friedhof einfache romanische Kapelle. - 2 km westlich davon liegt die Häusergruppe **Verquières** (300 Einw.), ebenfalls mit romanischer **Kirche,** die in gotischer Zeit befestigt wurde und später klassizistische Seitenkapellen erhielt.

Der Aquädukt ROQUEFAVOUR,
ein Bestandteil der 90 km langen Wasserleitung für Marseille,
ist ein Meisterwerk der Brückenbaukunst des 19. Jahrhunderts.
Sein Vorbild, den berühmten römischen Pont du Gard,*
übertrifft er an Höhe um fast das Doppelte.

CÉRESTE

(1000 Einwohner, 40 Gastbetten) liegt hoch über dem Tal der Encrème bei deren Einmündung in den Coulon-Fluß, umgeben von Hügeln mit Olivenbäumen und Weinreben. Töpferei, Handweberei, Stickerei. Dieser Marktflecken ist römischer Herkunft (Catuiaca) und hat um den Ortskern noch seine Umwallung. Römische Brücke über das Flüßchen, Reste der römischen Heerstraße Via Domitiana, Tour (Turm) d'Ahenobarbus.

Umgebung:

3 km nördlich die **Prieuré de Carluc** bei der gleichnamigen Ferme; Kirche aus karolingischer (vorromanischer) Zeit, erneuert im 14. Jahrhundert. In der Nähe (nördlich) in die Felsen eingearbeitete vorchristliche Grabstätten. (Auch zu erreichen entlang dem bezeichneten Wanderweg G.R.6).

9 km nordwestlich (D 33) liegt in 600 m **Viens** (300 Einw.) mit romanischer Kirche und gotischen Häusern und Château.

Dem Coulon-Fluß aufwärts (der hier auch Calavon genannt wird) erreicht man (D 155), vorbei an der Chapelle St-Ferréol (Ruine) den **Canyon d'Oppedette,** eine 2,5 km lange enge Felsenschlucht zwischen über 100 m hohen Wänden.

Am oberen Ende der Schlucht das eng zusammen- und übereinandergebaute Bergdorf **Oppedette,** das auf einem auf drei Seiten steil abfallenden Felsen liegt. In dem zeitweise fast verlassenen Dorf haben sich inzwischen Kunstgewerbler und Studentengemeinschaften eingesiedelt. Beim Friedhof die Reste des ehemaligen gallischen Oppidum. In dem Kruzifix bei der Schule ist ein ehemaliger Mars-Altar eingebaut.

FONTAINE-de-VAUCLUSE

(800 Einwohner; der Name bedeutet „Vallis Clausa" = geschlossenes Tal bzw. Talkessel) liegt am Fuß des Südwestrandes des Plateau de Vaucluse und an dem berühmten Quelltopf des Sorgue-Flusses, der die Attraktion des Dorfes ist.

Dieses Naturwunder wurde erstmals durch den italienischen Lyriker Petrarca (1304/74) weltweit bekannt, der 16 Jahre hier lebte und hier eine große Zahl seiner Werke schuf. Was hier entstand, hatte viel mit seiner Schwärmerei für „Laura" zu tun, eine für ihn unerreichbare (verheiratete und sittsame) Schöne aus Avignon (war die Ehefrau eines de Sade).

Eine der seltenen Kirchen aus karolingischer (vorromanischer) Zeit in die PRIEURÉ DE CARLUC in einem Seitentälchen bei Céreste. Offensichtlich ein uralter Kultplatz, worauf die dicht dabeiliegende vorchristliche Nekropole hinweist.

Inzwischen haben Höhlenforscher immer wieder versucht, der Quelle und ihren Kapriolen auf die Spur zu kommen; bisher ohne wesentliche Ergebnisse.

Diese starke Quelle diente sr. Zt. den Römern zur Speisung der Wasserleitung, die Arles* versorgte. Deren Reste sind 1100 m unterhalb des Dorfes an der Straße nach Cavaillon* (D 24) neu aufgedeckt worden, wo in dem neuen „Aquädukt de Galas" der Canal de Carpentras die beiden Straßen und den Fluß überquert.

Die **Quelle von Fontaine-de-Vaucluse** stellt den hauptsächlichsten Ausfluß des Grundwassers dar, das sich in den in Millionen von Jahren ausgewaschenen Kavernen unter der durchlässigen, fast 2000qkm großen Kalksteinhochfläche Plateau de Vaucluse** (→ daselbst) sammelt (Karstquelle).

Der **Quelltopf** liegt etwa 800 m talaufwärts des Dorfes im Hintergrund des Talkessels. Dort öffnet sich am Fuß einer 230 m hohen Felswand eine gewölbte Grotte mit dem Quellsee, der durch einen „Syphon" (kommunizierende Röhre) aus dem unterirdischen Fluß bzw. Bassin gespeist wird. Der „kritische Ausstoß" ist 23 cbm pro Sekunde; wenn dieser überschritten wird, (Winter und Frühjahr), dann steigt der bisher schlafende Quellsee und tritt schäumend über seine Ränder. Die Schüttung kann bis zu 150 cbm pro Sekunde erreichen, Minimum 8 cbm pro Sekunde, womit diese Quelle eine der stärksten der Welt ist.

Unweit des Quelltopfes liegt ein Parkplatz, der jedoch an Wochenenden und zur Ferienzeit überfüllt ist. Dann P. bei der Kirche im Dorf, an dem sich auch das S.I. befindet. Empfohlen wird der Besuch der Quelle im Schein der späten Nachmittags- oder Abendsonne, besonders wenn man fotografieren will. Im Sommer oder Herbst, wenn der Quellsee „schläft", kann er auch enttäuschen!

Die **Dorfkirche St-Veŕan** ist ein typisches Beispiel des romanischen Stils provencalischer Prägung, aus dem 11. oder Anfang des 12. Jahrhunderts. An der südlichen Innenseite der Apsis eine Nische mit dem ziemlich roh gearbeiteten Sarkophag des St-Véran, der nach der Legende Vaucluse von dem monströsen „Coulobre" (oder „Coulouvre") befreit haben soll. (vgl. die „Tarasque" von Tarascon*). In einem Gebäude, das angeblich an der Stelle des ehemaligen Wohnhauses des Dichters Petrarca steht, ist ein ihm gewidmetes **Museum** eingerichtet. Sein Denkmal steht inmitten der Place de la Colonne. In der **Collection spéléologique Norbert Casteret** wird das Ergebnis der 30jährigen Arbeit des Höhlenforschers dieses Namens gezeigt.

Auf einem Felsenhügel über dem Dorf liegt die Ruine des **Château** der Bischöfe des benachbarten Cavaillon*.

Auskunft (ca. 100 Gastbetten): S.I. Place de l'Eglise.

Veranstaltungen: Quellenbeleuchtung „Son et Lumière", (Klang und Licht) von Anfang Juli bis Mitte September.

Umgebung:

1. 4 km nordwestlich **Saumane-de-Vaucluse** (300 Einwohner, die sich u.a. mit trüffelsammeln abgeben) mit dem hochgelegenen **Château** der Marquis de Sade aus dem 15. Jahrhundert, erneuert im 16. und 18. Jahrhundert. Stilvolle Renaissancetreppe und Innenausstattung, alter Park mit Aussichtsterrasse. Zu besichtigen in der Sommersaison. **Dorfkirche** aus dem 12. und 16. Jahrhundert, mit 600jähriger Glocke.

2. Beim Quelltopf (und an der Straße D 100 nach Lagnes) beginnt der bezeichnete Wanderweg G.R6, der durch eine steinige Schlucht aufwärts zu der in einer Waldlichtung liegenden Häusergruppe Pourraque führt (590 m, ca. 2 Std.). Von da südostwärts abwärts durch den Wald zur **Abbaye de Sénanque** und nach **Gordes** (zus. 4 Std., → Gordes*).

GORDES

(1500 Einw. 30 Gastb.) liegt am Südrand des Plateau de Vaucluse und ist an einem das Coulon-Tal überragenden steilen und felsigen Hügel rundum terrassenförmig aufgebaut. Die Häuser schauen großenteils mit leeren Fensterhöhlen ins Land hinaus, denn viele Bewohner sind abgewandert und die Häuser sind z.Tl. dem Verfall preisgegeben. In neuerer Zeit haben sich jedoch hier Künstlergemeinschaften einquartiert, die die Häuser renovieren.

Auf der Kuppe des Berges die nüchterne **Kirche** klassizistischen Stils und das **Château** im Renaissancestil, das an Stelle einer Festung des 13./14. Jahrhunderts errichtet ist, von der noch ein Tor und im Osten zwei Türme vorhanden sind. Ein Schmuckstück des Château ist ein als Schauwand aufgebauter **Renaissance-Kamin** (1541). Sehr schöner Rundblick.

Im Schloß ist das Rathaus untergebracht, sowie seit 1970 das interessante **Musée Vasarely,** das einen Grundstock von 1500 Stücken dieses ungarischen Künstlers (geb. 1908) aufweist. Vasarely ist ein Apostel der „art cinetique" aus der die „art optique" (op'art, nicht pop) hervorgegangen ist.

Bei Gordes in Richtung Abbaye (→ unten) trifft man das „Village Noir", bestehend aus „bories", das sind mörtellos erbaute Steinhütten vorkeltischer Bauart, in Gestalt von vierseitigen Pyramiden oder in roher Halbkugelform. Einige der hier stehenden bories stammen aus dem 17. Jahrhundert, einige andere sind jedoch „neu", denn auch hier gilt der Trend, auf „alt" zu machen.

Umgebung:

1. 4 km nördlich liegt in der Schlucht Sénancola die **Abbaye de Sénanque,** eine im Jahr 1148 gegründete und guterhaltene Zisterzienserabtei (der Name ist auf den Flußnamen Sénancole, und dieser auf „Santa Aqua" = „gesundes Wasser" zurückzuführen, nach anderer Version auf „Sine Aqua" = ohne Wasser, in Anspielung auf das oft trockene Bett des Flüßchens).

Das Kloster wurde 1544 von bilderstürmenden Fanatikern aus den Reihen der Vaudois (→ Lubéron**) beschädigt. Durch die Große Revolution kam das mönchische Leben zum Erliegen, begann aber im Jahr 1854 von neuem. 1969 zogen die Mönche in ihr Mutterhaus Saint-Honorat-de-Lérins (bei Cannes), die Zisterzienser sind jedoch nach wie vor die Besitzer der Abtei. Diese bildet heutzutage ein Kulturzentrum, bestehend aus den Abteilungen Mittelalterliche Studien und Sahara-Studien. Von Ende Mai bis Anfang September finden Illuminationen und Konzerte statt.

Die Klosteranlage ist ein getreues und fast unversehrt gebliebenes Beispiel der strengen zisterziensischen Architektur. Dies gilt besonders für die **Kirche,** (eine dreischiffige Basilika mit betontem Querschiff, das Platz für vier Nebenapsiden bietet), die in der zweiten Hälfte des 12. Jahrhunderts erbaut wurde und sehr schöne Proportionen aufweist; sowie für den quadratischen **Kreuzgang** mit Zwillingssäulen. Interessant die Funktionen der einzelnen Klostereinrichtungen wie der Kapitelsaal, Wärmehalle, Schlafsaal, Refektorium, Küchen und Landwirtschaftsgebäude. In letzteren ist nun ein ständige **Sahara-Ausstellung** untergebracht. Im Refektorium (Speisesaal), auf das es die Vaudois sr.Zt. besonders abgesehen hatten, wurde im 19. Jahrhundert eine Kapelle eingebaut, die 1970 restauriert wurde.

2. 12 km nördlich liegt am oberen Rand des Plateau de Vaucluse, an der Bergstraße Apt - Venasque - Carpentras (D 4) in einer Waldlichtung in 500 m Höhe das Dörfchen **Murs** (350 Einwohner, einige Gastbetten), das eine Zukunft als stiller Luftkurort haben könnte, wenn es erst „entdeckt" ist. Kleine romanische Kirche, ein Château aus dem 16. Jahrhundert, stark restauriert. Mars ist Geburtsort „du brave

---

Über dem südlichen Steilrand des Plateau de Vaucluse liegt das terrassenartig umgebaute GORDES, dessen Häuser z.Tl. verlassen und zerfallen sind. Auf der Höhe die klassizistische Kirche und das Château mit dem Vasarelymuseum.

Grillon“ (1543-1615), eine Gestalt aus den französischen Schullesebüchern. Waffengefährte des volkstümlichen König Heinrich IV. (man erinnere sich: Paris war ihm „eine Messe wert“). In seinem Geburtshaus (romanische Fassade aus dem 13. Jahrh.) ist ein kleines Museum eingerichtet. - Entlang der Route D.15 (Richtung Gordes) gibt es Silex-Brüche. Aus diesem harten Material wurden in prähistorischen Zeiten hier am Platze Steinbeile, Pfeilspitzen usw. angefertigt und im weiten Umkreis vertrieben.

3. 4 km südöstlich (D104) liegt das Dörfchen **Saint-Pantaléon** mit einer interessanten kleinen **Kirche aus karolingischer Zeit** (9./10. Jahrh.), umgeben von frühchristlichen Begräbnisstätten. Diese Kirche wurde im 18. Jahrhundert renoviert und dabei etwas erweitert.

4. 8 km südöstlich liegt an der Nationalstraße N 100 die Wallfahrtskirche **Notre-Dame-de-Lumières** am Eingang des Vallon (Tälchen) d'Imergue, ein Bau aus den Jahren 1663/69. Wallfahrten seit dem 4. Jahrhundert auf Grund von Lichterscheinungen und Heilungen. In der Krypta (die in alten Zeiten die Kapelle war) steht die Statue der Schutzpatronin. Zahllose **Exvotos** in den Seitenkapellen, Beispiele naiver Volkskunst.

Seit 1837 wurde restauriert und bei der Kapelle ein religiöses Zentrum der Marienbruderschaft eingerichtet.

L'ISLE-sur-la-SORGUE

(11 000 Einw.) ist trotz Binnenland wirklich eine „Inselstadt“, da sie in ihrem Zentrum von nicht weniger als sechs Armen des Sorgue-Flusses umgeben ist, also von einem dreifachen Grabenring. Dieses „Wasserwerk“, heute z.Tl. auch von Platanenalleen begleitet, gehörte sr.Zt. zum Verteidigungssystem der Stadt.

Es gibt Spinnereien und Fabriken von Teppichen, die unter dem Markennamen „d'Avignon“ in den Handel kommen.

Sehenswürdigkeiten

Im Stadtzentrum die **Stadtkirche,** die 1647/72, also im Barockzeitalter, erbaut wurde, unter Einbeziehung von zwei Kapellen. Chor und Turm von der gotischen Vorgängerkirche. Was diese Kirche besonders hervorhebt, ist die überfüllige Barockausstattung an Altären, Skulpturen, Bildern usw. die im Kirchenraum kaum eine Stelle unbedeckt lassen, was an italienische Barockkirchen erinnern läßt. Diese Überfülle kam dadurch zustande, daß während der Großen Revolution viele Kultgegenstände aus der Umgebung hierher vor der Vernichtung in Sicherheit gebracht worden sind.

Die Innenwand über dem Westportal ist mit einer barock bewegten umfänglichen **Gloria Dei** mit 26 handgeschnitzten und vergoldeten Figuren ausgefüllt. Imposanter **Hochaltar** mit bis zur Decke reichendem Altarblatt.

Am Westrand des Stadtzentrums, zwischen zwei Sorgue-Armen, das **Hôtel-Dieu** (Hospital), ebenfalls im Barockstil. Hier allenthalben schöne Holzschnitzereien, und Fayencen in der Apotheke.

Auskunft (100 Gastzimmer): S.I., neben der Kirche
Veranstaltungen: Fête Nautique am ersten Sonntag im August.

Umgebung:

1. 5 km westlich **Le Thor,** kleine malerische Stadt mit 4000 Einwohnern, gelegen an einem Nebenarm der Sorgue. Handelszentrum für Tafeltrauben. Sehenswürdigkeiten: Teile der alten Stadtmauer mit einem Torturm aus dem 14. Jahrhundert; schöne romanische Kirche (12. Jahrh.) mit Gewölbe im romanisch-gotischen Übergangsstil, Vorhalle und Ostportal sind Nachbildungen der römischen Antike.

2. Unweit nördlich von Le Thor (2 km) die 250 m lange Tropfsteinhöhle **Grotte de Thouzon.** Auf dem Hügel von Thouzon die Ruine eines mittelalterlichen Château und zwei romanische Kapellen mit seltsamen Skulpturen.

MARSEILLE

ist der größte Handelshafen Frankreichs und der umfangreichste des Mittelmeeres. Die Stadt hat eine einzigartige geschützte Lage. Auf drei Seiten ist sie von bis zu 1000 m hohen Bergketten eingefaßt: Im Nordwesten die Chaîne de l'Estaque, im Norden die schalenförmige Chaîne de l'Etoile, und im Osten und Südosten die Chaîne de la Ste-Baume und die Chaîne de St-Cyr. Nach Südwesten öffnet sich die Stadt zum Meer, in dem in geringer Entfernung eine kleine Inselansammlung liegt. Marseille ist Präfektur des Départements Bouches du Rhône, Erzbistum, Universitätsstadt mit naturwissenschaftlichen und medizinischen Fakultäten, sowie mit Höherer Handelsschule, Kunstschule und zahlreichen Berufsschulen. Industriestadt mit den Schwerpunkten Öl, Seife, Mehl, Metallurgie, Chemie und Maschinen- und Schiffsbau.

Trotz der zweieinhalbtausendjährigen Geschichte der Stadt ist diese nicht besonders reich an geschichtlichen und kunstgeschichtlichen Denkmalen, abgesehen von den erst in neuester Zeit

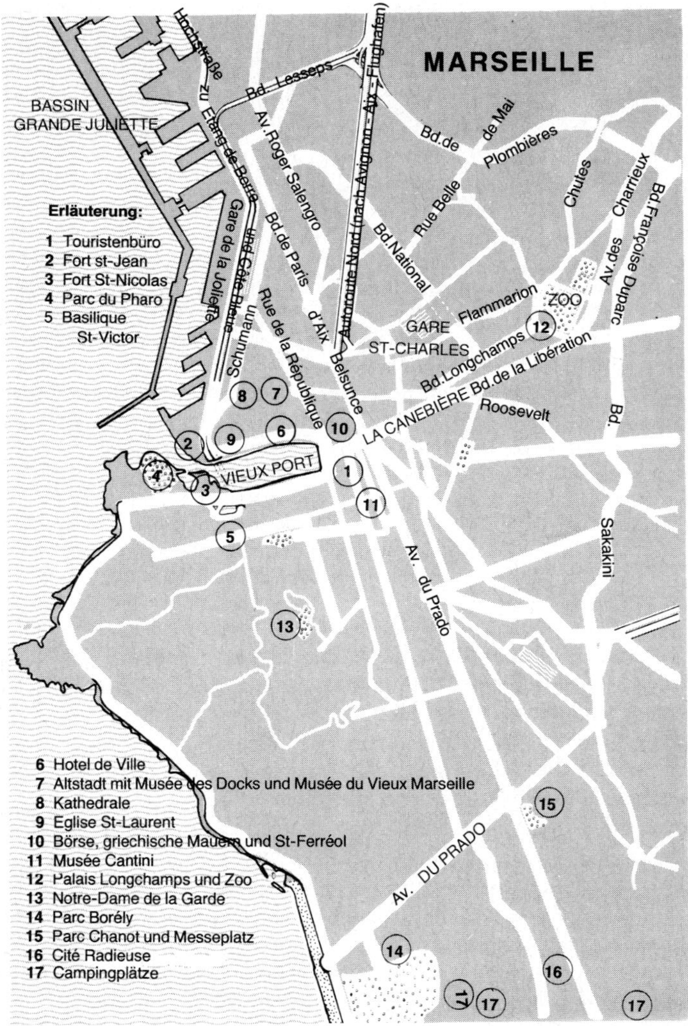

VERNÈGUES. Ruine des römischen Diana-Tempels und der Chapelle St-Césaire.

hinter der Börse ausgegrabenen Griechenmauern und den in unmittelbarer Nähe anzutreffenden landschaftlichen Schönheiten der Meeresküste und des Hinterlandes. Marseille ist aber ein Touristenzentrum ersten Ranges.

Im Jahr 1800 noch wenig über 100 000 Einwohner, hat die Stadt heute die Millionengrenze bereits überschritten und ist damit die zweitgrößte Frankreichs, und eine Weltstadt par excellence, die mit ihrem üppigen Angebot an verfeinerter Lebenskultur ein Spiegelbild des französischen Savoirvivre präsentiert.

Zwei Autorouten führen bis in die Mitte der Stadt, eine autobahnähnliche **Hochstraße** (2,5 km langer Viadukt) stellt im Nordwesten der Stadt eine fast kreuzungsfreie Verbindung zwischen der Chaîne de l'Estaque (Etang de Berre) und dem Vieux Port (Corniche de la Mer) her.

Geschichte: Um das Jahr 600 v. Chr. gründeten griechische Seefahrer und Handelsleute aus Phokäa in Kleinasien hier über dem nördlichen Rand der tief eingezogenen Hafenbucht eine Handelsniederlassung namens Massalia. Nach der Zerstörung ihrer Vaterstadt Phokäa durch die Perser (545-540 v.Chr.) erhielt Massalia weiteren Zuzug durch die von dort geflohenen Griechen.

Beim Bestreben der Massalianer, ihren Einfluß auch rhoneaufwärts auszudehnen, gerieten sie in Konflikt mit dem ligurischen Stamm der Saluvier, die ihre Hauptstadt und ihr Sanktuarium in Entremont (beim heutigen Aix*) hatten. Die Römer wurden um Hilfe gebeten; sie kamen und besiegten die Saluvier und zerstörten Entremont (→ Aix*).

Als sich das griechische Massalia in dem Bürgerkrieg zwischen Cäsar und Pompeius auf die Seite des letzteren (und damit auf die falsche) stellte, wurde es im Jahr 49 v. Chr. von Cäsar belagert und eingenommen. Die Befestigungsanlagen und Tempel wurden zerstört und die Stadt wurde ihrer Flotte und ihres Staatsschatzes beraubt. Auch verlor sie ihre Handelsniederlassungen im Hinterland, denn das inzwischen zu Massalia gehörende Gebiet, das nördlich bis über die Alpilles hinausreichte, wurde dem Gebiet von Arles zugeschlagen, das sich mit Cäsar verbündet hatte und ihm Schiffe zur Bekämpfung von Marseille zur Verfügung gestellt hatte. Immerhin blieb Massilia, wie es nun von den Römern genannt wurde, selbstständig und war mit seiner Universität nach wie vor eine Bastion griechischen Geisteslebens im Occident.

Unter der Auswirkung der Pax Romana entwickelte sich Massilia im ersten Jahrhundert n. Chr. zu einer blühenden römischen Stadt mit den typischen römischen Gemeinschaftseinrichtungen, einschließlich dem Ausbau des Hafens und der Docks, aber auch im Sinne der nachwirkenden griechischen Kultur.

In die Wirren der Völkerwanderung war auch sie mit hineingezogen, konnte aber während der Herrschaft der Merowinger ihren Aufstieg fortsetzen. 838 wurde die Stadt von den Sarazenen erneut geplündert und diesesmal gründlich zerstört.

Während der Grafenherrschaft in der Provence teilte sich die Stadt in eine bischöfliche Oberstadt und in eine Unterstadt mit dem Hafen, die von einem Vicomte als Stellvertreter der Grafen verwaltet wurde. Die Kreuzzüge trugen viel zur Bedeutung von Marseille als Hafenstadt bei. Zwischen der gräflichen Herrschaft, den Bischöfen und der Bürgerschaft gab es im 12. und 13. Jahrhundert ständig Reibereien und Herrschaftswechsel; zeitweise war die Unterstadt mit dem Hafen eine weitgehend unabhängige Stadtrepublik.

Auch unter der Herrschaft der französischen Könige wurde öfters rebelliert. Aber auch die Habsburger wollte man nicht haben, denn 1524 und 1536 blieben Belagerungen durch die Truppen Kaiser Karls V. erfolglos.

Erneute Aufstände der Bürgerschaft im 17. Jahrhundert wurden von König Ludwig XIV. im Jahr 1660 niedergeschlagen, der anschließend demonstrativ seinen Einzug in die Stadt hielt, und zur Absicherung seiner Zentralgewalt die beiden Forts an der Hafeneinfahrt anlegen ließ.

In dieser Zeit geschah wegen der steigenden Bevölkerungszahl eine in die Zukunft gerichtete Neuplanung der Stadt mit geraden und rechtwinklig sich schneidenden Straßen, wobei die Stadtmauern erneut erweitert wurden.

1720 forderte die Pest in Marseille 40 000 Opfer, die Hälfte der Bevölkerung.

Die ausbrechende Revolution machte Marseille zunächst begeistert mit, und die von der Stadt nach Paris entsandte Abteilung von Jakobiner-Anhängern brachte ein zuvor hier geübtes Kampflied mit, das in Paris begeistert aufgenommen und mitgesungen wurde, und als „Marseillaise" und Nationalhymne in die französische Geschichte und in das französische Nationalbewußtsein eingegangen ist.

Doch die in Paris zunehmende Entwicklung zu einer von einer fanatischen Minderheit diktatorisch beherrschten radikalen Zentraldemokratie (Kommune), stieß in dem schon immer föderalistisch und liberal eingestellten Marseille bald auf Abneigung, und die Stadt stellte sich, zusammen mit Toulon, Avignon und Lyon, auf die Seite der gemäßigten Girondisten (die man aus heutiger Sicht vielleicht als Sozialdemokraten bezeichnen könnte). Aber 1793 wurde Marseille von der Revolutionsarmee unter General Carteaux im Sturm genommen, und die auf der Canebière aufgestellte Guillotine tat ihre blutige Arbeit, während die Vorsichtigen unter den kompromittierten Bürgern vorher nach Toulon geflohen waren.

Während der anschließenden Herrschaft der Napoleone wurden die Stadtmauern großenteils niedergelegt, und an ihrer Stelle entstanden breite Boulevards. Auch das Kirchen- und Klostergut wurde z. Tl. in diese neue Stadtplanung einbezogen. Manche alte baufällige Stadtviertel wurden, nach dem Vorbild von Paris, „haussmannisiert", d.h. abgerissen und mit neuen Häuserzeilen besetzt, die offensichtlich der Repräsentanz der neu entstandenen Imperialmacht Frankreich entsprechen sollten.

Im 19. und 20. Jahrhundert war Marseille das Tor zum französischen Nordafrika, und seit der Eröffnung des von Frankreich ganz besonders geförderten Suezkanals auch der „Heimathafen" für die Kolonisierung von Madagaskar und Indochina.

Der zweite Weltkrieg brachte die deutsche Besetzung und Luftangriffe 1940 und 1943/44, sowie die Sprengung der Hafenanlagen. Bei der Rückeroberung von Marseille durch die „Alliierten" am 23./28. August 1944 gerieten hier 175000 deutsche Soldaten in Gefangenschaft.

Der Rückzug Frankreichs aus Algerien 1962 brachte die Rückwanderung von einer Million Algerienfranzosen, die z.Tl. bereits in Marseille (wegen des Algerien ähnlichen Klimas) „hängenblieben", was erneut Probleme verursachte. Abgesehen davon gibt es in Marseille auch sehr viele Gastarbeiter aus Algerien und Marokko.

Sehenswürdigkeiten:

Parkplätze in der Innenstadt sind regelmäßig überfüllt; eine Parklücke zu finden ist Glückssache. Man sollte sich mit seinem Wagen so schnell wie möglich dem für einen Ortsfremden oft beklemmenden Straßenverkehr entziehen und ggf. eine der zahlreichen Buslinien in Anspruch nehmen, die alle Teile der Stadt bis hinauf zu Notre-Dame de la Garde erreichen. Ausführlicher Busfahrplan (guide horaires des Bus) beim S.I.

Eine Empfehlung: Das Touristenbüro an der Canebière Nr. 4 veranstaltet oder vermittelt Stadtrundfahrten verschiedenen Umfangs und verschiedener Dauer. Wenn mehrere Tage zur Verfügung stehen, sollt man zuerst an einer solchen Rundfahrt teilnehmen und anschließend nochmals das aufsuchen, was besonders interessiert.

Die verschiedenen Kristallisationspunkte werden, entsprechend dem ungefähren Ablauf eines Gesamtrundganges, in nachstehender Reihenfolge aufgeführt:

A Der ALTE HAFEN (S. 176)
B Die ALTSTADT (S.180)
C LA CANEBIÈRE (S. 183)
D NOTRE-DAME de la Garde (S. 187)
E CORNICHE, STRAND und PARC BORELY (S. 188)
F Der NEUE HAFEN (S. 189)

A
DER ALTE HAFEN

Der **Vieux Port,** der ehemalige Anziehungspunkt der ersten Kolonisatoren vor 2500 Jahren, und die Grundlage des wirtschaftlichen Lebens von Marseille, liegt fast inmitten der Stadt, da er sich als ein relativ schmaler Schlauch auf eine Länge von ca. 1 km in das Häusermeer hineinschiebt, und an seinem inneren Ende in dem Markenzeichen von Marseille, der weltbekannten Canebière, seine Fortsetzung findet.

Die Hafeneinfahrt ist so eingeschnürt, daß nur eine Öffnung von wenig über 100 m gegeben ist. Sie ist beiderseits mit Befestigungsanlagen aus der Zeit Ludwigs XIV. besetzt. Das **Fort St-Jean** auf

Der Alte Hafen in MARSEILLE.
- Frische Fische am Quai des Belges, unweit der Canebière.

GOLD

der Nordseite ist von der nahegelegenen Kathedrale überragt. Das **Fort St-Nicolas** (Südseite) liegt neben Park und Château du Pharo. Im Bereich dieser Festungsanlagen bewältigt ein 1966 hergestellter 592 m langer **unterseeischer Straßentunnel** den Verkehr entlang des Westrandes der Stadt. Die Zugänge zum Tunnel liegen nördlich bei der Kathedrale (Quai de la Tourette) und südlich beim Fort St-Nicolas.

Da der alte Hafen nur einen Tiefgang von 6 m hat, ist er für die modernen Seeschiffe nicht befahrbar und dient mit seinen ca. 3,5 km langen Quaianlagen nur als Fischerei- und Jachthafen, sowie für den Touristenverkehr, z.B. zu der dem Hafen vorgelagerten „Monte-Christo-Insel" Château d'If. Nichtsdestoweniger bietet er stets ein unterhaltsames und farbiges Bild.

Die aus dem 16. und 17. Jahrhundert stammenden Quaianlagen der Nordseite wurden 1943 vor der alliierten Invasion von den deutschen Truppen gesprengt, nach dem Krieg wieder hergestellt.

Im Hintergrund des Alten Hafens liegt der **Quai des Belges,** von welchem La Canebière ausgeht (→ nachstehend C). Hier die gotische **Eglise St-Ferréol** (auch „des Augustines" genannt) aus dem 15. Jahrhundert, die über einer älteren Templerkirche errichtet ist. An der Kirche vorbei führt nordwärts die Geschäftsstraße Rue de la République zu den neuen Hafenanlagen an der Meeresküste (→ nachstehend F).

Am Südrand des Hafenbeckens verläuft der **Quai de Rive Neuve,** der um 1800 mit einer Häuserzeile besetzt wurde, von der noch manche Teile, meist mit eisernen Balkonen und gewölbten Fenstern und akzentuierten Abschlußgesimsen, noch vorhanden sind. In den Erdgeschossen finden sich großenteils Fischläden und Bouillabaisse-Restaurants, und rund um die Uhr ist hier Betrieb.

Der Quai de Rive Neuve geht westlich in den Boulevard Charles Livon über, an welchem das **Fort St-Nicolas** (1665/68) liegt, in der für dieses Jahrhundert charakteristischen sternförmigen Grundkonzeption. Dahinter **Park und Château du Pharo** auf der Höhe über dem hier eingebuchteten Vorhafen. Das Châtau wurde sr.Zt. für Kaiser Napoleon III. in spätklassizistischem bzw. historisierendem Prunkstil erbaut und von ihm bzw. seiner Gemahlin Eugenie der Stadt geschenkt, die es z. Zt. als Gästehaus für Prominenzen verwendet. Von hier aus schöner Ausblick auf Hafen, Stadt und Meer.

Beim Fort St-Nicolas in halber Höhe über dem Hafen erhebt sich die **Basilique Saint-Victor,** die den Eindruck einer zinnenbewehrten Festung vermittelt.

Hier, außerhalb der Stadtmauern, lag schon zur Griechenzeit ein Begräbnisplatz, der auch später von den frühen Christen als Friedhof benutzt wurde, u.a. zur Beisetzung von Märtyrern. Zu Beginn des 5. Jahrhunderts errichtete Johannes Cassianus hier das dem hl. Victor geweihte Kloster „Clef (= Schlüssel) du Port de Marseille". Nach Zerstörung durch die Sarazenen im Jahr 923 wurde wenig später als Ersatz ein Benediktinerkloster und im 11. Jahrhundert unter dem Bischof Isarn die zugehörige Kirche errichtet, die inzwischen praktisch verschwunden ist. Zum Teil überlebt hat jedoch die erstgenannte frühchristliche Cassianus-Kirche, denn sie wurde als Krypta in die im 13. Jahrhundert erbaute gegenwärtige Basilika St-Victor einbezogen. Letztere wurde im 14. Jahrhundert in ihrem Ostteil vergrößert und mit Zinnen und Wehrtürmen festungsartig ausgebaut.

Aus dem Kloster wurde später ein Adelsstift, das bei der Revolution säkularisiert wurde. Die Klostergebäude fielen anschließend Straßendurchbrüchen usw. zum Opfer, während die Kirche erhalten blieb und 1804 dem Kult zurückgegeben wurde. Von der Ausstattung der Kirche vor der Revolution blieb jedoch nichts erhalten.

Der hl. Victor war nach der Überlieferung ein römischer Offizier, der zu Anfang des 3. Jahrhunderts den Märtyrertod erlitt und hier in einer Grotte bestattet wurde.

Die Kirche ist entsprechend ihrer Entstehungszeit (1. Hälfte des 13. Jahrhunderts) im romanisch-gotischen Übergangsstil gehalten. Dies trifft besonders auf das Schiff und die Seitenschiffe zu. Die nördliche Seitenwand dürfte von der „Isarnkirche" aus dem Jahr 1040 stammen.

Unter der Kirche die erwähnte Krypta (Unterkirche) aus dem 5. Jahrhundert (ehemalige „Cassianus-Kirche"), die „Basilique Notre-Dame-de-Confession" genannt wird. Diese wurde sr. Zt. offensichtlich über einem Steinbruch angelegt, der schon vor seiner Überbauung mit künstlichen Grotten bzw. Grabnischen durchsetzt war. Die noch vorhandenen Gänge und Höhlungen, die ehedem Sarkophage enthielten, werden auch als „Catacombes" bezeichnet. Hier auch die kapellenartig ausgestaltete Felsengrotte, die als Begräbnisplatz des hl. Victor gilt.

Der **Nordseite** des Alten Hafens entlang verläuft unterhalb der Alten Stadt (→ nachstehend B) der **Quai du Port.** Das hier vor dem letzten Krieg vorhanden gewesene unhygienische und schlecht beleumundete Hafenviertel haben die deutschen Besatzer im Jahr 1943 abreißen lassen (vielleicht wurden in dem unübersichtlichen

Gassendschungel auch Widerstandsherde vermutet). Übrig blieb **das Hôtel de Ville** (Rathaus), in der Mitte des 17. Jahrhunderts erbaut. Es war bei der Französischen Revolution nach der Eroberung von Marseille durch die Jakobinertruppen der vorgesehenen Strafaktion (Zerstörung) nur durch den (rechtzeitigen) Sturz Robespierres am 9. Thermidor entgangen. Anstatt des Hafenviertels sind an diesem Quai nun moderne Wohnblocks mit Arkadengängen entstanden. Der Quai endet mit dem **Fort Saint-Jean** (1664), das einen alten Festungsturm (Tour du Roi René) aus dem 15. Jahrhundert (= Nachfahre eines Johanniterturms aus dem 12. Jahrhundert) und einen Leuchturm (1664) einschließt. Der Kanal, der ehedem den Festungsfelsen zu einer Insel gemacht hatte, wurde inzwischen zugeschüttet (ist der heutige Quai de la Tourette). Eine Promenade führt rund um das Fort.

(Der NEUE HAFEN → nachstehend F).

B
DIE ALTSTADT

Die „Ville ancienne“, die der älteste Teil der Stadt ist, liegt auf der Butte (Hügel) St-Laurent nördlich des Vieux Port, zwischen der Rue de la République und dem Meer. Auf diesem verhältnismäßig kleinen Areal, sowie nördlich der heutigen Kirche St-Ferréol, lag **die griechische Stadt Massalia,** und an der exponierten südwestlichen Ecke stand der Tempel des Apoll.

Gleich hinter dem Hôtel de Ville (→ oben A) liegt das **Musée des Docks romains,** das einen Teil der wiederentdeckten ehemaligen griechischen und römischen Dockanlagen und Lagerhallen darstellt, wobei zu berücksichtigen ist, daß das Nordufer des Hafens zu jener Zeit ca. 100 m bis 150 m weiter nordwärts lag, d.h. etwa in Höhe des Museums. Hier werden auch die Fundstücke verwahrt, die an dieser und benachbarter Stelle anläßlich des Neubaus dieser nördlichen Hafenzone gemacht wurden. Im Museum ist u.a. eine „maquette“ (Reliefmodell) vorhanden, die zum Gesamtverständnis der Alten Stadt beiträgt.

Dicht dabei das **Musée du Vieux Marseille,** das in der „Maison diamantée“ untergebracht ist, einem Herrenhaus aus dem Ende des 16. Jahrhunderts mit einer Facetten-Fassade, die dem Haus den Namen gegeben hat, das von dem Abriß 1943 verschont blieb.

Das Museum bewahrt Gegenstände des regionalen Volkstums und der Volkskunst, sowie stadtbezügliche Erinnerungsstücke. Makaber-interessant z.B. eine Eisenzange, die sr.Zt. dazu diente, die an den Straßenrand gelegten Pestleichen auf den Leichenkarren zu laden.

Nördlich des Hôtel de Ville liegt die Place Daviel, von der die Grande-Rue (ehemals Via Recta), und auf der anderen, westlichen Seite die Rue Caisserie ausgehen. Beide zusammen bildeten eine Hauptachse der antiken Stadt. An der Grande-Rue (Nr. 29) liegt das **Hôtel Cabre** (heute Bankfiliale), das 1535 zur Zeit des Wechsels von der Gotik zur Renaissance erbaut wurde und diesen Stilwechsel auch verkörpert. Es dürfte das älteste Profangebäude der Stadt sein. Das Haus mußte anläßlich der Neugestaltung dieses Viertels in seiner Gesamtheit um 70 m verschoben und um 90° gedreht werden.

An der Place Daviel steht das umfangreiche Hôtel-Dieu (Krankenhaus), als Hôpital du Saint-Esprit im Jahr 1118 gegründet, später mehrfach verändert und vergrößert, zuletzt von dem Architekten Mansart im 18. Jahrhundert. Daneben die durch ein Gitter abgegrenzte **Cour des Accoules** mit einer seltsamen Ansammlung religiöser Sujets: Die elegante Chapelle du Calvaire in Form einer Rotunde mit Zentralkuppel; eine Nachbildung der Mariengrotte von Lourdes und der Grotte Ste-Madeleine de Ste-Baume; eine Krypta mit Kreuzwegstationen und Kalvarienberg. Alles überragt von dem gotischen Glockenturm der ehemaligen Kirche Notre-Dame-des-Accoules, die bei der Revolution zerstört worden ist.

Die Rue Caisserie bildete 1943 die Grenze der Abbruchzone; deshalb zeigt ihre nördliche Häuserzeile noch die z.Tl. aus dem 17. Jahrhundert stammenden hohen engbrüstigen Fassaden mit eisernen Balkongittern, während die südliche Straßenseite mit neuen Mietshäusern besetzt ist. Die Straße führt westwärts zur **Place de Lenche,** die ehemals die „Agora" (= Markt- und Versammlungsplatz) der Griechenstadt war. Auch heute noch ist dieser Platz das Zentrum der Altstadt, die in ihrer Eigentümlichkeit und Abgesondertheit so gar nicht zu der großen Weltstadt passen will.

Unweit südwestlich die romanische **Eglise Saint-Laurent,** die eine dreieinhalbtausendjährige Vorgeschichte hat:

An diesem exponierten Platz auf einem Ausläufer des Altstadthügels hatte in vorgeschichtlicher Zeit die ligurische Urbevölkerung ein Sanktuarium, an dessen Stelle die eben angekommenen Griechen einen Tempel des Apollon von Delphi errichteten, der angesichts seiner günstigen Lage gleichzeitig einen Teil der Befestigungsanlagen der Stadt bildete, der aber bei der Belagerung und Eroberung der Stadt durch Cäsar (49 v. Chr.) zugrunde ging. Um das Jahr 850 wurde hier erneut eine Verteidigungsanlage und Fluchtburg für die Bevölkerung geschaffen (Château Babon), vor allem im Hinblick auf die ständige Sarazenengefahr. Später entstand in diesem Bereich die heutige Kirche, die im letzten Krieg schwer beschädigt wurde. Sie war und ist die Kirche der Seefahrer und Fischer.

Angehängt ist die große **Chapelle Notre-Dame-de-la-Mer,** erstellt und ausgestattet im 17. Jahrhundert.

Eine Treppe führt abwärts zu geringen Überresten des am Hang des Hügels eingebaut gewesenen griechischen Theaters.

Nordwärts über die Esplanade de la Tourette erreicht man die riesige 140 m lange **Nouvelle Cathédrale,** byzantinisch historisierend in den Jahren 1852/53 erbaut. Sie hat den Grundriß eines lateinischen Kreuzes unter einer 60 m aufragenden Zentralkuppel.

An der Seite dieses umfangreichen Bauwerks steht der Torso der künstlerisch wertvolleren **Ancienne Cathédrale la Major** (Alte Kathedrale), erbaut im 12. Jahrhundert an der Stelle einer noch älteren, vorromanischen Kirche, die ihrerseits wahrscheinlich einen Dianatempel als Vorgänger hatte. Die Alte Kathedrale ist im romanischen Stil provencalischer Prägung gehalten. Sie sollte anläßlich des Baues der Neuen Kathedrale abgerissen werden, was zum Teil geschehen ist. Aber unter dem Druck der öffentlichen Meinung konnte noch 1 Joch des Langhauses erhalten bleiben, das eine einfache Abschlußmauer erhielt. Außerdem ist noch das Querschiff mit oktogonaler Kuppel erhalten, sowie der kleinere Chor und die polygonale Hauptapsis unter einer Halbkugel. Die beiden romanischen Seitenapsiden wurden im 14. Jahrhundert zu quadratischen gotischen Kapellen ausgebaut.

Im nördlichen Quersschiff die **Chapelle St-Lazare** mit Altar und Reliquienschrein aus der frühesten Renaissance (1475/81). Auf dem Sockel des Altars Szenen aus der Lazaruslegende (der von Christus auferweckte Lazarus soll nach der Überlieferung der erste Bischof von Marseille gewesen sein). In der **Chapelle St-Serenus** der Reliquienaltar, bestehend aus der Vorderwand eines Sarkophags, im 12. Jahrhundert skulpiert. Fayence-Relief mit weißen Figuren auf blauem Grund (Kreuzabnahme), der berühmten italienischen Bildhauerfamilie della Robia (15. Jahrh.) zugeschrieben. Gottesdienst findet z.Zt. hier nicht statt.

Auf dem Kathedralplatz befindet sich das Standbild des Monseigneur de Belsunce, dessen Aufopferung während der großen Pest legendär geworden ist.

Eine Rampe hinter der Kathedrale ermöglicht den Zugang zu den Terrassen des neuen Seebahnhofs mit Ausblick auf die Anlagen des Neuen Hafens (→ nachstehend G).

Östlich der Kathedrale erstreckt sich rund um den Barockbau Vieille-Charieté das **Quartier du Panier** mit engen Gassen und z.Tl. vernachlässigten Häusern, und dazwischen einem Gewimmel flatternder Wäschefahnen. Hier wohnen vor allem die Gastarbeiter aus den angrenzenden Mittelmeerländern.

C
LA CANEBIÈRE

Zwei Hauptachsen durchziehen, sich kreuzend, das Stadtzenrum: Die 8 km lange Nord-Süd-Achse vom Bahnhof d'Arenc bis zur südlichen Vorstadt Mazargues (Cours Belsunce, Cours St-Louis usw.); und senkrecht dazu, vom Hafenhintergrund ausgehend, die berühmte Canebière, ostwärts verlängert durch den Boulevard de la Libération bzw. den dazu fast parallelen Boulevard de Longchamp.

Der Name kommt von provencalisch „chenevière", was so viel wie „Hanfbrechstelle" heißt, die sich hier im Hafenhintergrund befand. Denn die Besiedelung dieses Gebiets östlich des Alten Hafen erfolgte erst seit der Zeit König Ludwigs XIV. (17. Jahrh.), und die Canebière in der heute gegebenen Gestalt wurde sogar erst im Jahre 1927 eröffnet.

Die breit angelegte **Canebière** ist mit guten Handels- und Ladengeschäften, Straßencafées, Banken, Hotels und Verwaltungsgebäuden bestanden. Sie ist eine beliebte Flanierstraße und besonders den Seeleuten der ganzen Welt bekannt; ein Markenzeichen und Ausdruck des frohen und lebhften Charakters der Stadt.

Ausgehend von dem Quai des Belges hat man gleich rechts das Touristenbüro. Schräg gegenüber die **Börse,** ein Bauwerk aus der Zeit des zweiten Empire. Hier befindet sich die seit dem Jahr 1599 bestehende Handelskammer. Im Erdgeschoß ist das **Musée de la Marine** untergebracht, das mit über 25000 Objekten (Urkunden, Karten, Bildern, Modellen, Originalgegenständen usw.) einen umfassenden Querschnitt durch die Entwicklungsgeschichte der französischen Seefahrt (auch Seeluftfahrt) vermittelt.

Hier vor der Börse fielen im Jahr 1934 König Alexander von Jugoslavien und der französische Außenminister Barthou einem Attentat zum Opfer.

Nördlich hinter der Börse wurde 1967 bei Abbrucharbeiten ein umfangreiches **Ruinenfeld aus griechischer Zeit** entdeckt, das aus der Zeit des 3. und 2. Jahrhunderts v. Chr. stammt und von großer historischer Bedeutung ist, da man die ehemalige Ausdehnung der Griechenstadt bisher unterschätzt hatte. Dieser griechische Stadtteil war durch die Via Recta (heutige Grand'Rue) mit der Agora, dem griechischen Stadtzentrum, unmittelbar verbunden.

Südlich der Börse verläuft die Rue Paradis, die bis zur ganz im Süden liegenden Avenue du Prado reicht, und mit rd. 3 km wohl die längste Straße der Stadt ist. In ihrem nördlichen Teil (bis zum Palais de Justice) ist sie Geschäftsstraße; beim Justizpalast ist Sonntag vormittags Briefmarkenmarkt.

An der Kreuzung der Rue Paradis mit der Rue Grignan liegt (Nr. 19) das Hôtel Montgrand, das sr. Zt. die Residenz des Comte de Grignan war, Gouverneur der Provence und Schwiegersohn der Madame de Sévigné (→ Tricastin**-Grignan-). Der letzte Besitzer, der während der Kaiserzeit vielbeschäftigte Bildhauer Jules Cantini, vermachte das Haus und seine Sammlungen testamentarisch der Stadt. Hier ist nun seit 1951 das **Musée Cantini** der Öffentlichkeit zugänglich, das im wesentlichen ein Kunstgewerbemuseum ist. Diesem angeschlossen ist das **Musée de la fayence de Marseille et de Provence,** wo über 500 gute Stücke der provencalischen Produktion des 17. u. 18. Jahrhunderts zu sehen sind.

Auch die der Rue Paradis parallel laufende Rue St-Ferréol ist Geschäftsstraße mit Kaufhäusern und guten Ladengeschäften.

Nach der Börse erreicht man die Kreuzung der Canebière mit dem Cours Belsunce (nördlich) und dem Cours Saint-Louis.

Dieser Straßenzug (Nord-Süd-Achse) wurde, wie die Canebière, zur Zeit von König Ludwig XIV. eröffnet, an der Stelle der mittelalterlichen Stadtmauern aus dem 14. Jahrhundert. Der Cours Belsunce hieß früher einfach „Cours"; den heutigen Namen erhielt er im 18. Jahrhundert in Erinnerung an den in der Pestzeit als Wohltäter in Erscheinung getretenen Monseigneur de Belsunce.

Der **Cours Belsunce** hat seinen ehemaligen gutbürgerlichen Charakter zu seinem Nachteil verändert. Dies gilt besonders auch für seine nördliche Fortsetzung, die Rue d'Aix, die mit ihren dunkelhäutigen Menschen, ihren arabischen Souks und Djellabas, und ihrem Sprachengewirr fast auch jenseits des Mittelmeeres liegen könnte.

Am nördlichen Ende der Rue d'Aix steht die triumphbogenartige **Porte d'Aix,** errichtet 1825/32, die in Anlehnung an den kurz zuvor (1823) bei Trocadéro (Westspanien) errungenen französischen Sieg, an die Taten der Armeen der Republik und des Empire erinnern soll.

Von der Canebière aus führt gegenüber dem Cours Belsunce südwärts der **Cours Saint-Louis** mit zahlreichen Bürgerhäusern aus dem 17. und 18. Jahrhundert. In seiner Fortsetzung die Rue de Rome. Dort in Nr. 68 wohnte sr.Zt. Désirée, Tochter des Seidenhändlers Clary, die „fast" Kaiserin von Frankreich geworden wäre, dann aber 1798 statt Napoleon dessen General Bernadotte heiratete, der später König von Schweden wurde.

Weiter entlang der Canebière linkerhand der Boulevard Dugommier, der in Verlängerung durch den Boulevard d'Athènes zum Hauptbahnhof **Gare St-Charles** führt, mit seiner Monumentaltreppe und der allegorischen Skulpturendekoration.

Östlich des Boulevard d'Athènes wieder ein „verbrauchtes" Stadtviertel.

Am östlichen Ende der Canebière der „Carrefour des Réformés" mit Blumenrabatten und Kriegerdenkmal 1870/71; hier münden mehrere Straßenzüge ein. Insbes. steht hier die Kirche St-Vincent-de-Paul, erbaut an der Stelle eines ehemaligen Klosters der reformierten Augustiner. Das „gotische" Gesicht der Kirche täuscht: Sie wurde erst 1849/90 errichtet. Auf der Terrasse eine Statue der Jungfrau von Orleans (1943).

Entlang der hier südlich einmündenden Rue A.Thiers und anschließend durch die schmale Rue de la Bibliothèque erreicht man die **Bibliothèque municipale** mit 200000 Bänden, Wiegendrucken, Stundenbüchern usw. Angeschlossen ist das **Cabinet des médailles** mit Münzen aus der Griechenzeit.

Vom Carrefour des Réformés führt der Boulevard Longchamp zu dem im Hintergrund des Boulevard auf einem Hügel liegenden **Palais Longchamp.** Dieser Prunkbau, der mit seiner Breite von 137 m den Boulevard im Osten abschließt, wurde 1862/69 im Stil der italienischen Renaissance erbaut. Beteiligt war dabei der Colmarer Monumentalbildhauer Bartholdi (der u.a. den „Löwen von Belfort" und die Freiheitsstatue im New Yorker Hafen geschaffen hat). Aufwendige Kolonnaden und Brunnenkaskaden, gespeist mit Durance-Wasser. In dem Palast ist das naturgeschichtliche und das Kunstmuseum untergebracht. Hinter dem Palais der **Jardin Zoologique,** an dessen Eingang vier große Tierskulpturen des Bildhauer-Romantikers A.-L. Barye stehen.

Das Musée des Beaux-Arts

wurde zur Zeit des napoleonischen Konsulats (1800) durch Regierungsdekret geschaffen, und erhielt seinen ersten Bestand aus Beschlagnahmungen der regionalen Revolutionsregierung und aus den Eroberungen der napoleonischen Kriege. In der Folge wurde es durch freiwillige Übertragung privater Sammlungen (Borely, Guillaume de Paul, Madame de Surian u.a.) laufend erweitert.

Dieses Museum der Schönen Künste besitzt eine sehr umfangreiche Gemälde- und Skulpturensammlung, vor allem aus dem 15. bis 19. Jahrhundert, und ausgerichtet auf die französische und speziell die provencalische Malerei des 17. bis 20. Jahrhunderts. Letztere ist in einer separaten Abteilung vertreten, u.a. durch den Maler François Granet (1775/1849), Gustave Ricard (1823/73), J.-A. Constantin (1756/1844) und Adophe Monticelli (1824/86).

Den beiden aus Marseille stammenden Künstlern Puget und Daumier sind separte Räume vorbehalten:

Pierre Puget (1620/94) war ein Allround-Künstler des sich in bewegten Szenen ausdrückenden Barock, und hat mit gleichem Erfolg als Maler, Bildhauer, Bildschnitzer und Architekt gearbeitet. **Honoré Daumier** (1808/79), ein scharfer und kritischer Beobachter, Maler, Modelleur und Zeichner, wurde vor allem durch seine ironisierenden und beißend-spöttischen Karikaturen weltbekannt, die ihn seinerzeit sogar ins Gefängnis gebracht hatten.

Seit 1969 ist hier auch ein **Musée pour enfants** (Kindermuseum) angeschlossen, das das Interesse der Kinder bis zu 14 Jahren an Kunst und künstlerischer Betätigung wecken soll.

Im rechten Seitenflügel ist das **Muséum d'histoire naturelle** untergebracht, beginnend mit der Paläontologie. Eine umfangreiche Abteilung ist der provencalischen Flora und Fauna gewidmet.

Schräg gegenüber befindet sich das **Musée Grobet-Labadié,** das mitsamt dem Gebäude im Jahr 1921 von dem Maler und Geigenkünstler Louis Grobet und seiner Ehefrau der Stadt geschenkt wurde. Hier sind Werke der Kunst, der Volkskunst und des Kunstgewerbes, Antiquitäten usw. in dichter Fülle ausgestellt.

D
NOTRE-DAME de la GARDE

Zufahrt über den Quai de Rive Neuve - Rue Breteuil - Boulevard Vauban - Rue Fort du Sanctuaire; z.Tl. 12% Steigung. Auch verschiedene Treppenwege und ein Aufzug vom Boulevard Notre-Dame aus führen auf die Höhe.

Südlich des Alten Hafen erhebt sich auf einem steilen Kalksteingipfel in 162 m Höhe die **Basilique Notre-Dame de la Garde,** erbaut bis 1864 im historisierend nachempfundenen romanisch-byzantinischen Stil.

Dieser Hügel lag stets außerhalb der Stadtmauern und war ehemals offensichtlich mit einem Wachtturm (= garde) bestanden. Im 13. Jahrhundert gab es hier eine Chapelle de la Garde, die im 15. Jahrhundert erneuert wurde, dann aber der prunkvollen Basilika weichen mußte.

Besonders akzentuiert ist der 45 m hohe Glockenturm mit einer 9,70 m hohen vergoldeten Marienfigur auf seiner Spitze und einer 8 to schweren Glocke. Der Innenraum ist ganz in weißem, rotem und grünem Marmor gehalten, ebenso die Krypta, in der sich eine Mater dolorosa von Carpeaux befindet. An den Wänden zahlreiche Exvotos.

Von der Terrasse, die an der Stelle einer Befestigungsanlage (1526) liegt, hat man eine umfassende **Aussicht** (Orientierungstafel).

Am 15. August jeden Jahres ist die Basilika das Ziel einer Pilgerfahrt aus der ganzen Provence. Ebenso an dem dem 22. Juni nächstgelegenen Sonntag.

E
CORNICHE, STRAND und PRADO

Die 5 km lange gut ausgebaute **Corniche (Avenue) J.-F.-Kennedy** führt im Westen und Südwesten des Hügels La Garde an der Meeresküste entlang, die felsigen Einbuchtungen überspringend oder überhöhend, aber mit immer wechselnden Ausblicken auf Küste, Inseln und das südliche Stadtgebirge Montagne de Marseilleveyre. Diese Promenade empfiehlt sich besonders morgens oder am Abend oder nachts unter dem Eindruck der beleuchteten Stadt.

Die Corniche beginnt wenig südwestlich des Parc du Pharo (→ oben A) bei der Anse (Bucht) des Catalans. Nach dem meerwärts gerichteten Monument aux morts de l'Armée d'Orient durchquert die Corniche das Vallon des Auffes mit einem kleinen Fischerhafen, schneidet landeinwärts das vorspringende Felsenkap „Pointe d'Endoume" und erreicht bei der Anse de la fausse monnaie wieder die Felsenküste. Dann die Anse de Vallon de l'Oriol und die von einer im Meer liegenden Felsenbank geschützte Anse du Prophète. Bei der Pointe de Roucas-Blanc beginnt der ausgedehnte Sandstrand **Plage du Prado** mit entsprechenden Installationen.

In der Mitte dieses Strandes mündet senkrecht die Avenue du Prado ein, hier einen „rond point" (Straßenring) bildend, in dessen Mitte eine Nachbildung des „David" von Michel-Angelo steht.

Die Corniche führt nach dieser Einmündung noch weiter am Meer entlang zu den jenseits des Massifs de Marseilleveyre liegenden **Calanques** (→ nachstehend „Umgebung" Ziff. 3).

Unweit von dem genannten Straßenring liegt hinter dem Strand das olympische Stadion, die Pferderennbahn Borély und der 54 ha große **Parc Borély** mit englischen und französischen Gartenanlagen und dem **Botanischen Garten.** Hinter dem von Platanen gesäumten Seeparterre des Parks liegt das **Château Borély,** das 1776/78 für den Schiffseigner dieses Namens erbaut wurde. Nach dem Übergang an die Stadt richtete diese 1863 hier das **Musée archéologique** (Musée Borély) ein, das in der Folge durch Stiftungen erweitert wurde und nun verschiedene Abteilungen hat, die reichhaltige Funde ägyptischer, orientalischer, ligurischer, gallischer, griechischer und römischer Altertümer und Lapidarien aufweisen (Bus Linie 19).

Für die provenzalische Vorgeschichte besonders interessant sind die Plastiken und Lapidarien, die aus dem gallo-ligurischen Sanktuarium **Roquepertuse** stammen (bei Velaux im Arc-Tal, → Aix*-Umgebung-), die hier ihrer Bedeutung entsprechend in einem besonderen Saal ausgestellt sind. Z.B. die Eingangspfeiler jenes Tempels mit Schädelmulden zur Ablage von mumifizierten Köpfen, denn die Gallier liebten es, die abgeschnittenen Köpfe besiegter Feinde als Trophäen (oder zu kultischen Zwecken) anzusammeln.

Die frühchristliche Epoche ist durch reichskulpierte **Sarkophage** des 4. und 5. Jahrhunderts vertreten, die großenteils aus der Krypta (Katakomben) von St-Victor stammen (→ oben A).

Im zweiten Stockwerk ist die **Donation Feuillet de Borsat** ausgestellt, eine umfassende Sammlung von Zeichnungen. (Der Stifter dieses Namens war langjähriger Journalist und Korrespondent namhafter Zeitschriften).

Die obenerwähnte **Avenue du Prado** ist eine breite, 4 km lange Allee, die vom Strand zum Rond Point du Prado führt und dort stadteinwärts (nordwestlich) umbiegt, um in die Rue de Rome einzumünden (→ oben C). An dem genannten Rond Point liegt der **Parc Amable Chanot** mit Sportstadien, Radrennbahn, Schwimmbad, Ausstellungshallen der internationalen Messe, Kongreßpalast und Radio- und Fernsehstudios.

Südlich dieses Parks, auf der anderen Seite des Boulevard Michelet, steht das wohl interessanteste moderne Bauwerk der Stadt, die **Cité Radieuse** von dem international anerkannten Architekten Le Corbusier, ein Wohnkomplex von 140 m Länge und 56 m Höhe (17 Stockwerke), der auch alle, den Wohnbedürfnissen von 1600 Personen dienlichen Dienste enthält.

F
DER NEUE HAFEN

Da der Alte Hafen (→ A) den Anforderungen des inzwischen angebrochenen Dampferzeitalters nicht mehr gewachsen war, wurde seit 1844 an der Meeresküste des Altstadthügels St-Laurent mit dem Bau des **Bassin da la Joliette** begonnen, das damit die Keimzelle des Neuen Hafens bildete. Denn in der Folge dehnten sich die Hafenkais, von einer über 6 km langen künstlichen Mole geschützt, nordwärts über die gesamte Marseiller Küste nördlich des Alten Hafens bis zur Hügelkette Chaîne de l'Estaque aus. Und auch dort kamen sie nicht zum Stillstand, und in den Zwanzigerjahren wurde die genannte Chaîne mit der meereshöhengleichen 7 km langen Wasserstraße **Tunnel du Rove** durchbrochen, der mit 14,40 m lichter Höhe und 22 m Breite die Begegnung von zwei 1000 Tonnen-Schiffen ermöglicht. Dadurch konnte der jenseits der Chaîne liegende Salzsee Etang de l'Estaque und die westlich davon entstandene Industriezone im Bereich des Golfe (Port) de Fos in den Marseiller Hafenbereich einbezogen werden, wozu insbesondere auch der Marseille-Rhône-Kanal beitrug.

Beim Abzug der deutschen Truppen wurden die Hafenanlagen mit angeblich 2500 Minen (alle 25 m eine) gesprengt, und mußten nach 1945 fast vollständig erneuert werden, wobei natürlich gleichzeitig modernisiert wurde.

Augenblicklich besteht der **Port autonome de Marseille** aus folgenden Teilen:

1. **Marseille-Nord,** auf 8 km Küstenlänge mit 300 ha Wasserfläche in 6 großen Hafenbecken mit 130 Liegeplätzen.

2. **Etang de Berre**** (Lavéra, Port de Bouc, Caronte, Berre) mit ca. 6 km Kailänge, vor allem als Ölhafen verwendet.

3. **Port de Fos (Europort du Sud)** mit besonders großen Hafenbassins bis zu 16 m Tiefe und bis 2500 Registertonnen benützbar, bei 450 ha Hafenfläche. Der Hafen bedient u.a. auch das hier erschlossene industrielle Hinterland am Rand der öden Plaine de la Crau, und hat einen Anschluß an das Netz der Autoroute.

4. **Port Saint-Louis** an der Mündung der Grande Rhône, wenig westlich des Port de Fos, mit diesem durch den 5 km langen Canal Saint-Louis verbunden. Vorhanden sind zwei Bassins, spezialisiert auf die Anlandung von Holz und Flüssiggas.

Der neue Hafenbahnhof **Gare maritime** nördlich der Kathedrale gilt als einer der größten und modernsten Europas; er ist mit dem Hafenhotel der Compagnie Général Transatlantique an der Ecke des Boulevard des Dames durch einen Steg verkehrsungefährlich verbunden.

Touristisches:

Den **Ausblick auf die Hafenanlagen** gewinnt man von einer der Hafenterrassen, die man über eine Rampe hinter der Kathedrale erreicht, und wo normalerweise auch ausreichend Parkplatz zur Verfügung steht. Samstag nachmittags und sonn- und feiertags ist die „Dique du Large" (lange Mole) der Öffentlichkeit zugänglich. Motorboote (Vedettes) für **Hafenrundfahrten** liegen im Alten Hafen am Quai des Belges bereit. Der Fahrpreis sollte zuvor vereinbart werden unter Festlegung des Fahrtzieles (bis zu dem wievielten der 7 Hafenbecken? oder bis zum Eingang des Tunnels du Rove? - der übrigens zeitweise unpassierbar ist).

Auskunft: Unterkunftsnachweis, Platzkarten für die Eisenbahn, Wagen ohne Chauffeur, Vermietung bzw. Nachweis von Stadtrundfahrten und Fernbusfahrten: S.I., 4 Canebière, Gare St-Charles, Gare maritime, Aeroport de Marignane, Autoroute Nord.

Unterkunft in ca. 220 Hotels mit ca. 10000 Gastbetten, Jugenherberge und drei ganzjährige Campingplätze.

Unterhaltung und Kur: Oper, Varieté, Music-hall „Alcazar" Diskotheken, Zoologischer Garten, Schwefel-Thermalbad in Camoins-les-Bains, 13 km östlich der Stadt, Bus-Linie 12.

Sport: Golf, Tennis, Nautik-Club am Quai Rive Neuve, Hippodrom, Pferderennen, Radrennbahn, Sportstadien.

Muséen: Musée des Beaux-Arts, Palais de Longchamps.
Musée Grobet-Labadié, Kunst und Kunstgewerbe, 140, Bd. Longchamps.
Muséum d'histoire naturelle (Naturkundemuseum), Palais Longchamp.
Musée d'Archéologie méditerranéenne im Château Borély.
Musée lapidaire (Steindenkmale) im Château Borély.
Musée Cantini (Fayencen), Rue Grignan.
Musée des Docks romains (Ausgrabungen) am Vieux Port.
Musée du Vieux Marseille, (Erinnerungstücke), Rue Caisserie.
Musée de la Marine, Palais de la Bourse.

Strandbäder: Plage des Catalans (Corniche), Petit Vallon (54, Corniche), La Corniche (60, Corniche), Plage du Prado, Port Frioul (Insel).→ auch Etang de Berre**.

Bootsfahrten in die nähere und weitere Umgebung, einschl. der vorgelagerten Inseln. Abfahrt Vieux Port, Ecke Quai des Belges - Rive-Neuve.

Post: Hauptpost (bureau central) Rue Colbert (PLZ. 13001) unweit nordwestlich der Börse.

Flughafen in Marignane am Etang de Berre, 29 km nordwestlich.

Deutsches Konsulat, 338, Av. du Prado.

Umgebung:

1. Château d'If und **Port du Frioul,** mit dem Motorboot ab Vieux Port, Quai des Belges. Gesamtdauer ca. 1½ Std.

Das Boot passiert am Hafenausgang links das Château du Pharo und erreicht in knapp 30 Minuten die kleine Felseninsel d'If, die nur 200 zu 170 m Ausdehnung hat.

Im Jahr 1524 ließ König Franz I., der mit Kaiser Karl im Streit lag, die Insel zur Festung ausbauen, die mit den beiden Festungen am Hafeneingang und der Bastion auf der Höhe de la Garde einen gewissen Verbund bildete. Die Festung, ein typischer Bau des 16. Jahrhunderts, bereits mit Geschützkasematten ausgerüstet, ist noch gut erhalten (vielleicht weil Kaiser Karl V. damals den Landweg wählte, als er 1526 in die Provence einrückte). Später diente das Château als Staatsgefängnis für politische Gefangene, und viele Gedenktafeln erinnern an solche. Weltbekannt wurde das Château durch den Roman von A. Dumas „Der Graf von Monte-Christo".

Von der Terrasse bietet sich eine umfassende **Aussicht** auf die Nachbarinseln (→ unten), auf die Küste von Marseille und auf den 14 km südwestlich mitten im Meer stehenden 68 m hohen Leuchtturm du Panier (alle 5 Sekunden ein weißer Blitz).

Unweit westlich hinter dem Château liegen die Inseln Ratonneau (2700 m lang, 100 bis 600 m breit) und Pomègues, etwa ebensogroß und beide auch mit Befestigungsanlagen. Diese beiden Inseln sind durch einen Damm verbunden, wodurch der Hafenplatz **Port Frioul** mit Strand und Wassersportbetrieb entstanden ist.

2. Die **Montagne de Marseilleveyre,** ein bis 435 m hohes, stark gegliedertes Kalksteinmassiv, das trotz seiner geringen Ausdehnung (4 km lang) viele touristische Möglichkeiten einschließlich des Klettersports bietet. Aufstiege zum Sommet sind möglich von **La Madrague** aus (Bus-Linie 19 ab Place Félix-Baret) oder über **Baumettes** (Bus Linien 22 und 23 ab Place Félix-Baret). In letzterem Fall ist eine Kammwanderung (blaue und schwarze Markierung) über den Col de Sormiou nach dem **Fischerhafen Les Goudes** an der Westküste möglich (3½ Std. - dort Bus-Linie 19).

Östlich der Montagne de Marseilleveyre schließen sich die **Crêtes de Morgiou** (bis 276 m) und das **Massiv de Puget** (bis 546 m) an, die ostwärts bis **Cassis** reichen, kleiner Fischer- und Jachthafen und Seebad (Busverbindung mit Marseille).

3. Die **Calanques.** Man bezeichnet damit die tief eingeschnittenen Buchten der zerklüfteten Küstenregion südlich von Marseille, die am Fuß der Montagne de Marseilleveyre (→ Ziff. 2) von Les Goudes ostwärts bis Cassis auf ca. 20 km anzutreffen sind. Aber auch die Küste selbst wird so genannt, sie ist die abenteuerlichste Felsenküste der Provence. Ein gekennzeichneter Fußweg führt in Sichtweite des Meeres entlang, bequemer ist ein Bootsausflug (ab Quai des Belges) mit Aufenthalten an den wichtigsten Calanques Sormiou, Morgiou und En-Vau. Im Falle einer Fußwanderung ist wegen der Unübersichtlichkeit des Geländes der „Guide des Calanques" (vom Club Alpin Français) zu empfehlen., der in den Buchhandlungen, bestimmt aber im Verlag Frezet, 8, Rue Paradis, erhältlich ist.

4. Die **Chaîne de l'Etoile** ist ein steil bis 781 m ansteigendes Kalksteinmassiv, mit akzentuiertem Kamm im nördlichen Teil. Es schließt die Ebene von Marseille im Norden und Nordosten sichelförmig ein. Nord- und Nordostteil sind durch einen Einschnitt getrennt, durch den die Verbindungsstraße „N 8 bis" von Marseille (Allauch) nach Cadolive bzw. der N 96 am Nordhang des Bergstockes führt.

Für eine Überquerung des Bergkammes empfiehlt sich das schmale romantische Bergsträßchen, das von **Allauch** (→ unten) bzw. **Le Logis-Neuf** aus genau nordwärts in Richtung **Mimet** führt. In 525 m erreicht man die **Chapelle Notre-Dame des Anges** mit Resten einer Eremitage, und dem darüberstehenden Aussichtspunkt Rocher du Paradis. Nach weiteren 3 km in 615 m der **Col (Paß) Ste-Anne.**

Im Mittelalter lag das Dorf auf dem nordöstlich angrenzenden Hügel, auf dem sich heute die **Wallfahrtskapelle Notre-Dame du Château** (1859, Exvotos, Aussicht) befindet, und wo noch etliche Grundmauern, insbesondere von der ehemaligen Dorfbefestigung aus dem 13. Jahrhundert vorhanden sind.

Vom Paß den Nordhang abwärts erreicht man in 512 m das am Hang erbaute Dorf **Mimet,** von wo aus man am Nordhang der Chaîne entlang auf der „N 8 bis" wieder Marseille (oder auch Aix) erreichen kann.

Von hier eine Kammwanderung in südwestlicher Richtung (blaue Markierung): Man passiert Notre-Dame de Roue (669 m), wo auf den ausgezackten Dolomitfelsen die Spuren eines vorrömischen „castellas" (Fluchtburg) vorhanden sind. Westlich davon der **Pilon du Roi** (670 m), dessen Gipfel eine Kletterpartie erforderlich macht.

Allauch (11 000 Einw.) liegt an einem Ausläufer des vom Rocher de Carlaban (711 m) beherrschten südöstlichen Teils der Chaîne de l'Etoile. Kirche aus dem 16./17. Jahrhundert mit Fassade aus dem 18. Jahrhundert. Gemälde „Mariä Himmelfahrt" von Adolphe Monticelli (1824/26). In der Nähe mehrere Mühlen aus dem 17. Jahrhundert, eine davon als lokales Erinnerungsmuseum eingerichtet.

5. 20 km östlich liegt das Städtchen **Aubagne** (32 000 Einw., 50 Gastbetten, Spezialität: Keramik) in einer lieblichen geschützten Talmulde. Die enggebaute Altstadt liegt auf einer Anhöhe.

In der Nähe das **Camp de la Demande,** eine Heimatsiedlung der Veteranen der Fremdenlegion. Im Ehrenhof führt die „Voie sacrée" zum Ehrenmal für die Toten der Legion von 1931, das sr. Zt. beim Rückzug aus Nordafrika mitgebracht wurde.

3 km südlich von Aubagne liegt in einem Hochtal die Neusiedlung **Carnoux-en-Provence** (3000 Einwohner, 150 Gastbetten), die 1957 von Marokko-Heimkehrern gegründet und sich 1962 durch Zuzug von Algerienfranzosen erweitert hat. Verehrt wird eine Copie von Notre-Dame d'Afrique, die die Schutzpatronin des französischen Algerien war. Seit 1966 ist Carnoux eine selbstständige Gemeinde.

5 km nordöstlich von Aubagne (D 43d) liegt am Fuß der Chaîne de la Sainte-Baume die Häusergruppe **Saint-Jean-de-Garguier** mit einem Château aus dem 18. Jahrhundert und einer alten Abtei mit **Wallfahrtskapelle Saint-Jean,** in der sich mehrere Hundert gemalte Exvotos aus der Zeit seit dem 16. Jahrhundert befinden. Am 24. Juni brennt hier das Johannisfeuer, verbunden mit einem folkloristisch geprägten Volksfest.

6. 17 km nördlich von Marseille (seitlich der N 8 nach Aix) liegt auf einem Hügel das Dorf **Cabriès** (2500 Einw.) mit mittelalterlicher Umwallung, befestigten Toren und altem Château.

3 km weiter in Richtung Aix liegt wenig östlich der Durchgangsstraße das Dorf **Bouc-Bel-Air,** (4000 Einw.) das rund um einen Felsen mit den Ruinen eines Feudalschlosses erbaut ist. Romanische Kirche mit schönem Portal (12. Jahrh.). Aussicht auf die Chaîne de l'Etoile.

An der Straße das Château d'Albertas, ein Jagdschloß aus dem 18. Jahrhundert (die Albertas waren die Herren des Herzogtums Luynes bei Aix).

MONTÉLIMAR

(30 000 Einw.) liegt etwas abgesetzt am östlichen Ufer der Rhone und berührt deren Nebenfluß Roubion. Seit Jahrhunderten wird hier die Nugatherstellung (aus Mandeln und Honig) praktiziert; seit unserem Jahrhundert in verstärktem Maße. Auf einer Anhöhe im Osten der Stadt das aus einer mittelalterlichen Festung (12. Jahrh.) entstandene **Château Mont-Adhémar** (Aussicht) der ehemaligen Feudalfamilie dieses Namens, wovon der Name der Stadt abgeleitet ist. Montélimar gehört zwar zum Département Drôme, ist aber als das „nördliche Tor zur Provence" anzusprechen, denn mit Zypressen und Ölbäumen zeigt sich ab hier die südländische Landschaft.

Auskunft (ca. 300 Gastbetten): Syndicat d'Initiative, Allées Champ de Mars. Postleitzahl: F 26200.

Umgebung:

1. Rundfahrt jenseits der Rhone über **Roche Maure*, Viviers*, Donzère** und zurück.

2. Das **Tricastin**,** eine abwechslungsreiche Hügellandschaft innerhalb des Städtedreiecks Montélimar - Nyons - Orange.

Die Römer waren nicht nur Eroberer, sondern ganz besonders auch Zivilisatoren, wovon die Ruinen der MEUNERIE am südlichen Rand der Alpilles ein überzeugendes Beispiel geben. Hier bediente ein Aquädukt eine regelrechte „Mehlfabrik", nämlich 16 in einer Doppelreihe am Hang untereinanderstehende Einzelmühlen, „transmissionslos" dadurch in Bewegung gesetzt, daß der von oben kommende Wasserstrahl von einem Schaufelrad auf das nächst darunterliegende sprang.

NÎMES

(170 000 Einw.) ist eine Präfekturstadt des Départements Gard, und Bischofsstadt. Die elegante und lebhafte Stadt liegt auf einer Ebene, im Nordwesten im Halbkreis von den Heide- und Maquisbergen der Garrigues umgeben. Sie ist wegen ihrer Baudenkmäler berühmt, die jedes Jahr den festlichen und zweckvollen Rahmen für künstlerische Darbietungen bieten.

Aber auch die moderne Industrie ist aktiv. Die Fabrikation umfaßt Kleidung und Schuhe, Möbelstoffe, Teppiche, Strohwaren, Schokolade, Sirup, Bier, Maschinen usw. Handelszentrum für Wein, Spirituosen, Getreide und sonstige landwirtschaftliche Produkte.

Nîmes verdankt seinen Urspung einer gallischen Siedlung und seinen Namen dem Wassergeist seiner Stadtquelle: Nemausus. Als Colonia Augusta Nemausus wurde die Stadt unter Kaiser Augustus eine römische Veteranenkolonie und erhielt schon wenige Jahre vor der Wende der Zeitrechnung ihre Stadtmauer und die große Wasserleitung (Pont du Gard*). Im 2. Jahrhundert erreichte sie ihre römische Blütezeit mit einer Einwohnerzahl ähnlich der heutigen. Durch die Einfälle der germanischen Völkerchaften und die Raubzüge der Sarazenen hat die Stadt im frühen Mittelalter schwer gelitten. Im Jahr 1273 wurde sie als Bestandteil der Grafschaft Languedoc dem französischen Königreich einverleibt. Im selben Jahrhundert schlossen sich die Bürger von Nîmes der Reformbewegung der Albigenser an, doch im Verlauf des „Kreuzzuges" der päpstlichen Partei ergab sich die Stadt widerstandslos. Im 14. Jahrhundert wurden die Juden vertrieben und im 16. Jahrhundert wurde Nîmes, wie die Nachbarstadt Uzès, hugenottisch und war lange Zeit ein Bollwerk dieser neuen Religion in Südfrankreich. Eine lange Periode von Unruhen, Religionskriegen und Verfolgungen begann, die praktisch erst mit der Großen Revolution endete.

Im Wappen der Stadt erscheint seltsamerweise ein an einer Kette liegendes Krokodil: Es symbolisiert den Sieg, den die hier angesiedelten Legionäre im Land des Nils gegen Kleopatra errungen hatten.

Römische Altertümer:

(P. Boulevard des Arènes oder unweit davon im „Parking Souterrain" unter der Place Libération)

Das **Amphitheater „Les Arènes"**, erbaut zu Anfang des 1. Jahrhunderts, ist bei weitem nicht das größte seiner Art („nur" 21000 Plätze), aber es ist sicher das am besten erhaltene mit noch vorhandenem oberen Stockwerk einschließlich Attika. In vorspringenden Konsolen sind z.Tl. sogar noch die Stangenlöcher für die schattenspendenden Zeltplanen zu sehen. Die Außenmaße sind 133 zu 101 m. Durch die 124 Tore konnte sich die Arena innerhalb von Minuten leeren.

Nach dem Abzug der Römer diente das Bauwerk verschiedenen anderen Zwecken. Die Westgoten machten im 5. Jahrhundert eine Stadtbefestigung daraus, unter Hinzufügung von Türmen. Später war dies der Standort des „Corps des Chevaliers des Arènes", noch später wurde ein„Armenviertel" daraus, in welchem zeitweise 2000 Personen wohnten. Erst im 19. Jahrhundert, als man begann, sich auf die Vergangenheit zu besinnen, wurde das Amphitheater restauriert und falsche Zutaten und der Schutt der Jahrhunderte beseitigt. Heute finden in dem Bauwerk allerlei Freiluftveranstaltungen, u.a. Stierkämpfe (nach spanischer Art) statt.

Entlang des Boulevard Victor-Hugo erreicht man bei der Place de la Comédie das **Maison Carrée,** ein ehemaliger Tempel, der dem Kaiserhaus gewidmet war.

Dieser Tempel war sr. Zt. der Mittelpunkt des Forums (Markt- und Versammlungsplatz), und als solcher von 3 Seiten von Säulenhallen (Wandelgängen) umgeben, die eine Gesamtbreite von 65 m hatten. Das Forum als solches war das Zentrum der Stadt.

Der guterhaltene Tempel ist 15 m breit, 26 m lang und 17 m hoch. Hinter der von 10 korinthischen Säulen (auf attischen Basen) getragenen Vorhalle befindet sich die Cella, in die eine 7 m hohe und 3 m breite Türöffnung führt.

Nach den Römern hatte auch dieses Bauwerk verschiedentlich andere Verwendung. Zeitweise war es Verwaltungssitz (Rathaus), dann in Privathand Taubenhaus und Pferdestall. Die Augustinermönche richteten 1670 hier eine Kirche ein. In Folge der Revolution kam der Tempel in den Besitz der Stadt, die ihn als Archiv, dann als Gemäldegalerie verwendete.

Heute dient der Tempel als **Antikenmuseum** und birgt vor allem solche Stücke, die aus der Zeit des Tempels stammen, z.B. den Bronzekopf des Apollon, die aus über 100 Bruchstücken wiederzusammengesetzte Statue der bekannten „Venus von Nîmes" u.a.

Westwärts erreicht man über den Quai de la Fontaine den wunderschönen spätbarocken **Jardin de la Fontaine,** der in den Jahren 1730 bis 1760 im Bereich der an anderer Stelle erwähnten Nemausus-Quelle angelegt wurde; die ihrerseits bereits vorher während der Römerzeit zu einem ausgedehnten Nymphäum ausgestaltet war (Nymphäum = ein von Nymphen geschützter Quellplatz und ihnen gewidmeter Kultplatz, denn Quellen wurden, ähnlich wie Blitz und Donner, als übernatürlich betrachtet). Von dem Nymphäum ist nur eine beträchtliche saalartige Ruine übriggeblieben, genannt **Temple de Diane,** die aber mit Sicherheit kein Tempel war, sondern evtl. ein Teil von Thermen.

Der Jardin de la Fontaine setzt sich am Hang des nördlich ansteigenden Mont Cavalier fort, auf dessen Höhe sich die **Tour Magne** erhebt. Das heute noch ca. 30 m hohe Bauwerk hat am Boden fast 20 m Durchmesser. Es wird angenommen, daß der Turm ein Siegesdenkmal war. Unweit davon eine **Aussichtsterrasse.**

Andere Sehenswürdigkeiten

Die Kathedrale Notre-Dame et St-Castor im Stadtzentrum. Im 11. Jahrhundert erbaut, wurde sie im vergangenen Jahrhundert fast ganz erneuert. Friese an der Fassade sind noch Original. Im Innern (3. Kap. rechts) ein christlicher Sarkophag.

Neben der Kathedrale, im alten Bischofspalast, das **Musée du vieux Nîmes,** ein Volkskundemuseum. Wenig östlich davon, am Boulevard Admiral Courbet, das im ehemaligen Jesuitenkloster eingerichtete, sehr sehenswerte **Musée archéologique** mit **Cabinet des Médailles** (Münzkabinett). Am selben Boulevard die guterhaltene Ruine des aus dem Jahr 16 v.Chr. stammenden Stadttores **Porte d'Arles,** (auch Porte d'Auguste).

Wenig südlich der Arènes das reichhaltige **Musée des Beaux-Arts** (schöne Künste).

Wäre noch zu erwähnen die **Fontaine Pradier** (1848) auf der Place de la Libération (dort auch Tiefgarage) mit der Symbolfigur „Nîmes" von dem Pariser Bildhauer Pradier.

Auskunft (1200 Gastbetten): S.I., neben Maison Carrée.

Veranstaltungen: Musik-, Tanz- und Theaterfestspiele, Weinlesefest, am Donnerstag vor Pfingsten die Feria de Pentecôte, Stierkämpfe vor allem von Juni bis September. Veranstaltungskalender vom S.I.

Umgebung:

1. Ca. 23 km nordöstlich der **Pont du Gard***

2. Ca. 19 km südöstlich **St-Gilles*,** u.a. romanische Kirche mit wundervoller Fassade. – Noch weiter südlich die **Camargue**.**

3. 43 km südwestlich nach **Aigues-Mortes*,** mittelalterliche Festungsstadt.

4. Der **Gouffre** (Abgrund) **de Dions** (auch Gouffre Espélugues oder Espeluca genannt). 22 km entlang der N 16 (Richtung Alès) bis La Calmette. Dann 3 km ostwärts nach Dions. In den 70 m tiefen Gouffre führt ein Pfad hinab.

5. 15 km westlich, an der Straße D 40, liegt das unscheinbare Dorf Nages mit den darüberliegenden Resten des ehemaligen gallischen **Oppidum Nages,** das seit der Jungsteinzeit bewohnt war. Die hier gemachten Funde befinden sich im Musée archéologique von Nîmes. Auffahrt zum Oppidum am besten über Langlade und Les Baraques. Unweit westlich davon liegt am Fuß des Roc de Gachone das malerische Weinbauerndorf **Calvisson,** wo man in dem „Atelier de Calvisson" mit malen und teppichweben Aktivurlaub vermachen kann.

ORANGE

(28000 Einw.) liegt am Meyne-Flüßchen unweit dessen Einmündung in die Rhone, und angelehnt an einen freistehenden Hügel, wie das bei den Römern zur Anlage ihrer Terrassen-Theater so beliebt war. Orange ist ein Handelszentrum für Frühgemüse und Obst. Berühmt ist es wegen seiner römische Baudenkmale.

Geschichte: Die gallische Siedlung Aransio wurde in der Zeit des Kaisers Augustus zur römischen „Colonia Julia Secondanorum Aransio". „Secondanorum" deshalb, weil hier die Veteranen der 2. Legion angesiedelt wurden. Mit ihrem Theater, Amphitheater, Gymnasium und Zirkus, und ihren Thermen und Tempeln war die Stadt eine der schönsten Galliens. Im Jahr 412 wurde sie von den Westgoten erobert und zerstört. Der fränkische Kaiser Karl der Große setzte zur Verwaltung der Comté Orange Grafen ein, deren Herrschaft durch Heiraten und Erbschaften einem ständigen Wechsel unterworfen war. U.a. waren zeitweise auch die Herren von Baux (→ Les Baux*) im Besitz der Stadt.

Beim Übergang des Venaissin in päpstlichen Besitz (→ Avignon*) blieb die Comté Orange eine im Lehen der Provence stehende Exclave, die 1559 durch Erbschaft und Vertrag an Wilhelm von Nassau, den Statthalter der Niederlande, fiel, der sich von nun an „Wilhelm von Oranien (= Orange)-Nassau" nannte. Und sogar bis nach Südafrika weist die Namensspur von Orange, wo sich der Burenstaat Oranje bildete, heute ein Teil der Südafrikanischen Union. Seine Nachfolger bauten die Stadt zu einer Festung aus und errichteten auf der Höhe St-Eutrop (über dem römischen Theater) eine Zitadelle.

Aber unter Ludwig XIV. herrschte zwischen Frankreich und der Niederlande Krieg, und Ludwig kassierte im Jahr 1672 Orange und ließ die Befestigungsanlagen der Stadt und die Zitadelle schleifen.

Während der Schreckenstage der Großen Revolution 1793/94 starben fast 400 Bürger der Stadt unter der Guillotine.

Sehenswürdigkeiten:

Wenn man von Norden auf die Stadt zufährt, dann erfolgt die erste Begrüßung dieser Römerstadt durch ihren prächtigen dreitorigen **Arc de Triomphe,** der ein Erinnerungsmal der Siege der Soldaten der 2. Legion über die Gallier darstellt, wie dies besonders in den Kampfszenen auf der Attika über dem mittleren Durchgang illustriert und dokumentiert ist. Er wurde nach dem entscheidenden Sieg Cäsars im Jahre 49 v. Chr. errichtet und steht hinsichtlich seiner Dimension (je 19 m hoch und breit) an dritter Stelle der römischen Bauwerke dieser Art. Auch ist er einer der am besten erhaltenen.

Der Ruhm und das Andenken der Legionäre hat jedoch offensichtlich ihren Tod nicht überlebt, denn bereits 50 Jahre nach seiner Erstellung wurde das Monument umfunktioniert und den Siegen des Kaisers Tiberius geweiht.

Im 13. Jahrhundert haben die Herren von Orange dieses Denkmal in die Stadtbefestigung miteinbezogen und zu einem Verteidigungsfort ausgebaut, genannt „Château de l'arc". Im 19. Jahrhundert wurde es dann restauriert und von zweckfremden Zutaten befreit.

Besonders instruktiv ist die der Stadt abgewandte Nordfront, während die westliche Schmalseiten durch Beschädigung uninteressant geworden ist.

Nach dem Arc de Triomphe stadteinwärts erreicht man gleich nach der Meyne-Brücke die breiten Boulevards, die das Stadtzentrum an der Stelle der ehemaligen Stadtwälle in weitem Bogen umziehen, zum großen Teil von dem Flüßchen begleitet. Über den Boulevard rechterhand (Rue Lacour) erreicht man das am Südende des Stadtzentrums liegende römische **Théatre Antique.** Dieses ist trotz der Steinräuberei während des Mittelalters (für Mauerbau und Zitadelle) das schönste und besterhaltene der römischen Welt. Im Gegensatz zu dem von Arles ist dieses hier an einem Hügel erbaut, der das natürliche Gefälle für die Sitzreihen bildet.

Die 103 m lange und 38 m hohe Eingangsfront grenzt an die Place des Frères-Mounet, die ehedem ein Park mit Säulenumgängen war. Auf die ganze Länge dieser Vorderfront sieht man oben noch die beiden Reihen vorspringender Kragsteine, welche einst die Masten für die schattenspendenden Sonnensegel aufnahmen.

ORANGE. Das römische Theater ist das schönste und besterhaltene der römischen Welt. - Links die Szenenwand, noch immer imposant, trotzdem sie ihre ehemalige Mamorverkleidung und ihren Säulen- und Figurenschmuck eingebüßt hat.

Der Innenraum des Theaters mit der reich gegliederten **Szenenwand** ist in ihrer Substanz erhalten; es fehlen jedoch die Marmorverkleidung, die Säulendekoration, die Mehrzahl der Statuen und das ehemalige Holzdach über der Szene. Aus Bruchstücken wieder zusammngefügt und an ihrem angestammten Platz in der Zentralnische wieder aufgestellt, wurde die Statue des Kaisers Augustus, mit 3,55 m Höhe eine der größten des römischen Reiches. Längs der Szenenwand ist noch die schmale Vertiefung erhalten, in welcher Szenenvorhänge zum aufziehen bereitlagen. Vorhanden waren ehedem 10000 Sitzplätze.

Unmittelbar neben der Westseite des Theaters wurden Elemente eines **Gymnasiums** (Sport-und Rennbahn) festgestellt, dessen Südende dieselbe Halbrundform wie das Theater hatte, mit einem großen Tempel im Mittelpunkt. Von hier aus erstreckte sich die 80 m breite Rennbahn etwa 400 m nordwärts.

Hügelaufwärts, genau in der Achse des Gymnasiums, lag ein kleiner Tempel und darüber auf einer Plattform das ca. 60 m breite **Capitol** mit weiteren 3 Tempeln.

Zwei Straßen führen auf den Stadthügel **Colline St-Eutrop** (P), der zu einem öffentlichen Park gestaltet ist. Dort die Reste der im 17. Jahrhundert zerstörten Zitadelle und des Capitols, sowie Aussichtsplatte (Orientierungstafel) mit Blick auf das Theater und die Stadt.

Seitlich gegenüber dem Theater befindet sich das **Musée de la Ville** mit Lapidarien und sonstigen Erinnerungsstücken. Darunter insbesondere Teile eines römischen Katasterplans auf Marmor.

Auskunft (ca. 500 Gastbetten): S.I. Cours A. Briand (Parkplatz)
Veranstaltungen: Aufführungen der verschiedensten Art im Antiken Theater.

Umgebung:

1. 16 km südwärts nach **Châteauneuf-du-Pape,** ein Weinbauort und Stadtteil von Orange (2000 Einw.), wo der berühmte Wein dieses Namens produziert wird. Die namengebende ehemalige Sommerburg der Päpste wurde in den Religionskriegen zerstört. Vorhanden ist insbesondere noch ein hoher Turm, der jedoch im letzten Krieg beim Rückzug der deutschen Truppen schwer beschädigt wurde.

2. Für Entomologen: 8 km nordöstlich in **Serignan** das Insektenmuseum Fabre.

3. 11 km nordwestlich (an der Straße nach Bollène) liegt das Dorf **Mornas** (1300 Einwohner, 50 Gastbetten) am Fuß eines steilrandigen Kalksteinplateaus. Z.Tl. erhaltene Umwallung mit Toren. Romanische Kirche beim Friedhof jenseits der Bahnlinie. Dort Aufstieg zu der steil aufragenden Ruine des **Château** aus dem 12. Jahrhundert (zerstört im 16. Jahrhundert), das mit seiner turmbestandenen Wehrmauer auf der Höhe eines Felsens ein eindruckvolles Bild bietet.

PERNES-les-FONTAINES

(6000 Einw.) liegt 6 km südlich von Carpentras am Nesque-Fluß. Ihren Beinamen hat die Stadt von den rund 32 Brunnen, die Straßen und Plätze zieren. Obst- und Gemüseanbau mit Früchte-Konservierungsindustrie.

Pernes war vor Carpentras einige Zeit Hauptstadt des Comtat.

Sehenswürdigkeiten:

Flußaufwärts entlang dem Quai de Verdun erblickt man rechterhand den viereckigen Turm **Tour Ferrande** aus dem 13. Jahrhundert mit interessanten Wandgemälden (sehr seltene frühgotische Profanmalerei!) aus der Zeit der Erbauung des Turmes. Weiter flußaufwärts die Brücke Notre-Dame mit der zweitürmigen befestigten **Porte Notre-Dame** (16. Jahrh.). Vor der Brücke der hübsche Brunnen Fontaine du Cormoran (18. Jahrh.), auf der Brücke die Chapelle Notre-Dame, jenseits der Brücke die **Kirche Notre-Dame-de-Nazareth** aus dem romanischen 12. Jahrhundert, aber im 16. Jahrhundert gotisch erneuert, vielleicht infolge von Kriegsschäden, denn die Kirche lag außerhalb der Stadtmauer. Zu letzterer gehörten, außer der genannten Porte Notre-Dame, auch die gleichfalls noch vorhandenen Stadttore Porte de Villeneuve und Porte de St-Gilles. - Auf dem Stadthügel die Reste des Château der Comtes de Toulouse, insbesondere der viereckige Donjon aus dem 13. Jahrhundert, später überbaut mit einem Glockenkäfig.

Auskunft (680 Gastbetten): S.I., Place de Verdun.

Umgebung:

1. 7 km südöstlich liegt am Hang des Plateau de Vaucluse das Dorf **La Roque-sur-Pernes** (300 Einw.) mit Obst- und Weinbau. Zeitgeschichtlich interessant ist, daß hier im Jahr 1951 ca. 40 Familien deutschsprechender Banat-Flüchlinge angesiedelt wurden, deren Vorfahren im 18. Jahrhundert aus dem Elsaß und Lothringen ausgewandert waren.

2. 10 km ostwärts (über St-Didier mit seinem Château) nach **Venasque*** mit seinem interessanten Baptistère.

PERNES-LES-FONTAINES.
Die romantische befestigte PORTE-NOTRE-DAME
mit Kapelle und Brücke gleichen Namens (→ S. 204).

Der PONT DU GARD

(bei Remoulins) ist ein Teil der römischen Wasserleitung, die vor 2000 Jahren Nîmes aus einem 25 km entfernten Quellgebiet bei Uzès* mit Wasser versorgte.

Die Gesamtlänge der Wasserleitung war jedoch etwa doppelt so groß wie die Luftlinie, da das Gelände keine direkte Zuleitung zuließ. Berge mußten umgangen werden, und der Kanal mußte z.Tl. auch unterirdisch in Tunnels verlegt werden, und außer dem Gard mußten 6 weitere (allerdings kleinere) Täler in Aquädukten überquert werden.

Der Höhenunterschied zwischen Quellfassung bei Uzès und dem Wasserverteiler in Nîmes betrug 17 m, was also einem Gefälle von durchschnittlich nur 34 cm pro Kilometer entspricht; angesichts der damals noch primitiven Nivellierungsinstrumente eine ganz besondere Leistung.

Die Wasserleitung war auf ihrer gesamten Länge gemauert und mit Platten oder Gewölben überdeckt. Die Römer kannten zwar das Prinzip der „kommunizierenden Röhren" seit langem, aber sie waren damals produktionstechnisch noch nicht in der Lage, Druckröhren dieses erforderlichen Querschnitts (für 2000 cbm pro Tag) herzustellen.

Der Bau der Leitung erfolgte vermutlich um das Jahr 19 v.Chr. (28 Jahre vor der Römerschlacht im Teutoburger Wald) auf Anordnung von Agrippa, dem Schwiegersohn des Kaisers Augustus,der in jener Zeit Gouverneur in Gallien war, denn die Römer legten auf eine gute und ausreichende Wasserversorgung ihrer Städte den größten Wert.

Der **Pont du Gard,** der hier das Tal des Gard- (bzw. Gardon-) Flusses überspannt, ist der imposanteste Teil der Wasserleitung. Er besteht aus 3 übereinanderstehenden Arkadenbrücken; die untere hat 6, die mittlere 11 und die obere, in der der Kanal liegt, 35 Bögen. Auf dieser Höhe ist der Pont 275 m lang. Das Ganze ist vom Flußbett aus fast 50 m hoch, der Wasserkanal war 1,20 m breit und 1,85 m tief. Die einzelnen Blöcke der beiden unteren Etagen sind mörtellos zusammengefügt.

In späteren Zeiten wurde die untere Bogenetage zu einer Straßenbrücke verbreitert.

Bei jeder der zahlreichen Belagerungen von Nîmes wurde der Aquädukt von den Belagerern unterbrochen, aber immer wieder repariert. Seit dem Rückzug der Römer aus Gallien im 4. Jahrhundert wurde er nicht mehr instandgehalten, und die Kalkablagerungen im Kanal verminderten dessen Kapazität um mehr als die Hälfte. Seit dem 9. Jahrhundert war die Wasserleitung unbrauchbar, und die Umwohner holten sich hier ihre Bausteine. Der Pont wurde dann aber in der Mitte des vorigen Jahrhunderts als Geschichtsdenkmal auf Anordnung von Kaiser Napoleon III. restauriert.

Treppenfußwege führen auf die Höhe des Pont, der (nur für Schwindelfreie!) oben überquert werden kann. Parkplatz und Übernachtungsgelegenheit nahebei.

Besonders schöner Anblick auf den Pont vom oberen rechten Flußufer beim Eingang zum Château St-Privat.

PONT-SAINT-ESPRIT

ein ehemaliges Fischerdorf, heute über 8000 Einwohner, verdankt seine Entwicklung und seinen Namen der Rhone-Brücke, die zwischen 1265 und 1309 von der „Confrérie des Frères Pontifes", einer Vereinigung von Idealisten aus Avignon, erbaut wurde. Durch den damit entstandenen Straßenknotenpunkt wurde Pont-St-Esprit ein wichtiger Etappenort.

Sehenswürdigkeiten:

(P. im Schatten der Allées Jean Jaurès beim Hospice)

Entlang der Rue St-Jacques (schöne alte Häuser) zur **Terrasse** (Aussicht!) über dem Rhoneufer. Dort, an der Place St-Pierre, die frühere Kirche dieses Namens aus dem 17. Jahrhundert, die Pfarrkirche aus dem 15. Jahrhundert und die Chapelle des Pénitents (Büsserkapelle) im Barockstil.

Von hier abwärts zum Uferquai und zur **Rhone-Brücke.** Diese ist fast 1000 m lang. Von den ursprünglich 25 Bögen sind noch 19 Im Original (restauriert) erhalten. Zur Erleichterung der Schiffahrt wurden schon vor längerer Zeit die beiden ersten Bögen durch einen einzigen mit größerer Höhe ersetzt, der jedoch bei den Kriegsereignissen 1944 zerstört und inzwischen durch einen Brückenteil in Eisenbeton erneut ersetzt wurde. Die Befestigungsanlagen beiderseits der Brücke sind inzwischen fast restlos verschwunden.

Auskunft (ca. 100 Gastbetten): S.I., Place St-Michel unweit der Brücke.

Umgebung:

1. Nordwestlich die wildromantische **Ardècheschlucht (Canyon de Ardèche),** über deren nördlichem Steilrand eine 40 km lange Aussichtsstraße bis Vallon-Pont-d'Arc hinaufführt. Von dort kann man mit einem Boot wieder durch die Schlucht zurückfahren.

2. 24 km westwärts, bei Orgnac l'Aven, befindet sich die gewaltige Tropfsteinhöhle **Aven d'Orgnac,** eine der größten unterirdischen Sehenswürdigkeiten Frankreichs.

ROCHEMAURE (Château de)

Oberhalb des gleichnamigen Dorfes, jenseits von Montélimar und am Westrand der Kalksteinberge Coiron, erhebt sich auf einem Basaltfelsen die imposante Ruine der Festung aus der Feudalzeit (13. bis 16. Jahrhundert), die ursprünglich der in der ganzen Gegend begüterten Familie Adhémar gehörte. Es handelt sich also nicht um ein „Maurenschloß", wie man aus dem Namen schließen könnte; dieser ist vielmehr auf die Farbe des vulkanischen Basaltfelsens (= roche noir) zurückzuführen. Die Festung wurde in den Religionskriegen des 16. und 17. Jahrhunderts von den Hugenotten belagert und zerfiel seit dem 18. Jahrhundert.

Auffahrt (2 km) in engen Serpentinen. Vom Schloßterrain aus schöne Aussicht auf die Ebene von Montélimar bzw. das Tricastin.

Unweit nördlich (ca. 400 m) liegt rechts des Sträßchens die alte zerfallene Kapelle St-Laurent.

An ihrer Fassade wurde nachträglich ein „Magisches Quadrat" eingesetzt, das man in einer benachbarten Schlucht gefunden hatte.
Es lautet:

S A T O R
A R E P O
T E N E T
O P E R A
R O T A S

und ist von allen Seiten, also vor- und rückwärts und von oben und von unten zu lesen. Diese Zauberformel ist bereits aus dem im Jahr 79 n.Chr. verschütteten Pompeji überliefert. Die (nicht ganz sinnvolle) Übersetzung lautet etwa: Sämann Arepo hält mit Mühe die Räder. Die christliche Entschlüsselung hat aus den vorhandenen Buchstaben den zweimal in Kreuzesform angeordneten Anruf PATERNOSTER (N in der Kreuzesmitte) gebildet; zusätzlich zweimal A und O, frühchristliches Gottessymbol.

Weitere 2 km oberhalb (bei der Kapelle rechts halten!) vorbei an der Häusergruppe Les Videaux, eine Parkgelegenheit kurz nach dem Kastanienwäldchen. Von dort kurzer Fußmarsch in Serpentinen zum **Pic de Chenavari** (507 m) mit umfassender **Rundsicht.**

ROCHEMAURE mit der phantastischen Ruine seines Château, liegt am Nordrand der Provence und am westlichen Ufer der Rhone. Man begegnet dem Ort, wenn man die wärmstens empfohlene WESTLICHE RHONE-STRASSE für die Auffahrt benützt (→ S. 208).

HOTEL
CAFE DU CENTRE
BAR

La ROQUE-d'Anthéron

(3000 Einwohner, 40 Gastbetten) ist ein Marktflecken am Nordrand des Bergzugs Chaîne des Côtes und unweit südlich des Duranceufers. Im Dorf das Barockschloß der ehemaligen Dorfherrschaft (1605).

Unweit östlich (1,5 km) das alte Zisterzienserkloster **Abbaye de Silvacane** (S.= Schilfrohrwald), das im Jahr 1444 in einem von der Dorfherrschaft und den Herren von Baux zur Verfügung gestellten Sumpfland (heute trockengelegt) errichtet wurde. Nach der Plünderung und dem Brand im Jahr 1357 (Beginn des Hundertjährigen Krieges, mit plündernden Banden) begann der Niedergang. Langezeit als Bauernhof profaniert, wurde die Anlage 1846 vom Staat übernommen und restauriert.

Die **Klosterkirche** zeigt den zisterziensisch einfachen, aber großartigen romanischen Stil, der infolge der ins 13. Jahrhundert hineinreichenden Bauzeit auch mit gotischen Spitzbogen „gekreuzt" wird. Querschiff mit 2 mal 2 „orientierten" Apsiden. An der linken Seite des Chors sind noch Teile eines steinernen gotischen Tabernakels vorhanden.

Der um eine Mannshöhe tiefer liegende **Kreuzgang** an der nördlichen Langseite der Kirche (Zugang vom östlichen Joch des nördlichen Seitenschiffs) stammt aus dem Ende des 13. Jahrhunderts. Auch hier der romanisch-gotische Zwischenstil.

Umgebung:

Südlich und westlich erstreckt sich das bizarre Kalksteinmassiv **Chaîne des Côtes** in einer Ost-West-Länge von 10 km und einer Breite von 4 km und bis zu 479 m hoch. Einige z.T. 19° ansteigende Straßen und Wege führen in oder durch diese einsame und praktisch unbewohnte Berglandschaft, wo es jedoch manche Burgen und Kapellen (z.B. die romanische Chapelle Ste-Anne de Goiron in ca. 450 m Höhe, Höhleneinsiedelei, Felsengräber) und kelto-ligurische Oppidi zu entdecken gibt.

ROUSSILLON

(900 Einw., 40 Gastb.), liegt in exponierter Stellung auf der Kuppe eines der Hügel (390 m) zwischen dem Südabfall des Plateau de Vaucluse und dem Coulon-Fluß, unweit von Apt*. Die Landschaft um Roussillon und Apt ist geprägt vom **Ocker,** der in zahlreichen Brüchen zutage tritt und der Landschaft (aber auch den Häusern) farblich seinen Stempel aufdrückt.

Bei dem hier abgebauten Ocker-Rohmaterial handelt es sich um eine mehr oder weniger variierende Mischung aus Sand, Ton und Eisenoxyd. Die Aufbereitung erfolgt durch Auswaschen in einer mehrstufigen Beckenfolge, deren Extrakt nach Trocknung zu Pulver zerstoßen wird und dann zur Herstellung von Farbpasten der verschiedensten Verwendungsarten dient. Mit einer Jahresausbeute von ca. 5000 Tonnen ist die Provence einer der bedeutendsten Produzenten der Welt.

Roussillon wird vor allem wegen der hier gebotenen **Aussicht** aufgesucht. Solche Aussichtspunkte sind im Bereich des Postamts (daneben P.) der Ausblick südwärts auf die **Aiguilles du Val des Fées,** Felsennadeln in einer Ockerlandschaft, und nach Osten, (beim Friedhof) auf den Steilhang **Chaussée des Géants (**= Fahrbahn der Riesen). Ein dritter Ausblick (nach Norden) vom **Castrum** aus, einer Felsenplattform mit Orientierungstafel auf dem höchsten Punkt des Hügels. Hier auch die **romanische Kirche** mit klassizistischer Fassade und Rokokostuckatur.

SAINT-GILLES

(12000 Einw.) ist ein Städtchen am Nordrand der Camargue**, unweit des westlichen Delta-Armes Petit Rhône, aber direkt am Rhône-Sète-Kanal. Gewerbliche Aktivitäten: Gemüsekonserven, Reisaufbereitung, Brennerei, Binsenmatten, Plastikröhren, Textilien.

Nach der Überlieferung wirkte hier im 8. Jahrhundert der hl. Ägidius (Gilles), ein Grieche, zunächst als Einsiedler, dann als Abt des von ihm erbauten Klosters der Benediktinerregel. In der zweiten Hälfte des 12. Jahrhunderts entstand die romanische Abteikirche, um welche eine Handelsstadt wuchs. In den Religionskriegen des 16. und 17. Jahrhunderts wurde die Kirche zerstört, im selben Jahrhundert kleiner wieder aufgebaut.

Von der alten Kirche ist noch die herrliche **romanische Westfassade** vorhanden, deren drei Portale mit Tympanons und verbindenden Friesen besonders reich skulpiert sind. Der Chor der

---

SAINT-GILLES am Nordrand der Camargue. Von einer in den Religionskriegen zerstörten Kirche ist die herrliche ROMANISCHE WESTFASSADE noch weitgehend erhalten geblieben.

alten Kirche (mit Sarkophagen) liegt noch als Ruine. Erhalten blieb auch die **Vis** (= Schraube) **de St-Gilles,** die Wendeltreppe des nördlichen Glockenturms, ein Meisterwerk der Steinmetzkunst.

Unter der Kirche die 50 m lange und 25 m breite dreischiffige **Krypta** mit der Grabstätte des Heiligen (die jedoch erst aus dem 11. Jahrhundert stammt) und einer kleinen archäologischen bzw. Lapidariensammlung.

Unweit westlich der Kirchenfassade befindet sich das **Maison roman,** eines der seltenen noch vorhandenen romanischen Profangebäude, natürlich entsprechend restauriert, mit kleinem Museum. Nach der Überlieferung soll es das Geburtshaus des Papstes Clemens IV. (1265/68) sein.

Auskunft (150 Gastbetten): S.I., im Maison roman.

Sport und Veranstaltungen: Stierkämpfe mit „Abrivado" (Auftrieb der Stiere). Campingplatz mitten in der Stadt, Sporthafen am Kanal, Ausritte, Freibad, Wannenbäder, Wochenmärkte am Donnerstag und Sonntag vormittag. Am 29. August Wallfahrt zum Grab von St-Gilles; am 1. September Fête de St-Gilles; am 30./31. Oktober Jahrmarkt.

Umgebung:

5 km nördlich (Richtung Bellegarde) befindet sich neben der Straße das neuerbaute Stau- und **Pumpwerk Pichegu.** Hier wird Rhonewasser hochgepumpt, damit es von hier im freien Lauf große Gebiete der Regionen Bas-Rhône und Languedoc bewässern kann.

SAINT-RÉMY-de-Provence

(8500 Einw.) liegt am Fuß der Alpilles und am Südrand der fruchtbaren Region Petit Crau. Zentrum für Anbau und Handel in Blumen, Gemüse und Sämereien.

St-Rémy ist die Nachfolgerin der wenig südlich gelegenen antiken Stadt Glanum (→ nachstehend). Die Bewohner siedelten sich hier an, nachdem Glanum im 3. oder 4. Jahrhundert zerstört worden war.

Das Stadtzentrum ist von einem kleinen Boulevard-Ring umgeben. An diesem bzw. an der Place de la République steht die aus dem letzten Jahrhundert stammende Kirche St-Martin mit einem Glockenturm aus dem 14. Jahrhundert. Unweit nördlich davon das Volkstumsmuseum Musée des Alpilles, untergebracht in einem Haus des 16. Jahrhunderts. Dicht dabei das **Hôtel de Sade** (15./16. Jahrh.) mit interessanten Fundstücken aus

Glanum,

der gallo-griechischen, dann gallo-römischen Ruinenstadt ca. 1 km südlich von St-Rémy beiderseits der Straße D 5.

In dem gallisch-ligurischen „Glanum" bei dem sich auch ein Nymphée (Quellheiligtum) befand, siedelten sich seit dem 3. Jahrhundert v.Chr. auch handeltreibende Griechen an. Im 2. Jahrhundert v.Chr. war dies schon eine respektable Stadt an der Verbindungsstraße Durance-Rhône (Italien-Spanien), die sogar eigenes Geld prägte. Nach der Einnahme von Marseille durch Cäsar im Jahr 49 v.Chr. traten die Römer an die Stelle der Griechen, deren Einfluß und Handel mehr und mehr ausgeschaltet wurde. In dieser Zeit wurde mit dem Bau der für römische Städte üblichen Monumentalbauten begonnen. Der einsetzende Wohlstand der inzwischen 4 bis 5000 Einwohner zählenden Stadt währte drei Jahrhunderte, bis sie im 3. Jahrhundert n.Chr. von den aus dem Norden kommenden Eroberern größtenteils zerstört wurde. Daraufhin verließ die übriggebliebene Bevölkerung die Ruinen, die bald darauf vom Staub der Zeit und von Anschwemmungen aus den rückwärtigen Tälchen zugedeckt waren.

Während die „Antiques" (→ nachstehend) schon immer bekannt waren, wurden Lage und Umfang der Stadt selbst erst im 19. Jahrhundert wieder bekannt. Die Ausgrabungen begannen 1921 und sind noch im Gange.

Als erstes erblickt man auf einer kleinen Terrasse rechts der Straße

Les Antiques,

d.h. ein turmförmiges Denkmal und einen hohen Torbogenbau. Bei dem ersteren handelt es sich nicht um ein Mausoleum (obwohl es meist so genannt wird), sondern um einen **Epitaph** (Gedächtnismal) zum Gedenken an die in jungen Jahren auf Kriegszügen umgekommenen Enkel des Kaisers Augustus, Caius und Lucius. Das bestens erhaltene hohe Monument hat einen mit Schlachtenszenen reich dekorierten quadratischen Sockelbau. Das Mittelgeschoß öffnet sich nach den 4 Seiten in Rundbögen, mit Inschrift im darüberstehenden Architraph. Darüber, mit kräftigen Gesimsen abgesetzt, eine offene Rotunde, gebildet aus 10 kannelierten Säulen; darin die Statuen von zwei Personen.

Unweit davon das römische **Monumentaltor,** genannt **Arc Municipal.** Es handelt sich dabei weder um einen Triumphbogen noch um ein Stadttor, sondern um ein torförmiges Erinnerungsmal an ein nicht mehr festzustellendes Ereignis. Es wurde, wie das Epi-

taph, kurz nach Beginn der neuen Zeitrechnung erbaut. Der 6,80 m hohe Bogensturz trägt ein Bandmuster von Früchten und Blättern, das Bogeninnengewölbe ein ungewohntes Wabenrelief. An den Seiten der Bogenpfeiler sind Skulpturen mit Trophäen und Gefangenen auszumachen.

Die Ruinen von Glanum liegen östlich der Straße am Ausgang zweier Täler. Sie sind auf einer kurzen Auffahrt zu erreichen.

Es lassen sich drei Bauperioden unterscheiden:

1. die griechische Periode mit großformatigen Bauquadern, ohne Mörtel zusammengefügt.

2. die Periode der provisorischen Romanisierung bis zur Einnahme von Marseille durch Cäsar - man verwendete kleine unregelmäßige Bausteine.

3. die römische Aufbauperiode von etwa 49 bis 270 n.Chr. - verwendet wurden kleine aber gut und regelmäßig gearbeitete Bausteine, von einem harten Mörtel zusammengehalten.

Über die Ausgrabungen wird an Ort und Stelle ein ausführlicher illustrierter Führer mit Lageplan verkauft, der dem jeweiligen Stand der Ausgrabungen entsprechend jährlich neu aufgelegt wird.

Im wesentlichen sind bis jetzt folgende Objekte aufgedeckt: Die durch das Ruinenfeld führende Straße „Rue des Thermes", unter welcher der Kanal verläuft, der ehemals die aus den beiden Talmulden einströmenden Wasser ableitete.

Griechische Peristyl-Häuser an der Westseite der Straße, z.Tl. mit Resten von Mosaikfußböden.

Gegenüber die Thermen.

Angrenzend das Forum (Markt- und Versammlungsplatz). Einige Tempel usw.

Ganz im Süden ein nach Osten ausgerichtetes gallo-ligurisches Heiligtum aus dem 6. Jahrhundert v.Chr. Nahebei ein **Nymphée** (Quellheiligtum) griechischen Ursprungs, später von den Römern erneuert und erweitert, sowie mit einem Tempelanbau versehen.

SAINT-RÉMY (am nördlichen Fuß der Alpilles) ist wegen seiner bis in die vorrömische Zeit zurückreichenden Altertumsdenkmale einer der interessantesten Orte der Provence. Unser Bild: Das turmförmige römische Gedächtnismal LES ANTIQUES und das römische Monumentaltor ARC MUNICIPAL, beide aus der Zeit des Kaisers Augustus.

Zu erwähnen wäre noch das der unweit unterhalb davon gelegene ehemalige **Kloster St-Paul-de-Mausole** mit romanischer Kirche und Kreuzgang. Seit 1806 dient die Anlage als Heilanstalt, in der sr.Zt. auch der Maler Vincent van Gogh während eines Jahres untergebracht war.

Auskunft: (350 Gastbetten): S.I. Place Jean Jaurès am südlichen Standtausgang.

Unterhaltung und Sport: Diskotheken, Stierkampf mit Alt- und Jungtieren (nicht „à la mort"), folkloristische Veranstaltungen. Angeln (Erlaubniskarte beim S.I.)

Umgebung: St-Rémy eignet sich vorzüglich als Standort zum Besuch der **Chaîne des Alpilles****, Informationsschrift über Wanderrouten beim S.I.

SAINTES-MARIES-de-la-MER

(2500 Einw.) ist der Hauptort der Camargue**, Fischerort und Badestrandplatz, vor allem aber ein weltbekannter Wallfahrtsort, gelegen auf einer kleinen Erhebung (früher Inselchen) am Südrand der Camargue unweit der Einmündung der Petit Rhone. Der Ort hat mit 376 qkm (eingeschlossen die Naturschutzgebiete und Etangs) die größte ländliche Gemeindemarkung Frankreichs.

Durch die starke Entwicklung des Badewesens in neuerer Zeit hat der überkommene Charakter und der poetische Charme des Ortes gelitten. Noch vor wenigen Jahren wegen der romantischen Zigeunerwallfahrten ein Geheimtip, ist Saintes-Maries-de-la-Mer heute stark „in Mode" gekommen.

Der breite, flache Badestrand erstreckt sich kilometerweit beiderseits des Dorfes. Er kann z.Tl. auch mit dem Wagen befahren werden, obwohl seit der Sturmflut von 1984 etliche Sicherungsmaßnahmen getroffen und Einschränkungen eingetreten sind.

Nach der Legende sind im Jahr 40 n.Chr. nach ihrer Vertreibung aus Jerusalem hier mehrere Heilige an Land gegangen, darunter auch Maria Jakobäa (Schwester der Madonna), Maria Salomé (Mutter des Apostels Jakobus d.Ä. und des Johannes) und Sara, die schwarze Dienerin der beiden. Diese Dreiheit entspricht der vorchristlich hier verehrten gallischen Dreiergruppe der „Matres" (Schützer der Frauen und Kinder) bzw. der entsprechenden römischen Dreiergruppe der „Junones", welchen ein Altar in der Krypta geweiht war).

Nach ihrem Tode wurden sie nach der Überlieferung in einer Kapelle bestattet, die an der Stelle eines heidnischen Heiligtums errichtet wurde und die ihrerseits durch die spätere romanische Festungskirche (→ unten) ersetzt wurde. Bei Ausgrabungen auf Anordnung von König René wurden im Jahre 1448 ihre Überreste in der Kirche wiedergefunden, und die nunmehr in Schreinen untergebrachten Reliquien der

3 Heiligen wurden zum Gegenstand volkstümlicher Wallfahrten, darunter der alljährlichen Zigeunerwallfahrt, da diese Nomaden besonders die hl. Sara, ihre Schutzpatronin, verehren und bei dieser Gelegenheit alle 3 oder 4 Jahre ihre Königin wählen.

Die **romanische Wallfahrtskirche,** die im 12. Jahrhundert an der Stelle einer früheren Reliquienkapelle errichtet wurde, hatte man angesichts der ständigen Piratengefahr im 14. Jahrhundert als Wehrkirche umgebaut; aus diesem Grunde auch mit eingebautem Brunnen. Interessante und seltsame Säulenkapitelle. Über dem Chor ein wachtturmartiger Aufbau, in dem die Chapelle Haute mit den Reliquien der beiden Marien eingrichtet ist (deswegen auch Chapelle Châsses genannt). Die Reliquien werden nun zu den Wallfahrtstagen in die Kirche verbracht.

Unter dem Chor der Kirche die niedrige **Krypta,** in der sich u.a. Statue und Reliquie der hl. Sara befinden, wie auch zahlreiche Exvotos der Zigeuner. Hier auch ein heidnischer Altar, Zeugnis der uralten Geschichte des Ortes.

Unweit der Kirche ist im alten Rathaus das **Musée Baroncelli,** ein Naturkundemuseum der Camargue, eingerichtet.

Auskunft: (55 Gastbetten): S.I., Avenue van Gogh. PLZ: 13460.

Veranstaltungen: Zigeunerwallfahrt am 24. und 25. Mai. Weitere Wallfahrten am dem 22. Oktober nächstgelegenen Samstag und Sonntag, sowie im Dezember, jeweils unter Beteiligung der Gardians (Camarguehirten) und arlesischer Trachtengruppen, und mit Volksfesten verbunden. „Fête Vierginenco“ im Juli, folkloristische Feste in der Sommersaison.

Unterhaltung und Sport: Stierkampf, Theater, Rundfahrten durch die Camargue, Tennis, Wasserski, Schwimmen, Angeln, Diskotheken, Campingplatz, Reiterferien (stunden-, tage- oder wochenweise).

Umgebung:

1. 4 km nördlich, an der N 570, liegt der **Parc zoologique municipal,** der vor allem die komplette Vogelwelt der Camargue präsentiert.

2. Der Badestrand beim Dorf setzt sich ostwärts über mehrere Kilometer Länge mit befahrbarer Sandpiste fort. Dort wird auch das unreglementierte Campen toleriert (ohne Gewähr).

3. Die **Camargue****.

4. 4 km nördlich ländlicher Stierkampf in Rodeo-Art in **Cacharel,** auch mit Amateuren.

SALON-DE-PROVENCE. Die originelle FONTAINE MOSSUE (Moosbrunnen) ist ein Markenzeichen der Provinzstadt (→ S. 218).

ORIEN
NTAL

SALON-de-Provence

(40000 Einw.) liegt am Ostrand der Plaine de la Crau, etwa halbwegs zwischen den Bergzügen Alpilles-Lubéron und dem Etang de Berre. Die Stadt gruppiert sich rund um einen Felsenhügel, auf dem das erzbischöfliche Château steht. Salon ist eine hübsche und angenehme Provinz-Metropole mit dem Vorzug der Übersichtlichkeit. Empfehlenswerter Standort für Besuche der interessanten urwüchsigen Umgebung (→ unten). Seit 1937 befindet sich hier auch die Luftwaffenschule der französischen Armee (die man leider auch zu hören bekommt).

Zur Römerzeit Rastplatz an der hier durchführenden Überlandstraße Via Aurelia, ist im 10. Jahrhundert das „Castrum Salone" als Beitztum der Erzbischöfe von Arles urkundlich erwähnt. Diese waren von den Grafen der Provence unabhängig und hatten hier ihre zeitweilige Residenz und Fluchtburg (weil sie mit ihren Bürgern in Arles nicht zurechtkamen).

Während der nominellen Herrschaft der deutschen Kaiser war Salon eine reichsunmittelbare Stadt unter der Lehensherrschaft der Erzbischöfe von Arles, woran noch der Name des Château (→ unten) erinnert. Noch 1365 bestätigte der deutsche Kaiser Karl IV. anläßlich seiner Krönung in Arles die Sonderrechte der Stadt Salon.

Die berühmtesten Söhne der Stadt sind der weltweit noch heute bekannte Astrologe und Weissager Nostradamus (gest. 1566) und der Ingenieur Adam de Craponne (1525/76), Erbauer des nach ihm benannten Kanals, mit welchem ein Teil der Trockenebene Crau von der Durance her bewässert wird.

Sehenswürdigkeiten:

In dem engeren Stadtbereich sind **Parkplätze** für rd. 1000 Wagen vorhanden, ungezählt die üblichen Parkgelegenheiten entlang der Straßen. Als nächstliegend kommt für den Touristen inbesondere die Place Général de Gaulle (100 Plätze dicht hinter dem S.I.) in Betracht. Der Zugang zum unterirdischen Parkraum de l'Empéri befindet sich bei der Place Gambetta am südlichen Rand der Altstadt.

Der Ovalring von z.Tl. schattigen Boulevards (Cours), die an die Stelle der ehemaligen Stadtwälle getreten sind, ist überwiegend im Uhrzeigersinn zu befahren, worauf man sich schon bei der Einfahrt in die Stadt einstellen kann.

Die wichtigsten Verkehrs- und Lebensadern der Stadt sind der **Cours Carnot** mit der auf der platanenbeschatteten Place Crousillat stehenden originellen Fontaine Mossue (Moosbrunnen), und der **Cours Victor Hugo**, die zusammen die nördliche Neustadt von der um das Château gruppierten Altstadt abgrenzen. Der an der Place Crousillat stehende Torturm **Porte de l'Horloge**(17. Jahrh.) vermittelt den nördlichen Zugang zur Altstadt, die z.Zt. von baufälligen und erhaltungsunwürdigen Altbauten befreit wird.

Das **Château de l'Empéri** (Empire = römisch-deutsches Kaiserreich) der Erzbischöfe von Arles wurde im 10. Jahrhundert begonnen (davon noch der nördliche Baukörper zwischen den beiden Innenhöfen mit der Kapelle) und im 13. Jahrhundert umgebaut bzw. erweitert. Es stellt mit einer Ausdehnung von ca. 170 m eine der eindrucksvollsten Großburgen des Landes dar. Das Château hat zahlreichen Belagerungen widerstanden, nicht jedoch dem Provence-Erdbeben von 1909, das Teile der Befestigungsmauern und zwei Türme zum Einsturz brachte bzw. schwer beschädigte. Im Jahr 1860 wurden in den großen Vorhof Kasernen eingebaut, die den Gesamteindruck des Schlosses beeinträchtigen.

Hier ist auch das **Musée national d'art et d'histoire militaire** untergebracht, das die Zeit seit Ludwig XIV. bis zu unseren Tagen umfaßt und mit ca. 15 000 Einzelstücken eine der umfassendsten Sammlungen dieses Sektors darstellt.

Östlich unterhalb dem Château die **Pfarrkirche St-Michel,** erbaut um 1200 zur Zeit des Stilwechsels von der Romanik zur Gotik. Archaische Skulpturen im Tympanon der Fassade, vielleicht von einer früheren Kirche stammend. Unweit östlich davon, am Cours Victor Hugo, das **Hôtel de Ville,** ein schöner Bau aus der Zeit des Sonnenkönigs Ludwig XIV., sowie ein weiterer Turm (Tour de Bourg-Neuf) der ehemaligen Stadtmauer. Vor dem Rathaus das Denkmal (1854) für den erwähnten Kanalbauer Craponne.

Die Rue Maréchal Joffre führt nordwärts zur **Dominikanerkirche Saint-Laurent** (1344), die typisch für die Gotik der Provence ist. Von der früher an dieser Stelle vorhanden gewesenen romanischen Kirche gibt es noch ein Seitenportal mit darüberstehendem romanischem Turm, aber gotischem Helm. In der Kirche ein Relief Kreuzabnahme (16. Jahrhundert - 1. Kapelle links) und zeitgenössisches Grabmal des Nostradamus (3. Kapelle links), sowie karolingische Taufbecken.

In einem schönen Pavillon an der Rue Gaston Cabrier (Oststadt) wurde 1977 das **Musée de Salon et de la Crau** (Musée de Vieil -Salon) eingerichtet. Musée (und Haus) Nostradamus in der Altstadt.

UMGEBUNG von SALON

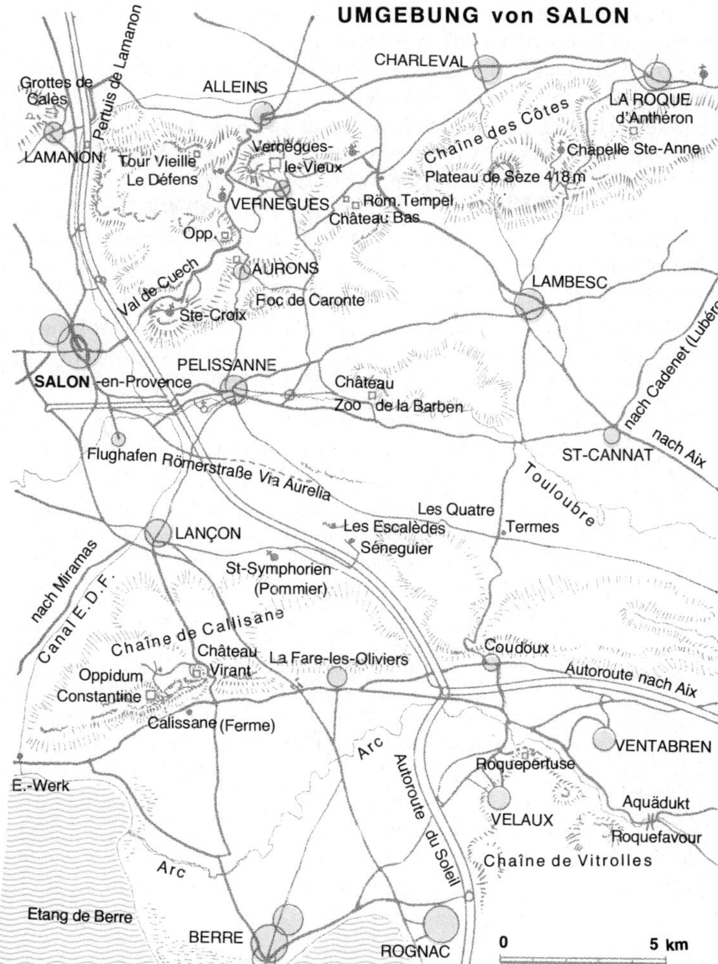

Auskunft (500 Gastbetten): S.I. am Cours Carnot am nordwestlichen Rand der Altstadt (Parkplätze). PLZ: 13300.

Veranstaltungen: Wochenmarkt am Mittwoch vormittag, wo die ganze Stadt auf den Beinen ist; Jahresmessen am 6. und 22. Mai, 30 September und 10. November; Festival de l'Empéri in der zweiten Julihälfte, Kunstausstellungen.

Sport und Unterhaltung: Freibäder, Hallenbad, Hippodrom, Aerodrome, (Rundflüge), Tennis, Jugendhaus, 8 Campingplätze und 2 „Campings ruraux" in der Umgebung, Theater, Kinos, Rundfahrten, Reiterzentrum, 2 Nachtclubs.

Umgebung:

Östlich von Salon erstreckt sich ein teilweise bewaldetes oder mit Eichenbuschwerk bedecktes Hügelland, bis ca. 320 m hoch, Ausläufer der ostwärts an die Durance grenzenden Bergkette Chaîne des Côtes. Die teilweise zu scharfrandigen Kalksteinplatten abgeflachten Bergkämme sind oft schwer zugänglich und dienten deshalb vor der Römerzeit der gallo-ligurischen Urbevölkerung zur Anlage ihrer befestigten Städte (Oppidum), deren Spuren, (Mauern, Treppen, Aushöhlungen) man gerade in diesem Gebiet besonders oft antrifft. Der Entdeckerfreude sind hier kaum Grenzen gesetzt.

1. Das Sträßchen D 16 führt ostwärts durch das Val de Cuech in 7 km zu dem wenig unterhalb der Straße liegenden Dörfchen **Aurons,** das am Hang seines Burgfelsens liegt. Die Burg selbst (le Castellas) ist fast verschwunden, geblieben ist der Burgfelsen mit steinzeitlichen Wohnhöhlen. Der Fels selbst heißt nun Roque de la Vierge, weil auf ihm nun eine Madonnenstatue ins Tal blickt (leichter Aufstieg). Winzige romanische Kirche (11. Jahrh.) mit davorstehender mehrhundertjähriger Platane von 8 m Umfang. Unterhalb des Dorfes die Schlucht de la Goule, und über der Schlucht das Oppidum de Caronte. Die Spuren eines weiteren Oppidum (Mauern, Treppe, Aushöhlungen) finden sich oberhalb des Dorfes auf der Höhe 332 (von weitem sichtbarer trigonometrischer Punkt) nördlich in dem Winkel des Straßenabzweigs.

3 km weiter nordöstlich der D 22b erreicht man **Vernègues,** das 1909 durch das Provence-Erdbeben zerstört wurde, dessen Zentrum sich hier befunden hatte. Die Ruinen des alten zerstörten Dorfes mit Château aus dem 12. Jahrhundert liegen 1 km oberhalb des nach dem Beben neu angelegten Unterdorfes. Auf der Höhe und am Hang des Plateaus prähistorische Wohnhöhlen, Felsengräber, alte Windmühlen, und Reste eines Oppidum.

2 km westlich des Randes des Plateau de Vernègues ist in einem tiefer gelegenen rundlichen Waldstück der Beobachtungs- und Signalturm „Tour Vieille" auszumachen, der dort auf einem schwer zugänglichen zylindrischen Felsklotz steht. Auch dort beachtliche Reste eines Oppidum oder Sanktuarium.

Die UMGEBUNG VON SALON ist besonders reich an weitgehend unbekannten Sehenswürdigkeiten und Naturschönheiten. Unser Bild: Vorgeschichtliche Wohnhöhlen am Burgfelsen von AURONS.

2 km östlich von Vernègues, an der D 22, liegt die Domäne **Château-Bas** (Privatbesitz). Im Bereich dieser Domäne (bei der neuen Betonwarenfabrik) finden sich die Reste eines römischen Diana-(oder Minerva-) Tempels aus dem 2. Jahrhundert, bestehend vor allem aus einer korinthischen Säule und einem Mauerrest der Cella. Angebaut ist die romanische **Kapelle St-Césaire,** offensichtlich aus den Steinen des eingestürzten Tempels.

2. Nördlich unterhalb des Plateaus de Vernègues liegt das Dorf **Alleins** (1000 Einw.) mit den Resten der alten Dorfbefestigung. Auf einem Felsen die Ruine eines Château aus dem 16. Jahrhundert, mit interessantem Treppenturm. Auf dem Friedhof kleine romanische Kapelle mit römischen Fragmenten, die evtl. von dem Tempel bei Château-Bas (→ Ziff. 1) stammen.

Östlich von Alleins erstreckt sich das stark zerklüftete und schwer zugängliche Bergland **Chaîne des Côtes** und an dessen nördlichem Fuß **La Roque d'Anthéron** und die **Zisterzienserabtei Silvacana** (→ La Roque*).

3. Wenig östlich von Salon liegt am Touloubre-Fluß das große Dorf **Pelissanne** (4000 Einw.), ein ehemaliger römischer Wohnplatz namens Pijavis. Neuerdings Ausgrabung einer römischen Villa mit Nekropole bei der Chapelle St-Laurent, 1 km südwestlich des Dorfes (zwischen der D 68 und der D 15).

4 km östlich des Dorfes (D 22a) liegt auf einem Felsen über dem Touloubre-Fluß das sehenswerte (und zu besichtigende) **Chateau de la Barben,** das im 12. Jahrhundert als Festung erbaut, und später (nach Beschädigung 1630 in den Religionskriegen) zu einem **Feudalschloß** umgebaut wurde. Schöne stilgerechte zeitgenössische Inneneinrichtung. Großer Park mit Wildtieren und mit Aquarium (Vivarium). Besuch und Besichtigung ist sehr lohnend (viel Parkplatz und kein Touristenrummel, weil weitgehend unbekannt).

10 km nordöstlich von Pelissanne liegt am Fuß der Chaîne des Côtes das rund um seinen Kirchenhügel erbaute Städtchen **Lambesc** (3500 Einwohner, 30 Gastbetten, Umgehungsstraße), konzentrisch von Boulevards umgeben. Kirche aus dem 17. Jahrhundert, mit Glockenturm aus dem 14. Jahrhundert, dessen Helm bei dem Erdbeben von 1909 einstürzte und nicht mehr erneuert wurde. An der Hauptstraße der **Torturm l'Horloge** mit dem bemerkenswerten Uhrautomaten Jacquemard. Schöne Stadtpaläste und Portale (17. und 18. Jahrh.) im Stil von Aix, wenn auch etwas bescheidener in den Ausmaßen. Interessante Brunnen und Waschhäuser seit dem 16. Jahrhundert.

Zu den Sehenswürdigkeiten in der Umgebung von Salon zählt auch das im 17. Jahrhundert zu einem Feudalschloß umgebaute CHÂTEAU DE LA BARBEN (das besichtigt werden kann) und der angrenzende Tierpark.

4. 5 km südöstlich von Salon liegt **Lançon,** ein Landstädtchen (3000 Einw.) mit geschichtlicher Vergangenheit, die man schon von weitem an dem hochgebauten festungsartigen **Château** der Seigneurs des Baux (12. Jahrh.) erkennt. Die noch vorhandenen Teile der Stadtmauer stammen aus dem 16. Jahrhundert. Der Zugang zur Stadt erfolgt am besten von Süden her. Dort auch der Friedhof mit der bemerkenswerten romanischen **Chapelle Saint-Cyr.**

3 km östlich von Lançon (D 19) die Chapelle de Pommier (St-Symphorien). Dort eine antike Nekropole. 2 km östlich davon, jenseits der Autobahn, bei der Ferme Sénéquier, die Reste des **Oppidum Escalette** (Escalèdes).

4 km südlich von Lançon, entlang der „Route des Fourches" (D 21) liegt am felsigen Südrand der Chaîne de Calissane, 200 m westlich dieser Straße, das sogenannte **Château Virant,** ein offensichtlich vorrömisches Sanktuarium, und das **Oppidum Constantine** (näheres → Etang de Berre**).

5. 3 km südwestlich von Salon liegt am Touloubre-Fluß abseits des Durchgangsverkehrs das alte Handwerkerdorf **Grans** (3000 Einw., 30 Gastbetten), dessen Kern mit der festungsartig aufgebauten Kirche eine kleine, kreisrunde Scheibe bildet, umgeben von einem Alleenring. Als Ursprung des ehemals befestigten Dorfes gilt die auf dem Hügel Baou-Majour festgestellte römische Siedlung. Hübsche Hausfassaden aus dem 18. Jahrhundert. Folkloristische Weihnachtsmitternachtsmesse. Romanische Kapelle St-Georges 3 km östlich des Dorfes.

Fontaine Marie-Rose in einem Picknick-Wäldchen. Camping rural in der Domäne de Canebière.

6. 7 km nördlich von Salon liegt am Fuß der Montagne du Défens das Dorf **Lamanon,** das dem hier zwischen zwei Bergzügen vorhandenen planebenen Durchlaß den Namen **Pertuis de Lamanon** gegeben hat. Dieser weniger als 1 km breite „Pertuis" (= Loch oder Öffnung) war ehedem von der Durance südwärts in die Bergbarriere gebrochen worden, bevor sie ihr Bett westwärts in Richtung Avignon verlegte. Heute gestattet der Pertuis auf engstem Raum den Durchtritt von 3 Straßen, 2 Kanälen, der Eisenbahn und der „Autoroute du Soleil" in Richtung Marseille.

Links an der Kirche von Lamanon (Parkplatz) vorbei erreicht man auf einem Treppenpfad (immer dem Kopfsteinpflaster nach!) in 15 Minuten die oberhalb des Dorfes in einem verborgenen und im Notfall auch zu verteidigenden Bergsattel liegenden **Grottes de Calès,** eine vorgeschichtliche Wohnhöhlengruppe (man zählt über 100 Einzelhöhlen), geschaffen von den vorkeltischen Ligurern, später von den Sarazenen als Stützpunkt für ihre Raubzüge benutzt. Sie waren noch bis ins Mittelalter bewohnt oder dienten zumindest als Zufluchtsstätte. Die beiden den Bergsattel abschließenden Mauern stammen aus dieser mittelalterlichen Zeit.

Die GROTTES DE CÀLES
sind eine interessante vorgeschichtliche Wohnhöhlengruppe
mit an die 100 Einzelhöhlen, gelegen in einem
versteckten Bergsattel bei LAMANON, wenig nördlich von Salon.

Oberhalb dieser Höhlensiedelung ein Plateau, auf dem früher ein Château gestanden war, in dessen Ruine zeitweise Banditen hausten, weshalb diese im späten Mittelalter eingeebnet wurde. Heute steht dort eine Madonnenstatue. **Aussicht.**

7. 9 km nordwestlich das Dorf **Eyguières** (3000 Einw.) am Fuß der Alpilles*. Seinen Namen hat es von seinen (z.Tl. stillgelegten) Brunnen, einer davon aus dem 18. Jahrhundert. Reste der mittelalterlichen Befestigung im oberen (alten) Dorf. Beim Friedhof vorromanische Kapelle (10. Jahrh.), Rest eines Aquädukts und Stierkampfarena. Gallo-römische Nekropole. - 2 km nördlich des Dorfes (entlang der N 596 und östlich derselben) die ehemalige Festungsanlage **Castellas de Roquemartine** aus dem 12. Jahrhundert.

8. Die **Plaine de la Crau**** westlich und südwestlich der Stadt.

9. Der **Etang de Berre****.

TARASCON

(13 000 Einw.) liegt am östlichen Rhoneufer etwa halbwegs zwischen Arles und Avignon, gegenüber seiner „Stiefschwesterstadt" Beaucaire*. Die alte Stadt ist überragt von dem massigen mittelalterlichen Château, das dicht über dem Ufer steht. Tarascon, das am Rande des fruchtbaren Petit Crau liegt, ist Umschlagplatz für Obst und Gemüse, im Gewerbe ist der Karosseriebau stark vertreten.

Geschäfts- und Marktstraße ist die verhältnismäßig schmale Rue des Halles, die quer hinter der Kirche Ste-Marthe verläuft und von dem im Renaissancestil gehaltenen Rathaus ausgeht.

Geschichte: Bereits der griechische Weltreisende Strabo, der um die Zeitenwende gelebt hat, berichtete von der auf der Rhoneinsel Jovarnica liegenden Siedlung Tarusco. Diese war ein Handelsplatz der Griechen aus Massalia (Marseille). In der Mitte des 1. Jahrhunderts n.Chr. bemächtigten sich die Römer auch dieses Platzes und bauten hier ein Castrum zur Sicherung des Rhoneübergangs und der Rhoneschiffahrt. Das im 4. Jahrhundert erbaute Château der Grafen de Provence steht vermutlich an der Stelle dieses Castrums. Von diesen Grafen erhielt die Stadt Sonderrechte.

TARASCON.
Das am Rhoneufer stehende imposante CHÂTEAU des „bon Roi René"
hat die Höhe eines 15 stöckigen Hauses.

Nach der Legende soll die Stadt von der hl. Martha, einer der heiligen Frauen, die in Stes-Maries-de-la-Mer* (→ daselbst) an Land gegangen waren, im 1. Jahrhundert christianisiert worden sein. Eine weitere Legende bringt den Namen der Stadt in Zusammenhang mit einem drachenähnlichen Ungeheuer, der Tarasque, das die Stadt bedroht habe und das mit Hilfe der hl. Marthe aus dem Verkehr gezogen worden sei. Diese Legende hält sich besonders hartnäckig durch die von dem „bon Roi René" eingeführte jährliche Erinnerungsveranstaltung.

Die Sehenswürdigkeiten

befinden sich hauptsächlich in der Nähe des Flußübergangs:

Die **Kirche Sainte-Marthe** ist ein in der gesamten Provence verehrtes Heiligtum, seit im Jahr 1187 die Reliquie der hl. Marthe aufgefunden worden sein soll.

Die Kirche wurde im 10. Jahrhundert gegründet und im Zusammenhang mit der erwähnten Auffindung der Reliquie im 12. Jahrhundert erneuert bzw. vergrößert. Im 14. und 15. Jahrhundert erhielt die Kirche ihre heutige Gestalt, ebenso der Turm. 1944 wurde die Kirche durch einen Fliegerangriff (der der Brücke gegolten hatte) schwer beschädigt, inzwischen wieder aufgebaut.

Das Südportal stammt noch von der alten romanischen Kirche, die Skulpturen wurden in der Vergangenheit von Bilderstürmern herabgeschlagen. Im Innern viele Kunstwerke, (mit Thema und Künstlernamen versehen), darunter ein gotischer Flügelaltar. Bei der Treppe zur Krypta ein Renaissance-Grabmal. In der Krypta selbst das Marmormausoleum der hl. Martha aus dem 17. Jahrhundert.

Das **Château,** das auf einem Kalksteinfelsen dicht über der Rhone errichtet ist, wurde im 14. Jahrhundert an der Stelle einer älteren Befestigungsanlage begonnen und in der Mitte des 15. Jahrhunderts unter König René fertiggestellt. Seit dem 16. Jahrhundert bis 1926 diente es als Gefängnis.

Diese Schloßfestung ist ein hochbordiger Bau (45 m) ähnlich der ehemaligen Bastille in Paris, in einer Flächenausdehnung von 100 zu etwa 50 m. Der Vorburg im Nordteil (mit freistehendem Donjon) steht die herrschaftliche Wohnburg (corps de logis) im Südteil gegenüber. Hier die „cour intérieure", um die sich alles gruppiert. An der Flußseite durchgehend Wohn- bzw. Empfangshallen. An der Stadtseite, zwischen den beiden Rundtürmen, lagen die Wohnappartements. Von der oberen Terrasse sehr schöne Aussicht nach allen Richtungen.

Auskunft (150 Betten, Jugendherberge): S.I., Avenue de la République (bei der Brücke), Postleitzahl F 13150.

Veranstaltungen: Fête de la Tarasque am letzten Junisonntag. 14. Juli: Ankunft der Stiere, 29 Juli: Prozession Ste-Marthe.

Umgebung:

1. Das Stauwehr **Barrage de Vallabrègues,** 5 km oberhalb der Stadt. Dies ist ein Teil des großen Energie- und Schiffahrtsprogramms, das sich im Endausbau über die gesamte Rhone bis hinauf nach Lyon erstrecken wird.

2. La Montagnette**, eine Hügelkette typisch provencalischen Charakters im Nordosten der Stadt.

3. Die romanische **Kapelle St-Gabriel** am westlichen Rand der Alpilles** (5 km).

Le TEIL

(10000 Einw.) liegt am westlichen Rhoneufer gegenüber von Montélimar. Hier sind die steilen Kalksteinklippen der Uferberge auf weite Strecken aufgerissen, um in einer Kalk- und Zementfabrikation größten Ausmaßes (Societé Ciments Lafarge) ausgebeutet zu werden.

Aus kleinsten Anfängen heraus haben die gewaltigen Mengen an Zement, die im vorigen Jahrhundert der Bahnbau und der Bau des Suez-Kanals (1859/69) erforderten, zu dieser Entwicklung des kleinen Uferdorfes zu einer kleinen Industriestadt geführt.

1 km südwestlich die sehenswerte romanische **Kirche von Mélas** aus dem 11./12. Jahrhundert, mit eigenartigen gebrochenen Gewölbebögen. Bei der Kirche das **Baptistère** (Taufkapelle) aus dem vorromanischen 10. Jahrhundert, das an der Stelle eines alten Begräbnisplatzes steht. Der achteckige Grundriß ist in Apsiden und schmale Nischen gegliedert, die sr.Zt. evtl. Reliquien enthielten oder als Grabnischen dienten.

UZÈS

(8000 Einw.) liegt 25 km nördlich von Nîmes in der strengen Abgeschiedenheit der Heide-Maquis-Landschaft Garrigues, am Rande eines zum Flüßchen Alzon abfallenden Kalksteinplateaus. An der Stelle der ehemaligen Stadtmauern ziehen sich nun breite Boulevards um die Innenstadt, so den Umfang der mittelalterlichen Stadt anzeigend, in deren Bild noch heute die reiche Vergangenheit ausgeprägt ist.

Handwerkliche Spezialitäten sind rustikale Töpferwaren.

Aus einem römischen Militärstützpunkt (castrum) hervorgegangen, war Uzès seit dem 5. Jahrhundert Bischofstadt. Der Bischof hatte im Mittelalter zeitweise auch die politische Macht inne. Die Herrschaft Uzès wurde im 16. Jahrhundert Herzogtum (Duché). 1546 trat der Bischof mit seinem Kapitel zum Protestantismus über; in den Religionskriegen desselben Jahrhunderts wurde die Stadt erheblich in Mitleidenschaft gezogen, da gerade auch in Uzès die ideologische Grenze quer durch die Bürgerschaft ging. U.a. wurde auch die (alte) Kathedrale zerstört. Das Bistum wurde 1790 (Französische Reolution und Kulturkampf) aufgehoben.

Sehenswürdigkeiten:

(P. entlang der Place de Verdun bzw. Place des Casernes)

Wenig östlich erreicht man den Terrassenrand mit der schönen Promenade de les Marronniers. In Verlängerung die Promenade Jean-Racine mit Aussicht auf den herzoglichen Park und das Alzontal, wo die Eure entspringt, die zur Römerzeit die Wasserleitung nach Nîmes gespeist hatte (→ Pont du Gard*). Hier die im 17. Jahrhundert neu aufgebaute **Kathedrale St-Théodorit** und der freistehende romanische Turm **Tour Fenestrelle** (12. Jahrh.). Dieser stammt noch von der im Religionskrieg abgebrannten alten romanischen Kathedrale. Er ist mit seiner runden Form und den rundumlaufenden Zwillingsfenstern einmalig in Frankreich.

Westwärts über den Boulevard le Portalet erreicht man die barocke **Kirche St-Etienne,** der zugehörige quadratische romanische Turm mit dem eisernen Glockenkäfig war ehedem ein Teil der Stadtbefestigung.

Durch die Rue St-Etienne und über die Place de la République kommt man zu der inmitten der Stadt liegenden **Duché** (Herzogsschloß), ein um einen Innenhof angeordneter Viereckbau, der auf verschiedene Stilepochen des Mittelalters zurückgeht. Im Hof rechts beim Eingang der spätgotische Kapellenturm und nahe der Südwestecke die **Tour Bermonde** (12. Jahrh., nach dem Erbauer und ersten Grundherrn von Uzès benannt). Von seiner Hochterrasse (43 m) ein schöner Ausblick auf Stadt und Landschaft. Der Flügel zwischen den beiden Türmen hat eine baugeschichtlich sehr interessante **Renaissance-Fassade.**

Südlich der Duché die Tour de l'Horloge (Bischofsturm) und die Tour du Roi, die neben dem herzoglichen Turm Bermonde die jeweiligen Machtansprüche in der Stadt bekundeten.

Östlich der Duché eine in den Felsen gehauene primitive Krypta aus dem 2. Jahrhundert. Nördlich der Stadt, hinter dem Stadion, die Ruine der romanischen Kapelle St-Geniès.

Auskunft (ca. 100 Gastbetten): S.I. 25, Boulevard Gambetta.

Umgebung:

1. Die schöne Verbindungsstraße D 979, die durch eine einsame romantische Landschaft führt, und den Gardon-Fluß auf der alten Brücke St-Nicolas (13. Jahrh.) überquert.

2. Der **Pont du Gard***, 14 km südöstlich.

VAISON-LA-ROMAINE

(5000 Einw.) liegt unweit westlich des Mont Ventoux** inmitten eines bewaldeten Hügellandes. Der Name der Stadt weist auf ihre geschichtliche Vergangenheit und die umfangreichen römischen Funde, die einen Eindruck von dem städtischen Leben vor 2000 Jahren ermöglichen.

Durch den Ouvèzce-Fluß ist die Stadt in zwei Abschnitte geteilt: Am nördlichen Ufer die Neustadt an der Stelle der ehemaligen gallo-römischen Cité, über dem südlichen Ufer die hochgebaute mittelalterliche Haute-Ville mit Château.

Mittelpunkt der Neustadt, und Zentrum des gesellschaftlichen, geschäftlichen und touristischen Verkehrs ist die **Place de Montfort.**

Aus einer Siedlung der Ligurer wurde im 4. Jahrhundert v.Chr. eine Stadt des gallischen Volksstammes der Vocontier. Die Römer machten daraus eine der schönsten Städte Südgalliens, namens Vasio, offensichtlich eine Stadt des Vergnügens und der Erholung. Im Lauf der Völkerwanderungszeit wurde sie zerstört. Sie stand vom 4. bis 11. Jahrhundert unter der Herrschaft eines Bischofs, seit dem Ende des 12. Jahrhunderts unter der der Comtes de Toulouse, die das Château erbauten. In den turbulenten Zeiten des Mittelalters (seit dem 14. Jahrhundert) emigrierten die Bewohner auf die andere Seite des Flusses und erbauten dort auf dem steilen Felsen im Schutze von Mauern und des Kastells eine neue Stadt. Doch im 18. Jahrhundert erfolgte die Rückwanderung, d.h. die Bevölkerung zog wieder in die „Basse-Ville" (Unterstadt), wo auf den Trümmern der Römerstadt die nachmittelalterliche Neustadt entstand, z.Tl. unter Verwendung der an Ort und Stelle gefundenen römischen Lapidarien.

Die Ausgrabungen der Römerstadt erfolgen seit 1907.

Sehenswürdigkeiten:

(P. neben dem S.I. auf der Place du 11 Novembre)

Die **Römerstadt** liegt großenteils unter der Neustadt begraben, ausgenommen zwei ausgedehnte Zonen beiderseits der Place du 11 Novembre: Nordöstlich das „Quartier de Puymin" (mit Museum) und südwestlich das „Quartier de la Villasse".

Das Quartier de Puymin:

La **Maison des Messii** war das großzügig gestaltete Haus einer großen Familie, mit Atrium (offener Hauptraum), Peristyle (Säulenumgang mit Bassin), Tablinum (Empfangsraum hinter dem Atrium), Bad, Küche usw.

Der **Portique de Pompée (Porticus Pompeia)** war eine öffentliche Anlage in Gestalt eines mauerumgebenen Quadrats von 51 m Seitenlänge, und besetzt mit einem wahrscheinlich überdeckten Säulenumgang. Ausgegraben ist der Nord- und der Westflügel. Die in einer Nische stehende Skulptur eines Wettkämpfers, der sich die Kampfbinde anlegt, ist eine Kopie, das Original befindet sich im Britischen Museum. Östlich schließen sich **Wohnblöcke,** offensichtlich Mietshäuser, an. Am oberen Hang lag ein **Nymphäum** mit zwei hintereinanderliegenden Becken, gespeist von einem darüberliegenden Brunnen.

Mitten in diesem Ausgrabungsgebiet befindet sich das **Musée municipal** mit Skulpturen, Altären, Grabmälern, Grabbeigaben usw. aus gallo-römischer Zeit. Die hier verwahrten Skulpturen wurden überwiegend im Bereich des Theaters gefunden, wo sie offensichtlich Standfiguren waren.

Dieses **Theater** liegt am Nordrand des Puymin-Hügels, und war mittels eines durch den Hügel gegrabenen Tunnels von der Stadt aus direkt zu erreichen. Das Halbrund der Sitzreihen wurde in den

---

In VAISON-LA-ROMAINE
sind große Teile der ehemaligen römischen Stadt erhalten,
ebenso ein weitgehend verlassener mittelalterlicher Stadtteil.
Unser Bild: Das Ausgrabungsfeld Puymin.

Hügelabhang hineingebaut. Auch die Szene (Bühne) war weitgehend in den Fels hineingearbeitet, so daß die darunterliegenden Räume für Requisiten und Maschinerie noch gut erhalten sind.

In diesen ehemals unter der Szene befindlichen 12 Räumen fand man eine große Zahl der vorhandenen Statuen; offensichtlich waren sie sr.Zt. in Erwartung der feindlichen Invasion dort versteckt worden.

Das Quartier de la Villasse:

Hier sind bis jetzt u.a. eine gepflasterte **Ladenstraße** mit Gehsteigen ausgegraben. An ihrer Ostseite die sog. **Basilika,** ein offensichtlich öffentliches Gebäude mit hohem Gewölbebogen. Noch weiter östlich ist ein Teil der gerundeten Apsis zu erkennen, die evtl. zu einer Therme gehörte, die wahrscheinlich an der Stelle des heutigen Postgebäudes lag (im römischen Vasio gab es mindestens 4 Thermen in den verschiedenen Stadtteilen).

Gegenüber der sog. Basilika liegt der Eingang (Vestibül) zu dem umfangreichen **Maison du Buste en Argent,** so benannt nach der hier gefundenen Silberbüste (im Museum). Auch hier Atriumhof, Tablinum, zwei große Peristylhöfe, Bäder, Heizraum usw., mit z.Tl. noch vorhandenen Mosaik- und Marmorböden und Wandverkleidungen.

An den großen Peristylhof angrenzend das **Maison au Dauphin** (nach einem hier gefundenen Delfinfragment), gleichfalls ein vornehmes Atriumhaus mit zwei Peristylhöfen und großem Wasserbecken.

Das in einer Römerstadt unvermeidliche **Forum** (Versammlungs-, Flanier- und Marktplatz) befand sich evtl. an der Stelle der heutigen Kathedrale (→ unten). Auffällig ist, daß diese Stadt nicht nach dem bei den Römern üblichen streng rechteckigen Plan angelegt wurde, sondern sich den gegebenen Geländeverhältnissen anpaßt; vielleicht eine Berücksichtigung der vorrömischen örtlichen Tradition, oder weil evtl. die Stadt als „Villenstadt" ungeplant und sukcessiv entstanden ist.

Die beiden Flußufer werden durch die **römische Brücke** verbunden, die eine Spannweite von 17 m hat. Sie ist aus 5 nebeneinander errichteten Bogenstellungen (zusammen 9 m breit) zusammengesetzt; die verbindenden Metallklammern wurden im Mittelalter herausgemeißelt (gestohlen), die Brücke hielt trotzdem zwei Jahrtausende. Die Brustwehr wurde im 19. Jahrhundert erneuert.

Mittelalterliches:

Die **Kathedrale Notre-Dame de Nazareth** geht auf einen merowingischen Bau (6. oder 7. Jahrhundert) im romanisch-provenzalischen Stil zurück. Die merowingischen Mauern der Apsis stehen auf römischen Fundamenten, die Außendekoration (Fassade, Schiff, Turm) hat antike Vorbilder. Die Stelle des fehlenden Querschiffs nimmt eine oktogonale Kuppel ein.

Nachdem die Bewohner im 14. Jahrhundert die Unterstadt verlassen und in der Oberstadt eine neue Bischofskirche erbaut hatten, blieb die Kathedrale der Unterstadt unbenützt bzw. wurde zu Profanzwecken (als Kornspeicher usw.) verwendet. Dem ist wohl zu verdanken, daß sie die Religionskriege und die Revolution gut überstanden hatte, abgesehen von dem nagenden Zahn der Zeit.

Der **Hauptaltar** mit Marmorplatte stammt aus frühchristlicher bis frühromanischer Zeit. Dahinter der Bischofsstuhl und die Priesterbänke. In einer Nebenapsis ein kleinerer Marmoraltar, gleichfalls merowingisch oder frühromanisch.

An der Nordseite der Kathedrale der romanische **Kreuzgang** aus dem 11./12. Jahrhundert, im letzten Jahrhundert restauriert. Hier ist ein kleines Museum mit frühchristlichen und antiken Lapidarien und mittelalterlichen Kunstgegenständen eingerichtet.

Einige hundert Meter nördlich der Kathedrale liegt die sehr interessante und ungewöhnliche **Chapelle de St-Quenin** mit dreieckiger Apsis, die aus dem 12. Jahrhundert stammt. Das Schiff wurde im 17. Jahrhundert angebaut. Über dem Rundbogen ist eine Platte (eucharistische Vase) eingelassen, die der Merowingerzeit (7.Jahrh.) zuzurechnen ist.

Queninius war in der zweiten Hälfte des 6.Jahrhunderts Bischof in Vaison und wurde bald nach seinem Tode sehr verehrt. Es kann angenommen werden, daß an der Stelle der heutigen Kapelle ehedem seine Grabkapelle stand, zudem in der Nähe auch weitere frühchristliche Grabstätten entdeckt wurden.

Über die erwähnte römische Brücke gelangt man durch ein befestigtes Tor des 14. Jahrhunderts zur hochgelegenen mittelalterlichen **Haute-Ville** (Oberstadt), die im 14. Jahrhundert entstanden und seit dem 18. Jahrhundert praktisch verlassen und zerfallen war, und erst in neuerer Zeit nach und nach restauriert und wieder bewohnt wird. Der mittelalterliche Charakter dieses Stadtteiles mit seinen engen und steil ansteigenden Gassen ist noch weitgehend gewahrt. Besonders pittoresk der „Vieux-Marché" und die Rue des Fours. Die 1464 erbaute Kirche war bis zur Revolution Bischofskathedrale.

Unterhalb der Haute-Ville, auf der Kuppe des Stadtfelsens, das im 12. Jahrhundert erbaute und damals stark befestigte **Château** der Grafen von Toulouse, das selbst als Ruine noch den ehemaligen Verteidigungswert erkennen läßt. Drei mehrstöckige Baukörper und der quadratische Donjon umgeben einen Innenhof.

Auskunft (150 Gastbetten): S.I., Place du 11 Novembre (PLZ.84110).

Veranstaltungen: Theaterfestspiele im Juli, internationales Folklore-Festival am 1. Sonntag im Juli, Festival culturel Mitte Juli bis Mitte August.

Sport: Freibad, Tennis, Angeln, Wintersport am Mont Ventoux**.

Umgebung:

An der Straße nach Malaucène (östlich) sind noch Reste des **Aquädukts** vorhanden, das aus der 9 km entfernten Groseau-Quelle (bei Malaucène) das Wasser in die Stadt brachte. Diese Quelle war ehedem dem Wassergott Grauselos geweiht. Unweit der Quelle die **Chapelle Notre-Dame du Groseau** (12. Jahrh.), die ehedem den Chor der Kirche einer Benediktinerabtei bildete.

VENASQUE

(500 Einw.) liegt 12 km südöstlich von Carpentras auf einem Felsvorsprung des Plateau de Vaucluse, der auf drei Seiten steil abfällt und auf der Bergseite durch einen Graben und eine starke **Mauerbefestigung** (z.Tl. noch römisch) mit drei Türmen geschützt ist.

Dieses Dorf war bis zum 10. Jahrhundert (vor Carpentras) Sitz des Bischofs dieses Bistums. Der antike Name wechselte von Venasca zu Vendacenis, woraus der Grafschaftsname Venaissin entstanden ist.

Hauptsehenswürdigkeit ist das **Baptistère,** ein archaischer Bau, bestehend aus einem annähernd quadratischen Mittelraum mit 4 halbrunden bis hufeisenförmigen Apsiden. Über das Alter des Bauwerks, aber auch über seine ehemalige Funktion sind sich die

---

Die Hauptsehenswürdigkeit von VENASQUE (Plateau de Vaucluse) ist das archaische BAPTISTÈRE, das evtl. in die merowingische Zeit (7. Jahrh.) zurückzudatieren ist.

Gelehrten noch immer nicht einig: Das Alter schwankt zwischen merowingisch (7. Jahrh.) bis frühromanisch (11. Jahrh.), und der Zweck von Baptisterium (Taufkapelle) bis Märtyrergedächtniskapelle.

Südlich angebaut ist die **Eglise Notre-Dame** aus dem 13. Jahrhundert, überwiegend romanisch. Der Oberteil des Glockenturms wurde im 17. Jahrhundert aufgesetzt.

Unterhalb des Dorfes, nahe beim Fluß, steht die **Kapelle Notre-Dame-de-Vie** aus dem 17. Jahrhundert. In ihr der **Grabstein** des im Jahr 604 verstorbenen Boetius, Bischof von Carpentras und Venasque, ein bemerkenswertes Denkmal merowingischer Skulptur. Der Name der Kapelle hat vielleicht damit etwas zu tun, daß in früheren Zeiten hier die totgeborenen Kinder getauft wurden.

Sport: Ausritte von der Ranch de la Vallée Verte.
Parkplätze: bei der Kirche und (durch die Stadt hindurch) bei der Mauerbefestigung. (Stadtdurchfahrt für Wohnanhänger nicht zu empfehlen!)

VILLENEUVE-lès-AVIGNON

(10 000 Einwohner) liegt am westlichen Ufer der Rhone direkt gegenüber Avignon*. Zwei Brücken verbinden die beide Städte.

Ähnlich wie Avignon hat auch Villeneuve seinen „Stadtfelsen", genannt Mont Andaon (wo heute das Fort St-André eingebaut ist). Früher gab es dort ein gallisches Sanktuarium, später hausten dort in einer Grotte christliche Einsiedler, die wohl die Wegbereiter der Benediktinerabtei St-André waren, die sich im 10. Jahrhundert konstituierte.

Im 13. Jahrhundert bildete die Rhone die Grenze zwischen Frankreich und der nominell zum „Heiligen Römischen Reich Deutscher Nation" (Hohenstaufenreich) gehörigen Grafschaft Provence, nachdem zuvor im Rahmen des „Kreuzzuges" gegen die Albigenser (1209 bis 1229) die Grafschaft Toulouse vom Französischen König vereinnahmt, und damit das Ufer der Rhone erreicht worden war (und auch der Papst seinen Beuteanteil bekommen hatte → Avignon*). Zu Ende des 13. Jahrhunderts erbaute der französische König Philippe le Bel (= der Schöne) zur Absicherung des Grenzüberganges Pont St-Bénézet, bzw. um sich bei der gegenüberliegenden Grafschaft Provence und dem päpstlichen Avignon-Venaissin Respekt zu verschaffen, eine Brückenbefestigung mit einem starken Festungsturm, der noch heute nach ihm benannt ist. 70 Jahre später baute König Johann der Gute die an exponierter Stelle stehende Benediktinerabtei zu der starken Festung St-André aus.

Die gezielt bewilligten Sonderrechte zogen viele Bauern und Handwerker in den Schutz dieses Ortes; sogar die Kardinäle von Avignon zogen es später vor, ihre Residenzen oder zumindest ihre Sommerpaläste in diesem neuen Städtchen einzurichten, das damit fast zu einer „Gartenstadt von Avignon" wurde. Der Kardinal Aubert, späterer Papst Innozenz VI., ließ 1356 seinen Palast zu einem Kartäuserkloster erweitern. An der Grande Rue entstanden vornehme „Hôtels" (Adelspaläste), und die Klöster blühten, bis die Revolution am Ende des 18. Jahrhunderts der aristokratischen und klerikalen Betriebsamkeit ein Ende machte.

Sehenswürdigkeiten:

Die **Tour de Philippe le Bel** steht auf einem Felsen 60 m über der Rhone, unweit des ehemaligen Brückenkopfes des Pont St-Bénézet. Diese bemerkenswerte Konstruktion bildete sr.Zt. das Hauptstück eines (inzwischen verschwundenen) Brückenforts. Sehr schöne Aussicht von der 32 m hoch gelegenen Plattform des guterhaltenen Bauwerks.

Etwas rhoneaufwärts davon liegt die Zitadelle **Fort St-André** auf der Höhe des Mont Andaon, errichtet 1362/68. Der sehr ausgedehnte Mauerring umfaßt etwa den Raum, der ehedem von dem an dieser Stelle vorhandenen Kloster und Dorf St-André eingenommen worden war. Imposante Eingangsfassade mit zwei mächtigen Rundtürmen.

Von den früher hier vorhanden gewesenen Bauwerken sind Ruinen der Abtei und des Dorfes vorhanden, sowie die romanische **Chapelle Notre-Dame de Belvézet.** Die Festungsanlage kann großenteils besichtigt werden.

Inmitten der Stadt, an der Place St-Marc, steht die **Stiftskirche Notre-Dame,** gegründet 1333, mit welcher der gotische Stil in der Provence eingeführt wurde. Der zunächst auf Pfeilern stehende Turm diente ursprünglich Beobachtungs- und Verteidigungszwecken. Später wurde der schöne freie Raum unter dem Turm zum Chor ausgestaltet. Sehr schöne und wertvolle Inneneinrichtung, z.B. in der fünften Kapelle rechts die aus dem 10. Jahrhundert stammende Inskription aus der Grotte Ste-Casarie; ebenda die „Mystische Hochzeit der hl. Katharina" von dem „Maler der zärtlichen Frauen", Pierre Mignard (vgl. Goldstadtführer PARIS, S. 31). In der Sakristei die 45 cm hohe Elfenbeinskulptur **Vierge d'ivoire** und eine doppelgesichtige Madonna, beide aus dem 14. Jahrhundert.

Neben der Kirche der gotische Kreuzgang.

Unweit südlich der Kirche das **Musée de l'Hospice,** ein Kunstmuseum mit dem großformatigen Hauptwerk **Couronnement de la Vierge** von Enguerrand Quarton, gemalt 1453/54, eines der Meisterwerke der französischen Malerei.

Bemerkenswert ist die Gleichgestaltung von Vater und Sohn (Wesenseinheit), die auch durch die bildmäßig übergreifende Taube/Heiliger Geist zu einer Einheit verbunden sind. Die Madonna von fast „kosmetischer Schönheit".

Die eingangs erwähnte **Chartreuse du Val de Bénédiction** wurde von dem späteren Papst Innozenz VI. als seine Begräbnisstätte gegründet.

Der Kartäuserorden ging auf die Einsiedler zurück und bewahrte dieses Grundprinzip auch bei seinen Klosteranlagen in Form von Einzelzellen.

In der Klosterkirche ist besonders beachtlich das **Grabmal von Innozenz VI.**, ein freistehendes gotisches Baldachinmonument, das in seiner feinziselierten Ausarbeitung an Goldschmiedearbeiten erinnert.

Angeschlossen sind 2 Kreuzgänge mit Mönchszellen bzw. Mönchseinzelwohnungen.

Auskunft (ca. 220 Gastbetten):S.I. im Tour Philippe le Bel.
Postleitzahl: F 30400
Veranstaltungen: Fête St-Marc (25 April) mit Prozessionen.
Umgebung → bei Avignon*.

VIVIERS

(4000 Einw.) ist eine alte Bischofstadt über dem westlichen Ufer der Rhone und unweit des Engpasses von Donzère. Die Altstadt mit ihren engen Gassenschluchten und mit ihrer monumentalen Kathedrale liegt auf einer Terrasse über der Rhoneniederung. Anbau von Obst und Wein; Nougathandel.

„Vivarium" wurde im 5. Jahrhundert gegründet, nachdem die 13 km nordwestlich im Escontay-Tal gelegene bisherige Bischofstadt **Alba** Augusta (dort Ruinenreste) im Lauf der Invasionen der Völkerwanderung zerstört worden war.

Die Bischöfe von Viviers waren im „Vivarais", wie die ganze Umgegend hieß, neben der Adelsfamilie Adhémar, reich begütert.

Sehenswürdigkeiten:

Die **Kathedrale Saint-Vincent.** Aus der romanischen Zeit (12. Jahrhundert) stammen noch die Vorhalle, die Fassade und die unteren Mauerteile des Schiffes; das übrige ist gotisch. Hier sehr schön der Chor mit dem gerippten Flamboyant-Geflecht seiner Einwölbung, und mit prächtigen Gobelins. **La Tour** (Turm) neben der Kathedrale gehörte ehemals zu den Befestigungsanlagen.

Das **Maison des Chevaliers** mit wundervoller reich skulpierter Renaissancefassade. Das Haus wurde 1546 erbaut; sein heutiger Name wurde von einigen der Reliefskulpturen abgeleitet. Man findet es unterhalb der an der Durchgangsstraße stehenden Kirche St-Laurent.

Auskunft (ca. 50 Gastbetten): S.I., Fauboug La Cire (westliche Seite der Durchgangsstraße).

Umgebung:

1. Über die nahe Brücke zum jenseitigen Ufer mit der Ruine des **Châteauneuf-du-Rhône,** das gleichfalls den Bischöfen von Viviers gehörte und sr.Zt. zusammen mit dem Châteauvieux (= Viviers) den Eintritt in die Flußenge **Défilé de Donzère** kontrollieren sollte.

2. Ca. 7 km südlich von Viviers führt ein Seitensträßchen D 262 westwärts aufwärts nach dem alten romantisch verwinkelten Dörfchen **Saint-Montant** mit der darüberstehenden Ruine seiner Zitadelle. Halbwegs vorher die romanische Kapelle St-André inmitten ihres zypressenbestandenen Friedhofs.

Noch weitere 2 km aufwärts durch die Schlucht Ravin de la Sainte-Baume nach **Larnas** wegen der dortigen Kapelle mit besonders schönen **romanischen Apsiden.**

E.
TOURISTISCHE PRAXIS

1.
Planung muß sein!

Reisepapiere: Erforderlich ist ein gültiger Personalausweis oder Reisepaß. Für Kinder unter 16 Jahren, die nicht im Paß eines Erwachsenen eingetragen sind, ist ein Kinderausweis erforderlich.

Autopapiere: Erforderlich ist der nationale bzw. normale Kraftfahrzeugschein (Carte Gris) und der normale Führerschein. Die „Grüne Versicherungskarte" (Carte Verte) ist nicht mehr vorgeschrieben, aber auch nicht unnütz, z.B. bei einem eventuellen Unfall. Ist der Fahrer eines Wagens nicht der Eigentümer, so muß er im Besitz einer Benutzungsgenehmigung sein. Die zollfreie Benutzung eines ausländischen Kraftfahrzeuges in Frankreich ist auf jährlich 6 Monate beschränkt.

Für gewerbliche Fahrzeuge gelten Sonderbestimmungen.

Führer und Landkarten: Sie lieber GOLDSTADT-Freund waren gut beraten, sich den vorliegenden PROVENCE-Führer zuzulegen. **Schon vor der Reise** sollte möglichst viel darin geblättert werden, um sich damit neugierig auf das Reiseziel zu machen.

Vorliegendem Führer ist eine Übersichtskarte der Provence im Maßstab 1 : 800 000 angehängt. Wer es „ganz genau" nehmen will, kann sich Karten größeren Maßstabes besorgen, die er bei seiner Buchhandlung erhalten kann. In Betracht kommt die „Carte Touristique 1 : 250 000" (rot) Nr.115, oder noch ausführlicher die „Carte Touristique 1 : 100 000" (grün), und zwar die 4 Blätter Nr. 59, 60, 66, und 67. Die außerdem noch greifbare „Carte de France 1 : 50 000" ist wohl hauptsächlich etwas für Spezialisten.

Geld: → unten Ziff. 4.

Für **Hunde** benötigt man eine amtsärztliches Bescheinigung, die nicht älter als 3 Tage sein darf, und aus der hervorgeht, daß der Hund gesund ist und daß im Heimatkreis des Hundes seit 3 Jahren keine Tollwut aufgetreten ist. Oder ein Zeugnis des Amtstierarztes, wonach der Hund 1 bis 6 Monate vor dem Grenzübertritt gegen Tollwut geimpft wurde. Die Maßnahme nach Satz 2 ist im Hinblick auf die Wiedereinreise (Rückreise) vorzuziehen.

Erkrankung im Ausland: Hinsichtlich der sozialen Krankenversicherung bestehen u.a. mit den EWG-Ländern Gegenseitigkeitsabkommen. Zur Inanspruchnahme von Krankenhilfe in diesen Ländern ist ein „Anspruchsausweis" erforderlich, den die heimatliche AOK ausstellt.

Bei Privatkassen ist die Auslandsdeckung und die Art der Kostenabwicklung unterschiedlich, so daß eine vorherige Orientierung zu empfehlen ist. Auf die sehr preiswerte Summenversicherung beim ADAC, die zusammen mit dem Auslandsschutzbrief gebucht werden kann (z.B. 7 DM Jahresprämie für 5000 DM Versicherungssumme) sei an dieser Stelle gleichfalls hingewiesen.

Spezielle Tabletten usw. sollten mitgenommen werden, zumindest das betreffende Arztrezept bzw. eine Abschrift desselben.

Zoll: Die französischen Einfuhr- und Zollvorschriften bzw. Freigrenzen entsprechen nach EWG-Angleichung ungefähr den deutschen(→ unten Ziff. 12).

2.
Auskünfte und nützliche Adressen

Auskünfte und Prospekte erhält man vom „Amtlichen Französischen Verkehrsbüro" in Frankfurt/M, Postfach 2927, oder in Düsseldorf, Berliner Allee 26, oder Genf, 3, Rue du Mont Blanc, oder Zürich, Bahnhofstr. 16. Die Fédération (Verband) des Syndicats d'Initiative befindet sich in Marseille, 4, La Canebière.

In der Provence gibt es in jedem einigermaßen am Fremdenverkehr interessierten Ort ein „Office de Tourisme" bzw. ein

„Syndicat d'Initiative", abgekürzt S.I., gesprochen (und auch oft geschrieben): „ESSI" oder „Essi". Man erhält dort auch Stadtprospekt, Hotelliste, und meist auch einen Stadtplan. Unterkünfte werden auf Wunsch nachgewiesen bzw. vermittelt (→ auch unten Ziff. 5, 7 und 8).

Auskunftsstelle der **Automobilclubs:** Centre d'Information Régionale, Lançon (bei Salon*). Automobile-Club, Marseille, 27, Cours Pierre Puget (gibt u.a. Auskunft über Straßenzustand).

Association France-Allemagne (Deutsch-Französische Gesellschaft), Marseille, 79, Rue Sylvabella.

Goethe-Institut, 25, Rue Vacon, Marseille.

Generalkonsulat der Bundesrepublik Deutschland: Marseille, 338, Avenue du Prado.

Österreichisches Konsulat: Marseille, 27, Cours Piarre-Puget.

Schweizerisches Generalkonsulat: Marseille, 7, Rue d'Arcole.

Air-France, 14, La Canebière, Marseille.

Air-Inter, 1 bis, Quai des Belges, Marseille.

3.
Was den Kraftfahrer betrifft

Die für den Wagen erforderlichen Papiere sind im vorgehenden Abschnitt D. 1 aufgeführt.

Obwohl die französischen Verkehrsvorschriften weitgehend den deutschen entsprechen, wird auf folgendes hingewiesen:

Die Vorschrift **Rechts vor Links** wird in Frankreich besonders ausgeprägt gehandhabt, und ein sich hieraus ergebendes Vorfahrtsrecht wird dort auch für den kleinsten Nebenweg in Anspruch genommen. Insbesondere zwängen sich solche Einbieger auch in stehende Kolonnen hinein, und man wird böse angefaucht, wenn man hier keine Lücke läßt. Der auch im Kreisverkehr geltende Grundsatz Rechts vor Links führt oft zu Blockierungen. Vereinzelt und versuchsweise wurde die Vorfahrt des Kreisverkehrs eingeführt. Bis diese Neuregelung angenommen und respektiert wird, ist daher besondere Vorsicht geboten.

Die **Höchstgeschwindigkeit** beträgt in Ortschaften 60 km/h, auf Landstraßen 90 und auf Autobahnen 135 km/h. Bei Regenwetter muß auf 80 bzw. 100 km/h reduziert werden.

Parken auf freier Strecke muß soweit möglich auf dem Grasstreifen neben der Straße geschehen. Parkverbote in den Städten wechseln oft halbmonatlich oder im Wechsel der geraden und ungeraden Datumszahlen die Straßenseite. Die betr. Schilder sind entsprechend beschriftet. Der Wechsel findet zwischen 20.30 und 21 Uhr statt. Mit rot-gelben Streifen versehene Randsteine bedeuten Parkverbot. In engen Straßen, in welchen beiderseitiges Parken keine zwei Fahrzeuge mehr durchlassen würde, darf nur an einer Straßenseite geparkt werden, und zwar vom 1. bis 15. des Monats an der Seite mit ungeraden, und vom 16. bis 31. auf der Seite mit den geraden Hausnummern.

Grundsätzliches Parkverbot besteht vor Postämtern, Feuerwachen und weniger als 15 m von Bushaltestellen entfernt, sowie auf Fußgängerüberwegen. Parken vor Toreinfahrten ist gestattet, wenn der Fahrer im Wagen bleibt.

Oft sind Teile der Stadtzentren zur **„Zone Bleue"** (Blaue Zone) bestimmt und durch entsprechende Schilder gekennzeichnet. Innerhalb dieser Zone ist an Werktagen zwischen 9 und 18 Uhr das Parken nur mit Parkscheibe erlaubt. Die jeweils zulässige Parkdauer (unterschiedlich, 1 bis 4 Std.) geht aus der auf die Ankunftszeit eingestellten Parkscheibe hervor. Man bekommt diese „Disques bleus" bei den Tankstellen, den Polizeidienststellen und den Touristenbüros.

Vorfahrt haben grundsätzlich: Feuerwehr, Polizei, Unfallkommando, Einsatzwagen des Gas-, Elektrizitäts- und Wasserwerks, Krankenwagen.

Wenden durch Rückwärtsfahren oder auf Kreuzungen ist verboten.

Rechtseinbiegen ist bei roter Ampel dann gestattet, wenn dies durch einen grünen Pfeil angezeigt ist. Die Fußgänger haben dort jedoch „Vorfahrt", so daß man sich vorsichtig in die abzweigende Straße hineintasten muß.

In blockierte Kreuzungen darf nicht eingefahren werden, auch wenn die Ampel (franz. = „feu", sprich föh) grün zeigt.

Unfälle: Die Polizei kümmert sich meist nur um Unfälle, bei welchen ein Personenschaden entstanden ist. Um Unterlagen für Schadensersatzansprüche zu bekommen, lasse man den

„Huissier“ (spr. „Üissieh“) kommen (siehe Telefonbuch), der so etwas wie ein Gerichtsvollzugsbeamter ist (dies kostet mindestens 100 Frs.). Anwaltskosten werden auch bei Nichtverschulden meistens nicht ersetzt, eine mindestens kurzfristige Rechtsschutzversicherung, die sowohl Zivil- wie Strafrechtsfälle einschließt, kann daher nicht unnötig sein; gleich gut ist eine kurzfristige Kaskoversicherung. Die Rechtsschutzversicherung kann man evtl. mit einem Auslandschutzbrief koppeln lassen.

Führerschein: Wer diesen noch nicht ein Jahr besitzt, darf in Frankreich nicht schneller als 90 km/h fahren.

Anschnallpflicht besteht sowohl in Frankreich, wie auch in der Schweiz.

4.
Währung, Preise, Einkaufstips

Zahlungsmittel ist der Franc zu 100 Centimes. Der Wechselkurs liegt bei 3,20 Fr. für 1 DM oder bei 4 Fr. für 1 Schweizer Franken, oder 0,45 Fr. für 1 Österr. Schilling.

Geld aller Sorten kann in unbeschränkter Höhe ein- oder ausgeführt werden, die Ausfuhr von französichen Franc ist jedoch offiziell auf 5000 Fr. begrenzt. Bei bargeldlosem Deviseneinkauf in Frankreich (Euro- oder Reiseschecks, sowie Postsparbuch) stellt man sich um 1 bis 2% besser als außerhalb Frankreichs.

Das Preisniveau liegt in Frankreich bzw. der Provence etwas höher als beispielsweise in Deutschland, von einigen wenigen Artikeln, insbesondere Grundnahrungsmitteln (Brot, Wein, Käse, Kekse u. a.) abgesehen. Daß auch die Hotelunterkunft und die (allerdings sehr üppige) Verpflegung meist teurer als gewohnt ist, kann man z. Tl. unterlaufen (vgl. unten Ziff. 5, 7 und 8), so daß die Preisfrage kein Hinderungsgrund zum Besuch der Provence zu sein braucht.

Der **Ladenschluß** ist nicht gesetzlich geregelt, doch haben sich gewisse Praktiken herausgebildet. Ziemlich einheitlich ist, daß die Ladengeschäfte pünktlich um 12 Uhr schließen, die Lebensmittelgeschäfte um 12.30 Uhr, und dann erst wieder gegen 15 Uhr öffnen. Sie bleiben dann aber bis 19 oder 20 Uhr geöffnet. Lebensmittel- und Papierwarenläden (in Touristenzentren auch andere Geschäfte) haben auch am Sonntagvormittag geöffnet, dafür haben sie an einem nachfolgenden Werktag, meistens Montag, geschlossen, so daß man sich auch als Tourist an den Sonntagseinkauf gewöhnen muß.

Da die Franzosen zu jeder Mahlzeit ganz frisches Brot haben wollen, backen die Bäcker nur so viel, wie sie bestimmt am selben Halbtag verkaufen werden. Die Folge ist, daß das Brot oft schon vor 12 Uhr ausverkauft oder für Dauerkunden „zurückgelegt" ist.

Hingewiesen sei auch auf die allenthalben oft mehrmals in der Woche, z.Tl. sonntags, stattfindenden Vormittagsmärkte, die Preisvergleiche zulassen. In den Städten gibt es Markthallen (marché couvert), auch nur vormittags geöffnet.

Jeder Provenceurlauber will auch ein **Souvenir** für sich selbst oder ein Geschenk für die Daheimgebliebenen mitbringen. Diesem Bedürfnis hilft die an jedem Touristenort etablierte Andenkenindustrie ab, aber auch zahlreiche einheimische Künstler und Kunsthandwerker, ebenso Zugezogene, die sich in den letzten Jahren oft in von ihren Bewohnern verlassenen Bergdörfern niedergelassen und sich der überkommenen provencalen Handwerkskunst angenähert haben. Mit dem Schild „Entrée libre" laden sie zum Betreten ihrer Lädchen ein. Z.Tl. findet man schöne Arbeiten aus Olivenholz, Kork oder Schmiedeeisen, handbedruckte Stoffe, Strick- und Stickarbeiten, kunstgewerblichen Schmuck, Gemälde, Kunstdrucke, Kunstfotos, und immer wieder Flechtarbeiten und Keramik. Natürlich ist auch viel fabrikmäßig hergestellter Kitsch und zweckloser Nippes-Kram darunter, mit dem man dann zu Hause nichts anzufangen weiß.

Eine sehr nützliche provencalische Spezialität sind die unscheinbaren „sachets" (Beutelchen) mit Lavendel- oder Rosmarin- oder Thymianblüten, die im heimatlichen Wäscheschrank Erinnerung und Duft der Provence monatelang gegenwärtig halten. Auch die Essenzen hieraus werden angeboten.

Eine weitere, nur in der Provence vorkommende Spezialität sind die **Santons,** bis ca. 30 cm große bekleidete Trachtenfiguren aus einer vergangenen ländlichen Provencezeit. Es gibt sie in unzähligen Tätigkeitsvariationen und mit z.Tl. von ersten

Künstlern entworfenen und handbemalten Charakterköpfen in Keramik. Entstanden sind die Santons als bäuerliche „Statisten" von Weihnachtskrippen-Szenen, haben sich aber inzwischen „selbstständig gemacht" und als ganzjährige Botschafter provenzalischen Volkstums die Schaufenster erobert; und schon manche Touristenfrau hat sich hier dazu verleiten lassen, mit einer Trachtenpuppensammlung zu beginnen.

Eine Trachtenpuppe üblicher Art (junges Mädchen) stellt die provencalische „Mirèio" (= französisch „Mireille", deutsch = Mariechen) dar, die tragische Hauptfigur des gleichnamigen Romans des Provence-Schriftstellers und Nobelpreisträgers Frédéric Mistral (1830/1914). Jedermann in der Provence kennt (mindestens inhaltlich) diesen Roman, und viele Mädchen in der Provence heißen Mireille, und in mancher Stadt, z.B. in Saintes-Maries-de-la-Mer, steht ein Denkmal dieser erdichteten Romanfigur.

5.
Unterkunft und Verköstigung

In der Provence gibt es zahllose Hotels und Pensionen, mit und ohne Verköstigung. Soweit sie für den Tourismus in Betracht kommen, sind sie staatlich überprüft und hinsichtlich des Komforts in eine von 5 Kategorien eingeteilt und entsprechend gekennzeichnet (1 bis 4 Sterne + Luxus). Trotzdem gibt es für die seit 1949 erbauten Beherbergungsbetriebe keine Preisbindung, die Zimmerpreise müssen jedoch in der Rezeption ausgehängt werden. Die jährlich neu aufgelegte **Hotelliste,** die auch die im Augenblick gültigen Preisangaben enthält, kann man beim Amtlichen Französischen Verkehrsbüro seines Landes (→ Ziff.2) anfordern. In der Regel dürfte es jedoch genügen, wenn man bei der Ankunft auf dem Flugplatz (Marseille-Marignane) oder Bahnhof sich von den dort befindlichen Auskunftsstellen, oder bei den Syndicats d'Initiative, eine Unterkunft vermitteln läßt, wobei auch in der Regel dort bei dem ins Auge gefaßten Hotel telefonisch angefragt und vorgemerkt und der Preis vereinbart wird. Ob das Frühstück (petit déjeuner) obligatorisch bzw. im Preis enthalten ist, sollte geklärt werden bzw. steht in den betr. Aufnahmebedingungen.

Eine besondere Gattung von Hotels bilden die **Logis de France (LF),** das sind besonders landestypische Hotels mit regionaler Speisekarte, meist als Familienbetrieb aufgezogen und wo man „Gast des Hauses" ist. Sie liegen meist außerhalb der Stadtzentren, evtl. in einer herrschaftlichen Villa oder einem Château. Ähnlich die **Auberges Rurales** (= ländliche Herberge), die einfacher gehalten, aber gleichfalls überprüft sind. Eine spezielle Liste der Logis de France (in der Provence gibt es etwa 25) kann man bei den oben Ziff. 2 genannten Auskunftsstellen oder direkt von der „Association des Logis de France" in Marseille, 4,La Canebière (Maison du Tourisme) erhalten.

Gîte d'Etape bedeutet: Ferien auf dem Bauernhof (ferme).

In einem **Hôtel garni** gibt es nur Übernachtung, evtl. auch Frühstück. Dies ist auch oft die Dauerwohnung von Alleinstehenden.

Sehr üblich ist **Halbpension** (demi pension) mit Abendessen (dîner), Bett (lit) und Frühstück (petit déjeuner), also ohne Mittagessen (sans déjeuner). Zu empfehlen ist dies einerseits, um die sowieso höheren Gesamtkosten zu reduzieren, und andererseits um sich nicht mit zwei reichlichen Hauptmahlzeiten zu überfüttern. Da kommt man mit dem wundervollen knusprigen weißen Brot (flute oder baguette), einer unübersehbaren Auswahl von köstlichen und preiswerten Käsesorten, sehr gutem und magerem Schinken und einer Flasche vin du pays (Landwein) sehr weit. In Fleischerläden kann man um die Mittagszeit evtl. warme Fleischpastete (paté) oder frischgegrillte Hähnchen oder Hähnchenteile oder einige (evtl. kalte) Scheiben „porcelet" bekommen (das ist auf Kräutern gebratenes Spanferkel), und in den allenthalben am Wege stehenden Pizzerias eine pizza, oder in den Bäckereien (boulangerie) eine warme „pissaladière" (Tomaten- oder Zwiebelkuchen). Auf allereinfachste Weise wird man von einem „pan bagnat" (= gebadetes Brot) satt, einem aufgeschnittenen kleinen Weißbrot, gefüllt mit allerlei

Gemüse, Ei und Fisch, und gewürzt mit Essig und Öl. Man bekommt es so zugerichtet (Vorsicht! Mundsperrengefahr!) an den Verkaufsständen an der Straße und in der Café-Bar. In den „Crêperies" (hauptsächlich in den Altstädten angesiedelt) gibt es frischgebackene crêpes (Pfannkuchen, z. Tl. gefüllt).

Ein **Schlüssel zur Speisekarte** ist dem nachstehenden Kurzsprachführer (unten Ziff. 10) beigefügt.

6.
Die Küche

Die provencalische Küche unterscheidet sich von der französischen durch die reichliche Verwendung der im Lande in rauhen Mengen wachsenden aromatischen oder würzigen Kräuter, die bei uns weitgehend in Vergessenheit geraten sind. Auberginen, Oliven, Kürbisse, Artischocken, Trüffeln, Zwiebeln, Knoblauch, Gurken, und natürlich Tomaten (die eiförmigen dickfleischigen), in Verbindung mit Olivenöl und Kräutern à la mode de la maison sind die Hauptbestandteile, aus welchen zahllose Geschmacks- und Sättigungsvariationen kreiert werden. Hier nur einige wenige typische Spezialitäten:

Aïoli ist eine aus Knoblauch, Eidotter und Olivenöl in einem speziellen Mörser zurechtgeriebene und mit Salz und Pfeffer und etwas Zitronensaft abgeschmeckte scharfe Majonnaise. Diese bildet die Zugabe zu dem auf Fenchelzweigen gebratenen Freitagsfisch.

Ratatouille ist in Öl geschmorter Gemüsetopf mit individuell gewählten Kräutern. Dazu als Ein- oder Beilage Fleisch in verschiedener Zubereitung, evtl. **Estouffade de Boeuf,** geschmortes Rindfleisch.

Bouillabaisse ist eine nahrhafte Fischsuppe mit zusätzlichem und separat serviertem Fisch, die man u.a. gut und preiswert in den Schenken am Alten Hafen von Marseille erhält. Ähnlich die **Bourride,** aber mit Eigelb. Für den kleinen Hunger gibt es die **Soupe de poissons,** die praktisch das suppige der Bouillabaisse darstellt. Natürlich immer das knackfrische Weißbrot dabei.

Boeuf à la Gardiane ist Rindfleisch-Eintopf mit Speckeinlage, der in der Camargue ein Feiertagsessen ist. Einfacher geht es zu bei dem einheimischen Reis mit „Meeresfrüchten".

Pastis ist in der Provence der beliebteste Aperitif. Er besteht aus hochprozentigem Anisschnaps, gewürzt mit Kräutern, mit Wasser je nach Trinkfestigkeit verdünnt, und eisgekühlt.

Im übrigen siehe den im Kurzsprachführer (unten Ziff. 10) enthaltenen **Schlüssel zur Speisekarte.**

7.
Jugendherbergen

gibt es u.a. in Aix, Arles, Avignon, Cassis (am Rand der Calanques), Fontaine de Vaucluse, Marseille, Saignon, Salin de Giraud (Camargue) und Tarascon. Näheres bei den betreffenden Touristenbüros (S.I.).

Weitere Auskünfte erteilen:
La Fédération Unie des Auberges de Jeunesse, 11 bis, Rue de Milan, Paris (9e).
La Ligue Française pour les Auberges de Jeunesse, 38, Boulevard Raspail, Paris (7e).

Die UCPA (Union des Centres de Plein Air) ist eine von der Jugendbewegung gegründete und vom französischen Ministerium für Jugend und Sport unterstützte Organisation. In der Form preiswerter Pauschalarrangements bietet sie jungen Leuten zwischen 18 und 30 Jahren vielfältige Möglichkeiten für sportliche Betätigung. Z.B. Bergtouren, Fotosafaris, Sommerskilauf, Bergsteigen, Segeln, Unterwassersport, Regatten usw. Im Raum der Provence bestehen an der Küste und im Gebirge etliche UCPA-Zentren.

Auskünfte durch das „Bureau de la UCPA, 62 Rue de la Glacière, Paris (13e).

8.
Camping

Man möchte sagen, das das Campen und Picknicken in Frankreich „erfunden" wurde. Es paßt ausgezeichnet zu der lässigen und unkonventionellen Unbekümmertheit der Franzosen und ihrer Toleranz gegenüber der Individualität des anderen. Dementsprechend gibt es in Frankreich auch unzählig viele Campingplätze, wenngleich ihnen oft die unnatürliche Gute-Stube-Perfektion fehlt, die manche Auch-Camper nicht missen wollen. Außerdem ist in Frankreich auch das Campen außerhalb der offiziellen Plätze beliebt, und kaum jemand nimmt Anstoß daran. Gerade die Provence mit ihrer abwechslungsreichen und teilweise im Urzustand befindlichen Landschaft (Buschwälder auf allen Höhen) eignet sich besonders gut zu Picknick und unreglementiertem (vorübergehendem) Campen, besonders wenn man über ein kompaktes Fahrzeug, etwa ein Wohnmobil, verfügt. Diesbezüglich ein nochmaliger Hinweis auf die in Abschn. C erwähnten unreglementierten Campingmöglichkeiten an den Stränden der Camargue*.

Zum unreglementierten Campen ist der Besitz eines Campingausweises erforderlich, der mit einer gültigen Haftpflichtversicherungsmarke (die kostet nur Pfennige) versehen ist.

In der Provence gibt es auch einige Plätze der Gattung **Camping Rural,** das bedeutet: Camping auf einem Bauernhof. Auskunft darüber erteilt insbesondere das S.I. in Salon*.

Ansonsten gibt es im Bereich dieses Reisführers ca. 50 offizielle Campingplätze, die durch Hinweisschilder entlang der Straßen unübersehbar auf sich aufmerksam machen.

Unter anderem sind es Plätze an folgenden Orten: Aigues-Mortes, Aix (mehrere), Apt, Arles (mehrere), Aubagne, Avignon(mehrere), Bourg-St-Andéol, Carpentras, Carry le Rouet, Cassis, Châteauneuf-du-Rhône, La Couronne, Fos-sur-Mer, La Grande Motte, Le Grau-du-Roi (mehrere), Marseille (mehrere), Martigues, Montélimar, Mornas, Mouriès, Nyons, Vinsobres und Venterol (beide bei Nyons), Orange, Pont du Gard (mehrere), Port-de-Bouc, Puyricard, Sausset-les-Pins, St-Andiol, St-Martin-de-Crau, St-Mitre, St-Remy, Stes-Maries, Tarascon, Vaison-la-Romaine, Velleron (bei L'Isle-sur-la-Sorgue), Viviers.

Auskunft erteilen die örtlichen Touristenbüros, oder die „Fédération française de Camping-Caravaning“ in Paris, 78, Rue de Rivoli.

9.
Die Sprache

Neben der französischen Landessprache, die durch Dekret von König François I. im 16. Jahrhundert auch in der Provence eingeführt wurde, existiert hier seit alter Zeit noch eine „Eingeborenensprache“, das Provenzalische, das auf die limousinische Troubadourdichtung des 13. Jahrhunderts zurückgeführt wird, und eine gewisse Verwandtschaft mit dem Katalanischen (Nordostspanien) hat. Diese Heimatsprache wurde im 19. Jahrhundert (Zeitalter der Romantik und der Besinnung auf die Heimat) durch eine Gruppe provenzalischer Schriftsteller, an ihrer Spitze der Nobelpreisträger Frédéric Mistral, neu geformt und orthographiert und literaturfähig gemacht. Sie wird vor allem auf dem flachen Lande gesprochen, in den Stadtbereichen ist sie dem Grundfranzösisch angeglichen und wirkt sich als Mundart aus, bei der u.a. stumme Endbuchstaben zum Klingen kommen.

10.
Kurzsprachführer

In der französischen Weltsprache kann sich ein großer Teil der deutschsprachigen Touristen, wenn auch oft nur in Gestalt von Schulrelikten, verständigen. Die übrigen sollten sich zumindest die wichtigsten abweichenden **Ausspracheregeln** merken, ohne deren Kenntnis auch ein Taschenlexikon nicht gar zu viel nützt:

an, en, em	werden nasal gesprochen, wobei das n bzw. m nicht zu hören ist - in allen 3 Fällen wie das Fremdwort „engros“.
in, im	werden nasal gesprochen, beide etwa wie „äh“
on, om	werden nasal gesprochen, etwa wie „oh“
un, um	werden nasal gesprochen,etwa wie „öh“ (z.B. Parfum)
ei, ai	= äh
au(x)	= o
eu(x)	= ö
ou	= u
oi	= oa

u	= ü		
c (vor e und i)	= s	}	Beispiel: „concentration"
c (vor a, o, r, u)	= k		
ç	= s		
ch	= sch		
g (vor e und i)	= sch	}	Beispiel „garage"
g (vor a, o, r, u)	= g		
gn	= nj		(wie in „cognac")
h	ist stumm		
j	= sch		
qu	= k		
v	= w		
z	= s		

e, r, s, t und z als Endbuchstaben sind stumm.

Das Trema (¨) trennt Vokale, damit sie nicht als Zwielaut gesprochen werden (Beispiel: „aïoli" wird „a-ioli" gesprochen, und nicht „äholi").

Das nötigste an Redewendungen und Vokabeln

Guten Tag Herr. . .	bon jour Monsieur (spr. „mösjöh")
guten Abend	bon soir
gute Nacht	bonne nuit
(gnädige) Frau	madame
Fräulein	mademoiselle (spr. madmoasell)
danke!	merci!
bitte	s'il vous plaît (wörtlich: wenn es Ihnen gefällt), oft abgekürzt: „s.v.p."
bitte (als Antwort auf „danke")	pas de quoi
bitte (um Wiederholung)?	comment? (oder „pardon"?)
herein	entrez!
Verzeihung!	Pardon!
entschuldigen Sie bitte!	excusez moi!
verstehen Sie?	comprenez vous?
ein wenig	un peu
ja – nein	oui – non
Deutscher	Allemand
Schweizer	Suisse
Österreicher	Autrichien
sprechen	parler
wo gibt es?	ou il-y-a
warum?	pourquoi?
hier – dort	ici – là

mein – ihr	mon – votre
ich – Sie	je – vous
dieses	cela
gut	bon, bien
hübsch	joli
neu – alt	nouveau – vieux
leicht – schwer	leger – lourd
groß – klein	grand – petit
dick – dünn	gros – svelte
breit – schmal	large – étroit
lang – kurz	long – court
krank	malade
gestern – heute – morgen	hier – aujourd'hui – demain
wie geht es Ihnen?	comment allez vous?
auf Wiedersehen!	au revoir!

Hotel:

Wissen Sie ein gutes Hotel?	savez-vous un bon hôtel?
(ein billiges Hotel)	(un hôtel économique?)
ich suche ein Zimmer	je cherche une chambre
mit 2 Betten (Bad)	avec deux lits (bain)
mit Doppelbett	avec grand-lit
kann ich das Zimmer sehen?	peux-je regarder la chambre?
was kostet es?	combien (est le prix)?
Koffer	malle
ich werde morgen abreisen	je partirai demain
die Rechnung, bitte	la note, s'il vous plaît

Postamt (Bureau de Poste):

Briefkasten	boite aux lettres
eine Briefmarke zu. . .	un timbre-poste à . .
ein Brief	une lettre
eine Postkarte	une carte postale
wieviel macht das Porto?	combien fait le port?
Einschreiben	Recommander
Postlagernd	Poste restante
meine Postsachen	mon courrier
Geldüberweisung	virement
telefonieren	téléphoner

Einkauf (Achat):

Ich möchte ansehen (kaufen)	je veux regarder (acheter)
wieviel kostet es?	combien?
ich will es mir überlegen	je veux réfléchir
½ (¼) kg	un demi (un quart) kilo
etwas mehr (weniger)	un peu plus (moins)
genug	assez
danke	merci
Geschlossen	Fermé!

Landkarte und Straßenrand

Altitude	Höhe	impasse	Sackstraße
anse	kleine Bucht	jas	Haus, Ferme
auberge	Herberge	lac	See
barrage	Staudamm	libre service	Selbstbedienung
baume	Grotte	maire	Bürgermeister
bis	Verdopplung, z.B. einer Hausnummer (Unternumerierung)	mairie	Bürgermeisteramt
		M.F. (maison (forestière)	Forsthaus
brocante	Trödel	miel	Honig
calvaire	Kruzifix	mont, montagne	Berg, Gebirge
carrière	Steinbruch	moulin, meunerie	Mühle
chasse interdite	Jagd untersagt	passeport	Reisepaß
chasse privé	Privatjagd	plage	Strand
château	Burg, Schloß	piscine	Schwimmbad
cime	Gipfel	plaine	Ebene
cimetière	Friedhof	point du vue	Aussichtspunkt
col	Gebirgspaß	propriété privé	Privatbesitz
combe	Schlucht	Rappel	Erinnerung
croix	Kreuz	refuge, chalet	Berghütte
danger!	Gefahr!	ravin	Schlucht
dangereux	gefährlich	rivière	Fluß
defense d'entrer	Warnung vor Eintritt	rocher, roc, roque	Fels
descente	Gefälle	rond point	Rundplatz mit Kreisverkehr
douane	Grenze		
doubler	überholen	rue, route	Straße, Landstraße
église	Kirche	rue interdite	verbotene Straße
entrée interdite	Zutritt untersagt	rue à sens unique	Einbahnstraße
entrée libre	Zutritt frei	ruisseau	Bach
étang	See, Teich	scierie	Sägewerk
étroit	eng	serez à droite	rechtshalten
ferme	Bauernhof	sortie de camions	Ausfahrt von Lastwagen
fontaine	Quelle, Brunnen		
fôret	Wald	usine	Fabrik, Kraftwerk
frites	Pommes frites	vacherie	Alm
frontière	Grenze	vallée	Tal
G.R.	Fern-Wanderweg	virage dangereuse	gefährliche Kurve

Schlüssel zur Speisekarte

Agneau	Lamm	asperges	Spargel
aiglefin	Schellfisch	assiette anglaise	kalte Platte
ail	Knoblauch	barbeau	Barbe
aïoli	eine Mayonnaise → Ziff. 6	barbue	Butt
		beurre	Butter
aloyau	Lendenbraten	beignets	Krapfen
amande	Mandel	bisque	Krebssuppe
anguille	Aal	bœuf	Rind

artichauts	Artischocken
bœuf à la mode	Schmorbraten
bœuf nature	Siedfleisch (Rind)
bouillabaisse	→ Ziff. 6
bourride	→ Ziff. 6
brioche	Hefebrötchen zum Frühstück
brochet	Hecht
canard	Ente
caneton	junge Ente
carpe	Karpfen
cerises	Kirschen
chapon	Kapaun
châteaubriant	Rinderfilet (Mittelstück)
charcuterie	Fleisch und Wurst
chepolatas	kleine Bratwürste
chèvre	Ziege
chevreau	Zicklein
chou	Kohl
chou de Bruxelles	Rosenkohl
chou-fleur	Blumenkohle
cochon de lait	Spanferkel
concombre	Gurke
consommé	Fleischbrühe
corbeille à fruits	Obstschale
coeur	Herz
coq	Hahn
coquelet	Hähnchen
coquillages	Schalentiere
coulis	kalte Brühe
coulis d'écrevisses	Krebssuppe
crabes	Krabben
crevettes	Garnelen
crèpes	Pfannkuchen
croissant	Blätterteighörnchen
croustade	überbackenes
cuisse	Keule
cuisses de grenouilles	Froschschenkel
daube	Schmorfleisch
dinde	Pute

dindo	Truthahn
entrecôte	Mittelrippenstück
épinard	Spinat
écrevisse	Krebs
épaule	Schulter
escalope	Schnitzel
escargots	Weinbergschnecken
fenouil	Fenchel
flet	Flunder
foie	Leber
fraises	Erdbeeren
fromage	Käse
fumé	geräuchert
gelée de viande	Fleischsülze
gibier	Wild
gigot	Keule (v. Lamm, Hammel)
glace	Speiseeis
glaçon	Eiswürfel
gratin	Kruste
grenouille	Frosch
grillade	Rostbraten
hachis	Gehacktes
haricots	Bohnen
haricots (verts)	(grüne) Bohnen
herbes	Kräuter
homard	Hummer
huile	Öl
huitres	Austern
jambon blanc	Schinken gekocht
jambon fumé	Schinken geräuchert
julienne	Gemüsesuppe
lait	Milch
laitue pommée	Kopfsalat
langue	Zunge
lapin	Kaninchen
lard	Speck
légume	Gemüse
lentilles	Linsen
lièvre	Hase

longe	Lendenstück
macédoine de fruits	Obstsalat
maquereau	Makrele
miel	Honig
moule	Miesmuschel
mouton	Hammel
navet	Rübchen
noix	Nuß
nouilles	Nudeln (breite)
œuf (à la coque)	Ei (gekocht)
œuf brouillé	Rührei
œuf sur le plat	Spiegelei
oie	Gans
oignon	Zwiebel
pain	Brot
pan bagnat	gefülltes Brötchen (→ Ziff. 5)
panaché	gemischt
pastèque	Wassermelone
pastis	→ Ziff. 6
pâté	Pastete
pâté de foie gras	Gänseleber-pastete
pêche	Pfirsich
perche	Barsch
perdrix	Rebhuhn
petits pois	junge Erbsen
pied	Fuß
pigeon	Taube
pintade	Perlhuhn
pissaladière	→ Ziff. 5
poire	Birne
pois	Erbsen
poisson	Fisch
poitrine	Brust
poule	Huhn
poulet	Hühnchen
pomme	Apfel
pomme de terre	Kartoffel
pommes à la vapeur	Dampfkartoffeln
pommes sautées	Bratkartoffeln
porc	Schwein
potage (o. soupe)	Suppe
p. St-Germain	Gemüsesuppe
p.à la semoule	Griessupe
p.à la tortue	Schildkröten-suppe
p. velouté à la Reine	Hühnerbrühe
p.au vermicelle	Nudelsuppe
prune	Pflaume
quenelles	Klößchen
quiche	Speckkuchen
raisin	Traube
ratatouille	→ Ziff. 6
riz	Reis
rognon	Niere
rôtie	gebraten
rouille	rote Mayonnaise
saucisse	Brüh- oder Brat-wurst
saucisson	Wurst
saumon	Lachs
sauté	gebraten
selle	Rücken
socca	Pfannkuchen aus Erbsenmehl
sole	Seezunge
soufflé	Auflauf
soupe	→ potage
s.de poissons	→ Ziff. 6
terrine	Schüsselgericht
thon	Thunfisch
tête	Kopf
truite	Forelle
veau	Kalb
viande	Fleisch
vin mousseux	Schaumwein
vol-au-vent	Blätterteig-pastete
volaille	Geflügel

11.
Was es sonst noch gibt

Andenken → oben Ziff. 4.

Aktivurlaub (malen, modellieren, töpfern, teppichweben): Man lasse sich den Prospekt „Freizeit in Frankreich“ schicken.

Apotheken sind durch ein grünes (bei Dunkelheit leuchtendes) Kreuz gekennzeichnet. Sie sind auch nützlich, um im Bedarfsfall den nächstgelegenen Arzt zu erfragen.

Die (gebührenpflichtige) **Autoroute** führt aus Richtung Lyon mitten ins Herz der Provence (Orange, Aix, Marseille), und darüberhinaus nach Toulon und Nizza. In Anbetracht der geringen Entfernungen im Lande (und um nach Wunsch halten zu können) sollte man darauf verzichten.

Briefkästen befinden sich in der Regel neben einem „Bureau de Tabac”, wo es auch **Briefmarken** gibt (→ Stichwort „Tabakwaren”).

Hausnummern. Der Nummernzusatz „bis” bedeutet Unternumerierung. (Beispiel: Das Haus Nr. 5 bis steht neben dem Haus Nr. 5).

Hôtel ist nicht nur die Bezeichnung für Beherbergungsbetriebe, sondern damit sind auch herrschaftliche Stadthäuser bzw. Stadtpaläste bezeichnet.

Kirchen. Die meisten sehenswerten Kirchen sind romanischen Stils und haben deshalb einen ziemlich dunklen Innenraum (→ Abschn. A. 8). Man ist besonders gut bedient, wenn man zum Betrachten der Kunstwerke eine starke Taschenlampe bei sich hat.

Midi ist in Frankreich die Bezeichnung für Südfrankreich.

Die **Museen** sind regelmäßig von 12 bis 14 Uhr geschlossen, ebenso an einem Wochentag (evtl. Dienstag oder Mittwoch); dafür sind sie aber meistens am Sonntag geöffnet, und dazu z.Tl. bei freiem Eintritt. Sammelkarten (prix global) lohnen sich, wenn man mehr als die Hälfte der damit erfaßten Einrichtungen besuchen will.

S.I. = Essi = ESSI = Syndicat d’Initiative = Touristenbüro.

Der **Stierkampf** ist auch in der Provence zu Hause. „Courses de taureaux“ finden von Ostern bis zum Ende der Sommersaison statt. Schauplätze sind u.a. die von den Römern überkommenen Arenen. In der Camargue hat fast jeder Gutshof seine „Arènes“. Es geht „à la mort“ (Tod) der Stiere, oder „à la cokarde“, wobei nur eine zwischen den Hörnern des Stieres befestigte Kokarde erbeutet werden muß. Auf den Einladungsplakaten ist jeweils darauf hingewiesen. In der Camargue gibt es Reiter- und Stierspiele der Gardians nach Art der Rodeos im amerikanischen Westen.

Tabakwaren. Der Verkauf erfolgt in autorisierten Bistros, Cafes usw., die damit zu einem „Bureau de Tabac“ werden und durch einen roten rautenförmigen Doppelkegel gekennzeichnet sind. Hier befinden sich auch die offiziellen öffentlichen **Fernsprechzellen,** für deren Betrieb man an der Theke einen „Jeton“ kauft. Auch **Briefmarken** gibt es hier. - Auslandsgespräche muß man vom Postamt (P.T.T.) aus führen.

Trinkgeld (pourboire) wird erwartet von Taxifahrern (10%), Platzanweiserinnen in Theater und Kino (1 Fr., denn sie bekommen keinen Lohn), Garderobe- und Toilettenfrauen, Museumsführern, Friseuren, usw. Die Kellner sollen 10 bis 15% erhalten, doch ist das Bedienungsgeld oft schon im Rechnungsbetrag enthalten, wonach man sich erkundigen sollte („service compris“?).

Uhrzeit ist die mitteleuropäische, aber mit Sommerzeit (1 Std. früher).

Zone Bleue (Blaue Zone) → oben Ziff.3.

12.
Trotz EG noch immer Grenzkontrollen und Zoll?

Ein erster Schritt wurde getan, indem 1984 für den Reiseverkehr an der deutsch-französischen Grenze Erleichterungen zur schnelleren Grenzabfertigung eingeführt wurden, und Kontrollen nur noch stichprobenweise stattfinden – die grüne E-Plakette machts möglich.

Mit dem 1. Oktober 1985 sind auch die Freimengen an mitgebrachten Waren spürbar erhöht worden.

Zollfrei sind nunmehr Reisemitbringsel (Genußmittel) in folgenden Mengen, soweit sie aus EG-Ländern stammen bzw. eingeführt werden – seit 1986 gehören ja auch Portugal und Spanien zu dieser Gemeinschaft:

Tabakwaren (für Personen ab 17 Jahren):
300 Zigaretten oder 150 Zigarellos oder 75 Zigarren oder 400g Tabak.

Alkoholische Getränke (für Personen ab 17 Jahren):
5 l Wein *und*
3 l Schaumwein *oder* Likörwein, *oder* 3 l Spirituosen bis zu 22%, *oder* 1 1/2 l Spirituosen von mehr als 22%.

Parfums 75 g und **Toilettenwasser** 3/8 l.

Tee und Kaffee (für Personen ab 17 Jahre):
150 g Tee oder 60 g Teeauszüge,
750 g Kaffee oder 300 g Kaffeeauszüge.

Sonstige Waren im Gesamtwert von 780 DM (Für Bewohner grenznaher Gemeinden gelten einschränkende Bestimmungen).

Für Waren, die nicht abgabenfrei sind, aber deren Wert 290 DM nicht übersteigt (und die auch nicht aus Kaffee, Rauchwaren, Alkohol usw. bestehen) werden bei der Einfuhr aus EGLändern im vereinfachten Verfahren 5% des Wertes erhoben. (z.B. aus bis zu 15 Liter Wein usw.)

Auch bei der Einreise über ein Nicht-EG-Land (hier z.B. die Schweiz) gelten die EG-Sätze, wenn man nachweisen kann (z.B. durch Rechnungen oder Quittungen oder Zigarettenbanderolen), daß die betr. Waren in einem EG-Land (also in diesem Fall Frankreich) gekauft worden sind.

STICHWORTVERZEICHNIS

*„Wenn einer eine Reise tut,
dann kann er was erzählen"*

Diese alte Binsenweisheit gilt auch heute noch; aber nur erzählen ohne „farbige Untermalung" kann man sich heute kaum mehr vorstellen. Deshalb gesellt sich häufig zur Reisevorbereitung und Urlaubsplanung der Gedanke nach dem gelungenen Farbfoto. Denn gerade bei einem Reiseziel, bei dem es Erlebnisse festzuhalten gibt und über die sichs farbig zu erzählen lohnt, sollte man keine Risiken beim Fotografieren eingehen. Hatte man bei der letzten Reise nicht Pech mit der Kamera? Gab es nicht Ärger mit dem Film? Fragen, die man reiflich überlegen sollte!

Auf dem Foto- und Filmmarkt gibt es heute eine so breite Angebotspalette, daß man kaum zum Vergleichen kommt. Trotz dieser Fülle gibt es einige Produkte, die sich dank ihrer Qualität von der Masse abheben, und gerade in diesen Qualitätsbereichen bewegen sich Profis. Aber welcher Amateur möchte nicht auch Anspruch auf Spitzenqualität erheben, zumal der Preis oft gar nicht so viel höher ist, als angenommen wird.

Ob Papierbild oder Dia, diese Entscheidung liegt an Ihrer „farbigen Erzählweise". Spricht man vom Film, so wird man zu Recht sehr schnell auf Kodak-Filme stoßen. Allein für die Amateurfotografie bietet Kodak heute eine Reihe verschiedener Filme an, die aufgrund ihrer Eigenschaften für bestimmte Aufnahmesituationen besonders geeignet sind.

Da gibt es für Papierbilder den Kodacolor Gold 100 Farbnegativfilm (21°) mit sehr hoher Farbintensität, Schärfe und enormem Belichtungsspielraum. Die Spitze, was moderne Fotochemie heute zu leisten vermag. Seine Bilder sind natürlich und in den Farben kräftig, wie man es eigentlich nur von Dias kennt. Erfordern Situation und Lichtverhältnisse einen höher empfindlichen Film, so stehen 200, 400 und 1000 ISO (24°, 27°, 31°) zur Verfügung.

Wer Dias bevorzugt, ist mit dem Kodak Ektachrome 100/21° Diafilm bestens ausgestattet. Seine große Schärfe und seine leuchtenden Farben bieten beste Voraussetzungen für naturgetreue Aufnahmen. Aber natürlich sollte man für ungünstige Lichtverhältnisse auch die höher empfindlichen Kodak Ektachrome 200 bzw. 400 (24°, 27°) oder Kodachrome 64 (19°) mitführen.

In der Brillanz unübertroffen ist der äußerst feinkörnige Diafilm Kodachrome 25 (15°).

Doch was nützt bestes Filmmaterial, wenn bei der Anschaffung des Fotoapparates und bei noch Wichtigerem, beim Kauf des Objektivs, das für erste Qualität verantwortlich ist, gespart wurde.

Nennen wir doch gleich das Paradestück der deutschen Kleinbild-Fotoindustrie, die Leica mit ihren Leitz-Objektiven, als Mercedes unter den Fotoapparaten. Seit Jahrzehnten setzt diese Firma qualitative Maßstäbe. Gewiß, der Einstieg in diese Spitzenklasse fordert seinen Preis.

Um aber einem noch größeren Kreis die Entscheidung für die Leica R 4 zu erleichtern, hat Leitz die etwas „abgespeckte" R 4s gebaut. Ohne auf technische Details weiter einzugehen, sei eine Besonderheit der beiden Leicas hervorgehoben, die mit den Wert der Kameras in der Praxis ausmachen: „integral" und „selektiv" – die Garantie für richtige Belichtung. Jeder Fotograf kennt das Problem: „Wie belichte ich richtig?" Da ist ein unwiederbringliches Motiv, Gegenlicht gibt Stimmung, dramatische Schatten, man muß in Sekunden reagieren und richtig messen . . . nur, kann die Belichtungs-Automatik bei der jetzt notwendigen Bildgestaltung auch eingreifen? Oder muß man manuell eine oder sogar zwei Stufen über oder unterbelichten . . . oder wie war das doch gleich? So hat sich schon manches Bild während langer Überlegungen in Nichts aufgelöst.

Natürlich ist eine automatische Belichtungssteuerung nichts Besonderes mehr, eher eine notwendige Technik, die dem Fotografen die Konzentration aufs Motiv erlaubt. Nur, wird jede Automatik mit jeder Lichtsituation fertig? Deshalb spricht man bei der Leica von zwei Belichtungsmeßmethoden: eine mittenbetonte Großfeld-Integralmessung für alle Motive mit normalen Lichtverhältnissen. Und als Besonderheit die Leitz-Selektivmessung, mit der man den bildwichtigen Teil des Motivs gezielt anmessen kann und damit auch schwierigen Lichtsituationen gewachsen ist.

Eine Weiterentwicklung der Leica R4 ist die Leica R5. Wie das bisherige Spitzenmodell bietet auch die Leica R5 alle Belichtungsprogramme. Neue technische Merkmale und eine Reihe von Detailverbesserungen (Programm-Automatik, TTL-Blitzbelichtungsmessung durch das Objektiv) machen das Arbeiten mit der Leica R5 noch sicherer und unbeschwerter.

So wie die Kamera mit ihrer Elektronik zur Kreativität beisteuert, spielt das Objektiv die entscheidende Rolle für die Bildqualität. Durchzeichnung der Bildteile vom tiefsten Schatten bis hin zum hellsten Licht. Brillante Wiedergabe des gesamten Farbspektrums und eine gestochene Schärfe. Eine Kombination die bisher nur bei Leitz-Objektiven in dieser Vollendung zu finden ist.

Die Qual der passenden Objektivwahl – was soll man auf die Reise mitnehmen? Zwischen 30 Leica R-Objektiven mit Brennweiten von 15 mm Weitwinkel- und 800 mm Teleobjektiv gilt es zu wählen, und schließlich soll nicht der ganze Reiseetat in der Fotoausrüstung stecken:

1. Maxi-Nutzen bei Mini-Aufwand: Wer bei geringem Aufwand wendig und schnell und für viele Gelegenheiten ausgerüstet sein will, der wählt Weitwinkel (35 mm) und Tele (90 mm).

2. Die kompakte Reiseausrüstung: Fürs leichte Gepäck wählen viele gern die beiden Vario-Objektive (35-70 und 70-210 mm). Dazu als Ergänzung ein 24 mm Weitwinkel-Objektiv.

3. Die vielseitige Reiseausrüstung: Mit dieser Ausstattung kann der Fotograf viele Möglichkeiten der Bildgestaltung ausschöpfen. Sie bietet ein weitgespanntes Spektrum der Anwendungsmöglichkeiten. Ein 21 mm und ein 35 mm Weitwinkel-Objektiv für Übersichtsaufnahmen, dazu, als Universal-Objektiv für Nah und Fern, das Macro 60 mm Objektiv und als praxisgerechte Ergänzung für Landschaftsaufnahmen und für Porträts, ein mittleres Tele 135 mm. Für den weiteren Telebereich ein 180 mm-Objektiv.

Gehen Sie mit ihrer kompletten Ausrüstung nun auf große Reise, dann beachten Sie dabei noch folgendes: Da Filme im Ausland sehr teuer sind, nehmen Sie genügend mit! So schnell kommt man nicht mehr in dieses Gebiet, also drückt man gern noch ein zweites Mal auf den Auslöser!

Versuchen Sie während der Reise die Filme immer so kühl wie möglich zu transportieren und zu lagern, da bei großer Hitze Farbveränderungen auftreten können. Lassen Sie die belichteten Filme so schnell wie möglich entwickeln!

Erkundigen Sie sich bei Ihrer Versicherung über den Schutz bei einem eventuellen Diebstahl oder Schaden!

Und nun – viel Erfolg für Ihre „farbige Reiseerzählung".

REISE-NOTIZEN

REISE-NOTIZEN